与最聪明的人共同进化

湛庐 CHEERS

HERE COMES EVERYBODY

The Extended Mind

[美] 安妮·墨菲·保罗
Annie Murphy Paul
著

吴艳红等 译

思考
如何超越思考

浙江科学技术出版社·杭州

你有超越性的思考能力吗?

- 我们在听自己喜欢的音乐时的智力表现,比在听自己不喜欢的音乐时更差,这是真的吗?

  A. 真

  B. 假

- 当我们以某种特定方式活动身体时,思维也能马上变得敏捷吗?

  A. 是

  B. 否

- 以下关于大脑的比喻,哪种更符合人类实际的认知过程?

  A. 大脑像计算机,对数字敏感

  B. 大脑像肌肉,有强弱之分

  C. 大脑像喜鹊,善于利用周围的材料创造

  D. 大脑像摄像机,精确记录现实

扫描左侧二维码查看本书更多测试题

大脑从来不是一台孤立的思考机器

万维钢
科学作家
"得到"App《精英日课》专栏作者

　　现代社会中的大部分人在某种意义上都已经是脑力工作者，但我们对"如何使用大脑"的认识可以说才刚刚开始。近年来，脑科学研究日新月异，一方面有了像实时的脑成像扫描、脑机接口这样更好的观测工具，另一方面又可以跟计算机、跟人工智能研究交叉对比，相关的资金和项目也特别多，可以说是突飞猛进，正处于黄金时代。我感觉自己已经做过大量的调研，结果一转头又发现一本好书。

　　这本书就是科学作家安妮·墨菲·保罗的《思考如何超越思考》（*The Extended Mind: The Power of Thinking*

Outside the Brain)。英文版书名不足以表达它的新意和价值。此书对我的第一个直接影响是，我刚读到一半，就赶紧买了个显示器。本来我为了读电子书已经在用一个 32 寸的大显示器，但这本书以强有力的证据说明，屏幕越大越能提升大脑性能，我感觉需要建一面屏幕墙。

这本书的核心思想是，大脑不是一台孤立的思考机器，它的性能会受到身体、周围的环境、周围的人的强烈影响。

高敏感度大脑——大脑有大脑的用法

你只要把大脑跟计算机对比一下就知道二者的差别了。计算机的特点是只要机器能运行起来，计算结果就都是一样的：它不会因为今天下雨或者偶尔发脾气就把账算错，它也不会因为你擦拭了机箱就给你一个更漂亮的输出。它是一台永远恪尽职守、发挥稳定的机器。

可是，人的大脑不是这样，它存在不同状态。状态好，你能灵感爆发，以极高的效率进行创造性工作；状态不好，你连最简单的知识都记不住。艺术家和科学家早就知道应该特别注意大脑的状态，正如运动员一直都知道身体状态会极大地影响比赛的发挥。但大多数人不太在意大脑状态，这可能是因为没有测量手段而对状态差异的感觉不明显，也可能是平时用脑功率本来就不高……

如果你的工作要求你高功率用脑，你就得对环境和心境高度敏感。

先说说为什么你需要大屏幕。按理说，大部分工作都跟文字操作有关，而当你集中精力做文字操作的时候，你盯住的只是屏幕上很小的一块地方。那大屏幕有什么意义呢？想象你正在写一份报告，为此你必须随时查阅各种数据图表。所以你的计算机屏幕上大概要开几个窗口；一个是文本编辑器，一个是网页浏览器，一个是整理出来的资料，等等。对这些窗口有两种操作方式。

如果面对的是一块小屏幕，你要做的是切换窗口。这很容易，直接用键盘快捷方式操作就行。你的身体、头部、眼睛都不需要怎么动，是不同的窗口在你眼前换来换去。但如果你有几台显示器，又或者有一面超大屏幕墙，就可以把所有窗口同时展现出来。你的头必须左右上下转来转去，甚至可能要走上几步，才能在各个窗口间切换。你需要物理上的移动。这似乎更麻烦，那我们何必呢？保罗在书中列举研究表明，第二种操作方式更有利于大脑发挥。

想象你面前有一块宽 1 米、长 2.7 米、分辨率为 3 150 万像素的超大屏幕。研究表明，这样的超大屏幕把被试执行"基本可视化任务"的平均速度提高了 10 倍，把执行像寻找图案那种更有挑战性的任务的完成速度提高了 200% ～ 300%。而且面对超大屏幕，你会有更高层次的思考，提出综合性更强的观点。

这恰恰是因为超大屏幕要求你"移动"：移动给你眼前的信息都附加了一个"空间位置"。记录空间位置是大脑的本能，是无须努力、不必占用思考资源就自动进行的操作；而让新信息和空间位置互相映射，会显著加深你对信息的印象。这就是如果你一边散步一边听有声书，以后一想到书中的内容，你很可能首先想到的是你当时在什么地方的原因。空间位置给信息提供了方便的挂靠点，一旦你要调用什么信息，身体就会给你提供直观且毫不费力的导航。对比之下，如果用小屏幕，各种信息没有挂靠点，就只能直接映射在大脑里，不但费力，而且容易发生扭曲。

我们的大脑不习惯各种窗口在眼前换来换去，我们更倾向于用到什么东西就去它所在的地方找。这不仅是个方法，还代表了一个更深的道理：你不应该把大脑当机器用，应该把它当成一个活的、有个性的东西，顺着它的脾气用。

想更好地动脑，先主动去动身

大屏幕这个例子的反直觉之处在于，你做了更多的动作，反而减轻了大脑的认知负荷。其实很多科学用脑方法都是这样。

比如做手势。我们知道在演讲的时候做手势可以更好地表达意思，但很多人可能不知道的是，做手势对学习知识和加深记忆也很有帮助。老师讲新概念的时候让学生用手势把那个概念"演"出来，比如模仿一个生物大分子的样子，会显著加深理解。把一个东西比划出来，那种感觉跟只是在头脑里想象一个东西，效果截然不同。生物教授让学生用手势动作模拟各种解剖学概念，测验成绩居然比只用术语教学提高了 42%。

这是因为做手势不但提供了一种能勾住信息的"视觉鱼钩"，还附带手这个"身体装置"在空间所处位置的"本体感觉"——这也是一种位置感，所以新信息也可以挂在上面，从而加深记忆。专业演员很容易就能记住好几页的台词，就是因为他们会首先设计配合台词的身体动作。他们每一次演练都是让动作和台词同步。

这些会让你想到"具身认知"。是的，这本书中列举的研究也证明了身体对大脑的强烈影响。我们专栏有句话叫"不是爱情导致心跳，而是心跳导致爱情"，这本书中则引用了美国心理学家威廉·詹姆斯（William James）一个更激进的说法，即"感到伤心是因为我们在哭泣，感到愤怒是因为我们在进行攻击，感到害怕是因为我们在颤抖"——而不是反过来。

那既然如此，要想更好地动脑，就得先主动动身。

其实哪怕仅仅是从坐着改成站起来，也能让你的思维敏捷很多。在一项让放射科医生检查 X 线片的研究中，坐着的医生找到了 85% 的异常，而站着的医生找到了 99%。再考虑到久坐对身体不利，你真的应该尝试站立办公。站立能提高大脑性能，是因为人站着的时候更容易"动"起来。比如扭扭腰、摆摆手，比如把重心从一条腿换到另一条腿上，像这种"低强度活动"能增强大脑对当前任务的参与度。为什么呢？因为"动一动"反而解放了大脑的认知。

对大脑来说，坐在那里不动并不是最自然的状态：人的自然状态其实是动来动去，你大脑的前额叶皮层必须不断向身体发出"不要动"的指令才能保持不动，而那些指令都在耗费认知负荷。每个孩子都在践行这一点。做小动作其实是对大脑的松绑。

再进一步，像散步这样的"中等强度运动"能让大脑更清醒，提高专注力。这可能是因为中等强度运动是一种轻度的"生理唤醒"，大脑的血液流量增加，信息传输速率提高，促进神经元再生的化学物质也得到了更多释放。如果是跑步那样的"高强度运动"，就不能用于思考需要专注力的事儿了，因为跑步时你专注不了。但有一种思维恰恰不需要专注，甚至不专注反而更好，那就是创造性思维。跑步状态能帮你放空自我，产生不容易出现的灵感。

我用站立状态工作已经好几年了。如果你旁观我工作时的样子，你看到的我绝不是老老实实地面对屏幕，我大概是时而向前、时而退后，时而猛击键盘，时而双手插兜走来走去，甚至可能一惊一乍的。

大脑最喜欢的并不是极简，而是自然的情境

这也是你最好有个比较独立的办公环境的原因。现在很多公司推崇所谓的"开放式办公"，让所有人在一个大厅里，彼此都能看见。这种布局可能有利于员工之间横向交流，但肯定不利于独立思考。我们的大脑需要四周有墙壁的环境。

处在一个能看到很多人，同时还能被很多人看到的环境中，你会非常警觉，你会自动留意别人在干什么，尤其是是否正在看着你，这是巨大的认知负荷。墙壁的作用就是减轻认知负荷。要促进独立思考，你需要一间属于自己的办公室，而且这个办公室最好完全是按照你的喜好布置的。

蒂姆·哈福德（Tim Harford）在《混乱》一书中讲过一个关于办公室的研究，结论是你对办公室的布置越有自主性、越能随便摆放物品，以及越能进行各种折腾，你的工作效率就越高。保罗在书中也引用了这项研究，还特别强调了"主场优势"：如果你感到这里是你的主场，你的发挥会好得多。

脑力劳动者最好的主场就是一间私密的书房。这里的装修设计完全符合你的心意，摆放的都是你的东西，你有绝对的所有权和控制感。这个摆件也好，那幅画也好，各种纪念品，符号、艺术，全都体现了你的身份认同，不是为了向什么客人炫耀，而是为了给你自己看。

因为大脑要高效工作，就需要一个稳定的身份感。每个人都有很多个身份，但如果你是个作家，你会希望书房只提醒你自己是个作家。有人调查发现，像工程师和创意总监这样的专业人士，在工作场所放置的个人标识物中，有 70% 都放在别人看不到的位置：它们被用于时刻提醒主人自己的目标和价值观。

整洁不是脑力工作者的优良品质，那些在办公桌上摆放各种怪异物品的人才是善于用脑的人。

所以建筑设计不但要考虑美学，更要考虑脑神经科学。又或者说美学的本质就是脑神经科学。如果这个环境让你感到不舒服，那这里显然不利于思考。进化的历史让我们天生喜欢看绿色植物，而研究表明，在植物园中散步 1 小时，能让你的工作记忆测验得分比那些在繁忙的城市街道上散步的人高出 20%……

多一个屏幕也好，做几个动作也好，运动一下也好，把办公室好好布置一番也好，这些行动都要求你做点什么，可是恰恰降低了大脑的认知负荷，能让大脑变得更灵敏。这个规律很有意思，说明大脑最喜欢的并不是极简的、没有任何"干扰"的情境：大脑喜欢自然的情境。

这也说明你需要做点什么才能让大脑发挥最大的潜能。那就做吧，都是值得的。

他人的存在，影响大脑最重要的一种环境

我读这本书的另一个突出感受是，现代学校教育的失败简直太正常了——老师在上面照着书本讲，几十个学生在下面试图理解老师在讲什么，最后专门针对书本内容做一番测验。学生上学不是为了学会什么真本领，更不是为了塑造人格，而是为了通过考试、拿到资格、进入游戏的下一关。这个游戏的终点是就业，人们在意的是学校教育能把你送到哪个工作岗位，而不是教会你什么工作技能。

一方面是大量的大学毕业生找不到工作，而且他们大都也知道自己其实缺乏工作技能；另一方面是用人单位抱怨招不到真正会干活儿的人。大学似乎只是一个智商筛选器，而不是一个赋能机构。这种教法，能教出真本领才是怪事。这是违反大脑认知天性的教法。

现代学校的教学方式不是为了方便学生学习而优化的。它是为了方便学校管理，方便老师交差，方便把一茬茬的年轻人批量地、标准地、安全地、低成本地送入社会而优化的。学校教的不是数学，而是数学题型；不是艺术，而是艺术理论；不是编程，而是编程课。你自己能从其中悟到多少真东西那是你自己的造化，学校在意的只是把你平安送入下一关。

这不是真正的教育，这是教育的异化。

你想必也早就意识到这些了，但我们又能怎么办？这本书提供了正确教育方式的线索，我们必须考虑影响大脑最重要的一种环境，也是所有社会中的人们都必须面对的一种环境，即他人的存在。**我们的大脑是个非常喜欢跟人互动的设备，而正确的教育需要互动。**

人类自古以来最自然的教学方法只有一种，那就是"学徒制"。师傅演示一遍，学徒跟着做一遍，之后直接上手操作——师傅先拿些简单的活儿给学徒干，让学徒慢慢过渡到干大活儿。这种方法如此简单，但在当下如此难得。

很多真东西就是必须在现场跟着做才能掌握，因为大量的知识是无法用言语表达的。有研究表明，专家只能用言语表达出约实际掌握内容的 30%。比如你让一个外科医生描述如何把分流管插入股动脉，他会不自觉地忽略手术中 70% 的操作。仅靠从书本中学，学到的都只不过是皮毛。

那么，有些抽象的、高级的概念是不是就没法用学徒制教呢？其实学徒制什么都能教。德国波茨坦大学尝试把理论计算机这门特别抽象的课用学徒制的方法教，把像"线性有界自动机"（linear-bounded automata）之类的概念具体化成可操作的例子，让学生通过上手去掌握，结果挂科率从 60% 下降到了不到 10%。

这就叫纸上得来终觉浅，绝知此事要躬行。模仿是大脑最爱做的事情，其学习效率最高。学徒制唯一的缺点是成本太高。但我相信人工智能很快就能提供帮助，或者说人工智能已经能给你当师傅了。还有另一个办法，那就是"讨论制"，也就是学生之间互相学习。这与一位物理学家的发现分不开。

卡尔·威曼（Carl Wieman）因为用实验验证了玻色－爱因斯坦凝聚现

象而获得了 2021 年的诺贝尔物理学奖。他对物理学的教学也非常感兴趣，做过一些教学实验。威曼想攻克的难题是"怎样让学生学会像物理学一样思考"。他尝试过用各种方法讲解物理学概念，发现怎么都不行。最终，他有了一个顿悟。

威曼自己带的那些研究生，刚来的时候也不知道怎么搞科研。他们掌握了很多标准化的物理知识，但不知道怎么把那些教条跟实际科研联系起来。中国读者对这个现象肯定不陌生：考试成绩好的学生不一定会搞科研，而会搞科研的学生也不一定擅长考试……所幸的是，大学本科教育虽然弊端重重，但是不少大学的研究生教育值得肯定，因为用的恰恰就是学徒制。

不过威曼发现，他带的研究生的科研技能，大部分并不是由他亲自传授的。他并没有整天手把手地教学生搞科研。但是学生进了研究组，往往一两年之内就开悟了，会做研究了。这是怎么回事呢？原来是实验室里同门师兄师姐教的，或者干脆就是学生们通过互相讨论学会的。实验室就是这么一个实操环境，你看着别人干活儿，有意无意地模仿，问几个问题，听人闲聊，慢慢也就会了。2019 年的一项专门研究证明威曼的洞见是对的：理科研究生 4 年中的智力进步主要来自同门师兄弟姐妹的影响，而跟从导师那里得到的指导关系不大。

威曼据此发明了一种讨论式的教学方法：让物理系本科生每次上课都分组围坐在一起，互相讨论甚至辩论课堂内容，教授只提供必要的答疑解惑。这种更主动的学习方法取得了很好的效果。

这种方法的适用性显然并不限于科研类的学习。有研究表明，医院里的护士有很多真本领都是跟同事学的，尤其是比如有人昨天刚刚处理了一个紧急状况，今天给你讲讲其中的故事和心得。那些都是书上没有的宝贵经验。讨论式学习最重要的特点可能还不是讨论，而是社交。

得社交者得天下

大脑在社交状态下的认知过程和神经活动跟在独自状态下是不一样的。如果你正在跟一个人对话，因为你必须预测对方下一句会说什么，而且还得组织语言回应对方，你的大脑就必须更积极、更灵活，也更细致。大脑中更多的区域被激活，会产生连接。

你还可以利用大脑的"社交编码"。大脑有个专门的区域用于存储社交信息，这使我们总是对社交信息更为敏感，记忆更准确，计算速度也更快。这就正好起到了跟前文说的"空间位置"类似的作用，你可以把新信息挂靠在社交编码上，从而加深印象、加快处理速度。

这就是同样是一道逻辑题，用数学形式表述时，人们就不容易答对，而用人的社交互动场景把它包装一下，变成一道社会情境题，人们就很容易答对了的原因。这也是棋手跟计算机下棋和跟真人下棋的大脑活动非常不一样的原因。有研究表明，当你跟一个真人而不是计算机下棋时，你大脑中与计划、预期和共情相关的区域会更活跃；你要是赢了，与奖赏相关的脑区会被更强烈地激活。

这也是虽然我们明知人工智能下棋早已超过了人类棋手，我们还是只爱围观人类棋手的比赛的原因。**我们真的很喜欢"人"，所以应该增加而不是减少学习的社交属性。**

其实你早就知道这些了。教小婴儿学语言，让孩子自己看再多的教学视频也不行，最好的办法就是最自然的办法：一个大人在孩子旁边，通过眼神和动作互动去教。有意思的是，如果经常让家里的大孩子教小孩子什么东西，不但对小孩子有好处，对这个大孩子也有好处。研究表明，头胎儿童的智力平均会比弟弟妹妹高 2.3 分，而这主要是因为他在教弟弟妹妹的同时自己也有所收获。

如果是比较正式的教学，提供教学的一方的收获会非常大。

世界各地很多学校都进行过让高年级学生辅导低年级学生的实验，这些实验表明，哪怕某位高年级学生原本自己都有学习方面的困难，辅导活动都对他大有益处：他的成绩会更好，上学出勤率会因此提高，升学率也会提高。

这是因为当你试图教别人时，大脑会被这个社交互动激励。你会进入一种充满活力的警觉模式，注意力更敏锐，记忆力也加强了。你必须弥补自身的知识漏洞，发现知识点之间的深层联系，还得迎接学生提问对你的考验。你会被迫把那些问题全部搞懂。哪怕没有人跟你学，你自己录制一个教学视频，假装当老师，也能收到明显的效果。

那么，既然学习可以增加社交互动，工作是否可以呢？工作本来就是社交互动。本书中有个说法叫"社会分布式认知"，意思是利用他人的想法进行思考，"使认知分析单元的界限超越个人躯体，并将团队视为一个认知和计算系统"。比如驾驶一艘巨大的货轮。面对海上复杂的情况，没有一个人能单独控制好这艘船，但几个人联合起来，如果配合良好，分工清楚，交流顺畅——最好还能达到某种"集体心流"，那么就可以操纵自如。

分布式认知要求知识不是存储在一个人的脑子里，而是不同人掌管不同领域的知识；决策不是由一个人主导完成的，而是来自群体智慧。然而，这个群体智慧又不能是简单的投票表决，必须群策群议，形成有机的化学反应。

这非常困难。你需要长期的互相配合，需要同步性训练，需要共同的生理唤醒，需要群体的身份认同，可能还需要搞个什么仪式……而这些都是值得的，因为现代社会越来越需要人与人之间的智力合作。

把人当成人，用更自然的方式用脑

总体来说，大脑不是一台孤立的机器，它的性能表现与我们的身体状态、周围的环境、跟他人的互动密切相关。本书中各种提升脑力的方法可以归结为如下两个思路。

一个是"减少认知负荷"：就像为了释放更多的算力，你就应该关闭计算机中多余的程序一样，我们应该给大脑排除各种干扰，减少占用脑力的任务，这一点很容易理解。另一个是"提供认知抓手"：这个有点反直觉，为什么像看更大的屏幕、走路、社交互动这些行为明明是做了更多的动作，却能让大脑有更好的发挥呢？这是因为那些多做的动作不但不占用认知资源，而且还给新信息提供了挂靠点，能帮助大脑思考和记忆。

其实这些道理古人早就知道了。不妨看看孔子和弟子之间是怎么互动教学的，古代有条件的读书人为什么都有专门的书房，甚至大户人家还得有个密室，更不用说普遍的学徒制，再对比一下现代的学校教育、格子间式的办公室……

我们有充分的理由相信，教育普及和脑力工作流行以来对大脑的各种异化，只是人类历史中很短的插曲，我们很快就会回归更自然的用脑方式。

译者序

更好的思考，不必执着于大脑本身的能力

吴艳红
北京大学心理与认知科学学院教授
博士生导师

"最强大脑"已成为一个家喻户晓、深入人心的概念。无论是学生、家长还是老师，每个人都力求提高自己的大脑能力。本书就关注了"如何提高大脑能力"这个人们一直十分热衷的话题。如果我们还是只关注提升大脑本身的能力，就会发现，大脑本身在注意、记忆、处理抽象概念和持续参与挑战性任务等方面的能力是有限的，这是人类大脑的共同特征，是由大脑的生物特性和进化史决定的。

然而，如果我们开拓思路，就会发现还有很多能够帮助我们思考的大脑之外的资源，例如身体的感受和运动、自然环境和空间位置，以及社会信息等，它们如此丰富，

而且在帮助我们思考方面如此有效。这是本书的核心观点，也是有别于其他书的最大特点。

本书将这些脑外资源分为三类，即具身认知、情境认知和分布式认知，分别对应着自我、环境和社会三个方面。

通过本书，我们将了解到内感受知觉对于思维和决策的作用。内感受知觉是指我们对身体内部状态的感知，在无意识的情况下收集、加工和处理自身和外界的信息，并源源不断地输送给大脑，从而节约我们有限的注意力和工作记忆资源，使它们用于其他方面。这些身体状态也与我们本身的思维活动和情绪状态密切相关，那些能更好地利用内感受知觉的人，也能更好地管理情绪和应对压力。

我们还会了解到群体思维对于人类的意义。人们利用他人想法进行思考的社会分布式认知，这种看似奇怪但十分符合人类本性的认知模式，能帮我们应对层出不穷的挑战，超越思维局限。

我们可以从生物进化的角度出发，更好地理解这些脑外资源对思维提供帮助的原理和模式。几百万年的进化史使人类的远古祖先适应了这样的生活方式：聚居在一起共同生活，以狩猎和采集为生，奔跑在大草原上或者森林里，而大脑的作用是记住食物或安全住所的空间信息，以及时刻关注自己的身体状态和他人的手势信号，以便更好地捕捉猎物和避免危险。

这样"一场持续一生的露营旅行"，与现在人类的生活模式迥异：身处现代社会的高楼大厦和高速公路，面对手机和计算机屏幕，思考着金融、数学和计算机等问题。现代社会中的我们不断地苛求自己的大脑更好、更快地处理各项事物，但实际上，回归人类以前习惯的生活方式，就算仅仅是在办公室添加一株绿植或者增加自然光照的时长，都可以让我们受益匪浅。

在阅读本书的时候，我们很可能会对自己长期在思考过程中使用脑外资源这一点感到惊讶，尽管我们实际上早已在进行脑外思考。学校教育中强调的户外运动，意在回归人类祖先的生活方式和生活环境，利用自然环境舒展身心，使学生的思维更加敏捷；将重要的事件记在纸上，是在利用纸张本身的空间信息帮助我们更好地记忆；与他人就问题进行辩论，是在利用社会互动增强所有人的思维能力，以提高群体的工作效率和创造力。

这样的例子数不胜数，我们早已在无意识中延展自己的思维，各领域的专家也早已学会如何最好地组织和运用脑外资源来完成任务。如果我们能更有意识地利用这些脑外资源，将自己的思维从大脑中解放出来，我们就会获得一种全新的思维状态。

本书从一个全新的角度阐述了思维的运作模式，即延展思维。想要更好地进行思考，我们不必仅执着于提高大脑本身的能力，增加大脑中的"智慧"属性，而是可以将目光从大脑本身移开，转而去关注身体的其他状态，关注我们身处的空间和环境，关注那些在空间中与我们进行交互的人。并且，我们延展大脑的能力也远超我们的想象，只要开始尝试，我们的思维就会走进一个更为广阔的世界！此外，在每一部分的探讨过程中，作者也很好地做到了知识和科普内容的平衡，利用一个个名人或名企的故事，再结合实验室科学实验的结果，形成逻辑严谨的推理。

这本书的翻译过程实属不易。本书不仅包含了很多美国文化的相关内容以及心理学的专业知识和研究，而且行文具有自己独特的风格，因此，翻译时我们尽力在符合原意的前提下，将本书原本的风格呈现出来，但是难免有不足之处，还请读者见谅。

十分感谢整个翻译团队成员的工作和努力：汪鑫同学负责本书翻译工作的协调和组织安排；在具体的翻译工作上，易千楚同学和袁蓉同学负责第一部分，汪鑫同学、谢丹丹同学和阮文娴同学负责第二部分和第三部分；本书的校对工作由元培学院高楚姗同学和倪梓强同学，以及我的在读和毕业的学生们，包括汪鑫、陈苏雅、孟高财、吴颖晟楠、乌云高娃和邹鑫等同学完成。感谢大家的团结协作，让我们共同顺利地完成了这项工作。

　　感谢湛庐，让我们能将这本书翻译成中文，分享给更多的读者。在翻译这本书的过程中，我产生了许多新的思考，对我的未来教学工作也有很大帮助。在这里，我十分郑重地将这本书推荐给大家，希望能够启发大家更深入地思考，更有效地应对各种复杂的学习和工作挑战。我也特别推荐教育工作者和家长们阅读本书，希望家长和老师从中获得一些启示，更科学地培养孩子的大脑能力，帮助孩子更好地成长。希望每位读者都能从这本书中受益。

最棒的想法常常诞生于大脑之外

当你开始着手撰写一本关于如何更好地思考的书时，你的引用来源，也就是那些对此话题有所贡献的认知科学家、心理学家、生物学家、神经科学家以及哲学家，仿佛会经常通过他们的研究成果与你直接对话——对，就是你，在写书的那个！他们会循循善诱或坚持己见，会发表主张或互相辩论，也会提出警告或做出判断。当你将他们的建议写进书里呈现给读者时，他们又会提出尖锐的质询："你是在表达自己的观点吗？"

我有过一次进入这种密切交流的经历，那时我正因一篇130年前写就的文章而大受震撼。作者仿佛可以穿过我摊开在桌子上的书本向我走来，而让这次会面的气氛更为紧张的是，向我发问的是一位令人心惊胆战的人物弗里德里希·尼采（Friedrich Nietzsche），一位有着深邃眼神和略显邪恶的小胡子的德国哲学家。

"我们能马上看穿一个人的思想是怎样产生的，"尼采狡猾地看着我，"可以知道他是否面对着墨水瓶，弯腰驼背，伏案写作，我们同样是在类似的情况下很快读完了他的大作。他那被死死揪住的五脏六腑就像他那斗室的空气、天花板和逼仄的空间一样，泄露了他的秘密。"①

那一刻，我所处的房间突然开始变得狭小而令人窒息。

我是在撰写本书关于身体运动如何影响思考方式这一章时遇到的这段文字。尼采的这段话被一本名为《论行走》（*A Philosophy of Walking*）的书所引用，作者是当代法国哲学家弗雷德里克·格鲁（Frédéric Gros），他也对此补充了自己的想法。格鲁建议，不要认为一本书只是作者头脑中想法的表达："想一想他写作时的身体——他的手、脚、肩膀和腿。要将书看作作者生理机能的一种表达。在太多的作品中，读者可以感受到作者的坐姿——身体倾伏，弯腰驼背，萎缩成一团。"

我坐在椅子上，愧疚地晃动——我已经坐了整整一上午。

格鲁接着表示"行走的身体"更有利于创作："它像弓一样张开又绷紧；像向日葵一样对着广阔的空间开放。"尼采提醒我们，应该"尽可能地少坐，不要相信任何并非诞生于露天空间和自由运动中的想法"。

哲学家们正在对我群起而攻之。我合上了电脑，准备出去散步。

把世界当作思考的原材料

当然，我并不完全是在按他们的说法行事；关于这一点，我读过几十项相关实证研究，它们的一致结论是，进行一段时间的身体活动有助于提高注

---

① 引自尼采《快乐的知识》一书。——译者注

意力、改善记忆力和增强创造力。事实上，在向前迈开双腿、看到眼前的一幕幕风景时，我的心跳会略微加快，这些变化确实对我的思维产生了一些影响。当我回到书桌旁时，一个折磨我一上午的概念性难题很快就得到了解决。说句题外话，我只希望我写的文章也能如格鲁所说，"保留并传达身体的能量与轻快感"。那么，是我的大脑独立解决了那个折磨我的问题吗？抑或是活动四肢可以对此有所帮助？

我们的文化使我们坚定地认为，大脑是思维所在的唯一场所，是产生认知的一个封闭空间，就像我的笔记本电脑中的工作文件被封存在电脑的铝制外壳里一样。然而，本书对此有不同看法：**我认为，思维更像是我在散步时看到的正在筑巢的鸟，它会在这儿拔出一根细绳，又在那儿插上一根树枝，以可用的物品构建出一个整体。**

对人类来说，这些可用的物品可以是我们的感觉和动作，我们学习和工作于其中的物理空间，以及与我们交流的同学、同事、老师、上司、朋友的思想。有时，这三个要素会以精巧的方式结合起来，就像阿莫斯·特沃斯基（Amos Tversky）[①]和丹尼尔·卡尼曼（Daniel Kahneman）[②]组成的天才智力团队那样。这两位心理学家通过一起边散步边交谈，在启发式方法以及打破人类大脑习惯性捷径和扭曲导致的偏见方面，做出了许多开创性的工作。他们曾穿过耶路撒冷熙熙攘攘的街道，也曾沿着加利福尼亚州海岸连绵的山丘，边走边聊。卡尼曼说道："我一生中最好的想法都是在与特沃斯基一起悠闲地散步时产生的。"

[①] 特沃斯基是知名行为科学家、心理学家。他多年来专注于人类决策领域的研究，研究方向主要集中于不确定状况下的判断、风险决策和理性选择。其经典著作《特沃斯基精要》的中文简体字版已由湛庐引进、浙江教育出版社出版。——编者注

[②] 卡尼曼是诺贝尔经济学奖得主，其跨领域研究对经济学、心理学、认知科学等领域产生了深远影响，被誉为"行为经济学之父"。其最新著作《噪声》的简体中文字版已由湛庐引进、浙江教育出版社出版。——编者注

　　已经有大量的研究对人类认知进行了探索，特沃斯基和卡尼曼的研究就在其列。这些工作催生了无数富有启发性的见解，但它们都假设思维只发生在大脑内部，因此有一定的局限性。很少有人关注人们如何利用外界因素来思考，包括利用手势、草稿纸，听人讲故事和指导他人等。这些神经系统外的输入改变了我们的思考方式，甚至可以说，它们构成了思考过程的一部分。但是关于这种认知模式的描述是怎样的？学术期刊大都从这样的前提出发：心智器官是一个无实体、无固定位置、非社会性的实体，是一个"缸中之脑"；历史书则把改变世界的突破性进展归功于个人，认为是这些人自己思考出了他们的伟大思想。

　　然而，另一种观念一直存在，这是一段在脑外思考的秘史。**无论是科学家、艺术家、作家，还是领导者、发明家、企业家，他们都把世界当作思维的原材料。**本书旨在发掘这段秘史，即在任何有关人类如何实现其卓越的智力及创造力成就的完整故事中，让这一传奇秘史重新获得其应有的地位。

　　在本书中，我们将了解遗传学家芭芭拉·麦克林托克（Barbara McClintock）是如何通过想象力来"具现"她所研究的染色体并据此获得诺贝尔奖的，以及心理治疗先驱、社会批评家苏茜·奥巴赫（Susie Orbach）如何利用一种被称为互感的能力，通过调整自己身体的内部感受来体会患者的感觉。我们将思考生物学家詹姆斯·沃森（James Watson）如何通过操作自制的纸板模型来确定脱氧核糖核酸（DNA）的双螺旋结构，以及历史学家罗伯特·卡罗（Robert Caro）如何在一张错综复杂且细节详尽的墙面大小的地图上绘制他的传记主角的生活。我们将探讨病毒学家乔纳斯·索尔克（Jonas Salk）如何在 13 世纪建成的意大利修道院闲逛时受到启发，从而完成小儿麻痹症疫苗的研发工作，以及画家杰克逊·波洛克（Jackson Pollock）如何在从曼哈顿市中心的公寓搬到长岛的一处绿植环绕的农舍后掀起了一场绘画革命。我们将查明皮克斯动画工作室导演布拉德·伯德（Brad Bird）如何在与他的长期合作制片人的激烈争论中创造出《美食总动员》（*Ratatouille*）和《超人总动员》（*The Incredibles*）这样的经典现代电影，以及另一位诺贝尔奖获得者、物理学家卡尔·威曼（Carl Wieman）如何发现引导学生相互交谈是让他们像科学家一样思考的关键。

有一种假说盛行已久，即我们的大脑可以并且应该完全依靠自身来独立思考，而上述故事证明了一个与之相反的观念：**当我们借助自己的身体、周围的环境和人际资源延展思维时，思考的效果最好。**但就像尼采推崇行走一样，支持脑外思考存在种种功效的证据远不止传闻。以下三个有关领域的调查和研究，有力地证明了脑外资源对思考过程具有重要价值。

思考者应该去"寻找不同的光"

关于对思考过程有重要价值的脑外资源的研究，首先是有关具身认知（embodied cognition）的研究，它探讨了身体在思维中的作用。例如，做手势如何提高说话的流畅性，并加深我们对抽象概念的理解。其次是有关情境认知（situated cognition）的研究，它验证了环境对思维的影响。例如，传递归属感或个人控制感的环境线索如何改善我们在该空间中的表现。最后是有关分布式认知（distributed cognition）的研究，它探究了与他人一起思考的效果。例如，在小组中工作的人如何运用各自专业领域的知识进行协作，并由此产生超过成员们独立作业时个人贡献的总和，独立作业的成果被称为"交互式记忆"成果，协作作业的成果被称为"群体智能"现象。

作为一名进入心理学和认知科学研究领域 20 余年的写作者，在阅读这些领域的研究成果时，我越来越兴奋。上述研究成果似乎共同表明，正是头脑之外的东西才让我们变得更聪明，而这一主张会对我们在教育、工作和日常生活等各领域中的行为产生重大影响。现在我们面临的唯一的问题在于没有"整合"，即缺少一个整体框架将众多成果予以连贯和汇总。这三个学科领域的研究人员在不同的期刊上发表文章，在不同的会议上发表演讲，却很少将彼此的专业领域联系起来。那么，是否有一些统领的想法可以将这些引人入胜的研究成果联系起来？

　　同之前一样，一位哲学家帮了我的大忙，这次是英国苏塞克斯大学的认知哲学教授安迪·克拉克（Andy Clark）。1998 年，克拉克与哲学家戴维·查默斯（David Chalmers）合写了一篇名为《思考如何超越思考》（The Extended Mind）的论文，开篇是一个看似简单的问题："思维的终端和周围世界的开端在哪里？"克拉克和查默斯共同指出，我们传统上认为思维在头脑之中，但是，"头骨和皮肤没有那么神圣"。外部世界的元素或许可以有效地"延展"思维，使我们能以超越大脑自身能力的方式思考。

　　克拉克和查默斯最初将分析集中于智能设备如何延展思维。在他们的读者有了智能手机并开始借助新设备存放需要记忆的内容之后，这一说法很快从最初的荒谬可笑变成了不言自明。他们的哲学家同行内德·布洛克（Ned Block）就对此津津乐道：克拉克和查默斯的论文所述在 1998 年还是满纸胡言，但后来便成事实了——也许就是在 2007 年，当苹果公司推出第一部苹果手机 iPhone 的时候。

　　在《思考如何超越思考》那篇论文中，克拉克就已暗示了一些延展思维的可能性。"社交性的认知延展是否可能？"他和查默斯问道，"我的心理状态是否可以部分地由其他思想家的心理状态构成？我们认为这没有理由不成立。"在随后的几年中，克拉克继续拓宽关于可延展思维的实体的概念。他注意到，我们的身体动作和手势在延展思维方面发挥着重要作用。他指出，人们倾向于创造"设计者空间"，即为了改变并简化大脑在解决复杂问题时需要执行的计算任务而精心安排的空间。

　　在发表更多论文和图书的过程中，克拉克提出了一个普遍而有说服力的论点，他反对那些他称为"囿于大脑"的观点，即认为思考仅发生在大脑内部的观点，而支持"延展思维"的观点：这个世界中的丰富资源能够进入，并且的确进入了我们的思维轨迹。

就当我是个皈依者吧。延展思维的概念俘获了我的想象，我至今也没背离它。在多年的写作生涯中，我从未遇到过能够如此深远地改变我的思维方式、工作方式、育儿方式乃至日常生活方式的概念。对我来说，克拉克的大胆主张显然不是或不仅是象牙塔里哲学家的深奥思想实验；它是一个简单实用的邀约，邀请我们以不同的方式更好地思考。当整理这些已经得到研究人员测验的几十种脑外思考的技巧时，我迫不及待地将它们用到了自己的工作中。

这些技巧包括提高我们的内感受知觉能力，从而利用这些内部信号指导决策和管理心理过程的方法；还包含使用特定类型的手势或特定的身体活动模式的指南，用于增强记忆力和注意力。一些研究引导我们利用身处自然环境中的时光来恢复注意力并提高创造力，也指引我们通过设计学习和工作空间来提高生产力和绩效。我们将探讨的研究还描述了有组织的社会互动形式，这些互动使我们能用其他人的认知来增强自己的认知，也提供了如何释放、外化并动态地与我们的思想互动的指导。这比"在头脑中"进行全部的工作要有效得多。

随着时间的推移，我逐渐认识到，我正在接受第二种教育方式，这种方式越来越重要，但它在与大脑有关的教育中总是被忽视。在多年的小学、中学甚至大学和研究生教育经历中，我们从来没有被明确地教导过如何在大脑之外思考，也没有被告知过应该如何运用身体、空间和人际关系来为思考服务。然而，如果知道该去哪里探寻，这种教导就会对我们大有裨益；可以提供指导的老师是那些已经为自己找出这些方法的艺术家、科学家和作家，以及最终使这些方法成为研究对象的研究人员。

就我自己而言，如果没有本书中详述的那些做法的帮助，我不可能完成这本书。这并不意味着我从未退回我们的文化中默认的仅用大脑思考这一状态。在那天早上同尼采偶遇之前，我的思考正处于囿于大脑状态，当时我正如尼采所言，"伏案"式趴在我的键盘上，努力地运转我那可怜的大脑，而没有去寻找延展它的机会。我很感谢我的研究为延展自己的大脑所提供的推动力，这本书则试图以这种方式温和地推动读者在更有成效的方向上前进。

让我注意到尼采观点的那位法国哲学家格鲁认为，思考者应该去"寻找不同的光"。正如他所观察到的，"图书馆总是太暗了"，那些作者在书堆中写成的书则更凸显了这种沉闷的暗淡，而"其他书则反射着刺眼的山脉之光，或像阳光下的大海那样闪闪发亮"。我希望这本书能投射出不同的光芒，为学生、工人、父母、领导者和创造者的思考带来一股令人振奋的新鲜空气。

我们的社会正面临着前所未有的挑战，为了解决这些问题，我们需要更好地思考。目前占主导地位的囿于大脑的思考模式显然不能胜任这一任务，放眼望去，注意力和记忆力、动力和持久性、逻辑推理和抽象思维方面的问题随处可见。真正具有原创性的想法和创新的行为似乎很少；学校和公司较少关注如何促进学生和员工更好地思考；团队和小组很难以有效且令人满意的方式进行合作。

我开始相信，这种困难很大程度上源于我们对思考如何发生以及在哪里发生的根本性误解。只要我们满足于仅仅在大脑中进行思考，就会一直被这个器官的局限性所束缚。但是，当我们带着意图和技巧把思维延展到大脑之外时，它就会发生转变。它可以变得像我们的身体一样充满活力，像我们所处的空间一样宽敞明亮，像我们与他人的关系一样丰富多彩——像整个世界那样无比广阔。

● 认知科学家如何通过检测游戏中玩家的皮肤电
导水平，更快地摸清谁会在牌局中获胜？

● 学生如何通过把令人焦虑的考试压力认知重评
为对考试的积极因素，大幅提高考试分数？

● 医生如何通过把自己的身体当作雷达捕捉患者无
法用言语表达出的病情，达成更准确的诊断？

● 诺贝尔奖得主如何通过中等强度运动进行大脑
的轻度生理唤醒，不断提升思维能力以及其延
续性？

● 演员如何通过将动作、手势融入台词本的身体
训练，惊人地提升记忆能力？

● 企业创始人如何通过在推销中熟练使用"象征
性手势"与"节拍手势"，更快赢得投资机会？

● 科学家如何通过卷曲手指模拟"凝血酶"，促
成关于它的新发现？

● 演讲者如何通过边说话边做手势，把观众对演
讲知识要点的记忆提高 50%？

第二部分　　将思考从"大脑"移到"思维空间"
情境认知

引 言

学会像喜鹊筑巢一样去思考

"动动脑筋。"

从小到大你曾多少次听过这句话？或许你也曾经这样要求过别人，比如你的儿女、学生或员工。又或许，你在努力解决特别棘手的问题时，在劝告自己保持理性时，都曾在口中默默私语："动动脑筋！"

这句话十分常见，以至于你在学校、工作场所甚至是日常生活中都能发现它的存在。从奥古斯特·罗丹（Auguste Rodin）的《思想者》中那个将下巴放在拳头上深思的形象，到各种产品和网络上大脑的卡通形象，比如在教育玩具、营养补充剂、认知训练类产品上所看的那些，无论是高雅文化还是大众文化，你都能从中找到相应的例子。在说这句话时，人们想表达的是，充分调用大脑的能量，从而利用头颅内的巨大器官。人们对这一器官信心十足，无论面对什么问题，都相信大脑能够将其解决。

倘若我们的信心错付了呢？尽管我们经常被劝告要动动脑筋，但倘若我们被误导了呢？越来越多的研究表明，我们的努力可能与期望南辕北辙。事实上，我们在过度使用着大脑，这有碍于我们施展才智。而我们真正需要的，是脑外思考。

脑外思考，意味着巧妙地利用头脑之外的事物，那是一种将躯体的感觉和动作、用于学习和工作的物理空间，以及周围他人的智慧纳入思维的过程。通过对脑外资源的吸收利用，我们可以更加集中注意力、更深入地理解问题，创造出更富有想象力的东西，因为我们获得了那些仅靠大脑本身无法产生的想法。的确，我们更习惯于把我们的身体、生活空间和人际关系作为思考的对象。但其实，我们完全可以通过它们来思考。例如，通过手的动作来理解和表达抽象概念，或者通过优化工作空间来促进想法的产生，或者通过诸如教学和讲故事等方式来加深理解、形成更准确的记忆。**与其劝告自己和他人动动脑筋，不如不再拘泥于我们那狭小的头脑空间，而将脑外资源应用于思考。**

你可能会有此疑问：什么，有这个必要吗？难道大脑本身不能胜任思考的任务吗？事实上，答案是"不能"。我们曾被引导着相信，人类的大脑是无所不能的思考机器。我们被大量关于大脑惊人的能力、闪电般的思考速度以及可塑性的发现所淹没；我们被告知，大脑是一个深不可测的奇迹，"是宇宙中最复杂的结构"。然而，当拨开这些夸张的宣言，映入眼帘的事实却是，大脑的能力是相当有限并且专门化的。在过去的几十年里，研究人员对大脑局限性的认识不断提高，发现了一个不那么受欢迎的科学真相，即人类大脑在注意、记忆、处理抽象概念、持续参与挑战性任务等方面的能力是有限的。

重要的是，每个人的大脑都存在这些局限性。这并非智力的个体差异的表现，而是由大脑的生物特性和进化史所决定的，是人类大脑的共同特征。大脑确实能够很好地完成一些工作，比如感知和移动身体、加工空间信息以及处理与他人的关系。它可以流畅地处理这些任务，并且几乎毫不费力。但是，准确地回忆复杂信息，进行严谨的逻辑推理，掌握抽象的或反直觉的想法，对大脑来说就不那么容易了。

　　我们在此遭遇了一个所有人都会遇到的困境，即现代世界异常复杂，信息爆炸，直观体验匮乏，以概念和符号为中心。因此，我们需要拥有高度集中的注意力、惊人的记忆力、巨大的"带宽"、持续的动力、严谨的逻辑并且熟知抽象概念，方能在这个世界上取得成功。我们的生物大脑所能做到的，与现代生活所要求的相比，还存在巨大的差距，并且这种差距还将持续扩大。伴随着每一次实验发现，科学对世界的描述和大众朴素直观的理解之间的差距变得越来越明显；伴随着每一次信息增长所带来的人类知识库的膨胀，我们与生俱来的能力被逐步超越；伴随着问题复杂程度的每一点增加，大脑本身愈加不能胜任排忧解难的任务。

　　面对当代生活所带来的认知挑战，我们的反应体现了哲学家克拉克提出的囿于大脑的思考，而这种思考的能力本身就很薄弱。我们敦促自己和他人咬紧牙关坚持下去，要"更努力地思考"。但经常困扰我们的是，大脑的可塑性被神化了，它实际上是由不那么容易被改变的东西构成的。面对大脑的局限性，我们可能会得出结论，认为自己或他人，如孩子、学生、员工不够聪明或者不够坚韧。而事实上，问题出在我们处理自身心智缺陷的方式上。切记，这些缺陷是我们这个物种所特有的。我们的做法正是对诗人威廉·巴特勒·叶芝（William Butler Yeats）在另一种情况下所说的一句话的注解：意志以为自己是想象力，无所不能。聪明的做法不是更努力地依赖大脑，而是学会超越它。

　　在17世纪法国剧作家莫里哀创作的喜剧《中产阶级绅士》（*The Middle Class Gentleman*）中，即将成为贵族的乔丹（Jourdain）先生在学习到诗歌和散文的区别后感到异常兴奋，惊呼："我确信，40多年来我一直在谈论散文，却对它一无所知！"同样，我们也会对自己长期在思考过程中使用脑外资源感到格外惊讶，尽管我们实际上早已在进行脑外思考。

这一事实是多么令人欣喜！然而，我们经常盲目努力，自己却没有意识到。这倒也不足为奇，毕竟我们在教育培训乃至领导管理方面的努力，几乎全都是为了促进囿于大脑的思考。从小学开始，我们就被教导要静坐深思，并且这种心理活动模式在以后的岁月中一直占据着主导地位，直到高中和大学乃至工作阶段。我们被传授的技能和锻炼的技巧都与大脑有关，例如记忆信息、进行内部推理和思考，以及自律并自我激励。

与此同时，我们脑外思考的能力并没有得到相应的培养。例如，没有人告诉我们如何根据躯体的内感受信号进行自我调整，使这些感觉可以有效地指导我们进行决策；我们没有受过使用身体动作和手势来理解科学和数学等高度概念化的科目或提出新颖的原创想法的训练。学校没有教授学生如何通过接触大自然和进行户外活动来恢复被耗竭的注意力，也没有教授学生如何安排学习空间，以便充分发挥才智；老师和管理者没有教授学生如何将抽象的想法变成可以操纵和改造的实物，以达到洞察和解决问题的目的；没有人告诉员工如何通过模仿和替代学习的社会实践来更轻松地获得专业知识；课程小组和工作团队并没有使用科学的方法来增加其成员的群体智能。总之，脑外思考的能力几乎完全没有得到培养。

造成这种疏忽的罪魁祸首是所谓的"神经中心主义偏见"，也就是我们对大脑的理想化认识甚至迷恋。于是，脑外思考就成了一个认知盲点。正如喜剧演员埃莫·菲利普斯（Emo Philips）所言："我曾经认为大脑是我身体里最美妙的器官，但随即我意识到了是谁在告诉我这些。"然而，从另一个角度来看，这种近乎普遍的疏忽反而预示着一个绝佳的机会，即去探索一个仍未开发的、充满潜力的脑外世界。直到不久前，科学界还广泛存在忽视脑外思考的风气，但如今的情况已不可同日而语。心理学家、认知科学家和神经科学家给我们提供了一个清晰的路径，让我们能够清楚地认识到神经系统之外的信息输入如何影响思维方式。而更值得期待的是，他们能够提供更为实用的指导，告诉我们如何利用这些脑外资源来增强思维能力。这些进步正是在我们全面转变如何看待思维、理解自己的背景下取得的。

为了了解我们来自何方、去往何处，我们有必要回到过去，回到形成我们目前对大脑的认识的那一刻。

大脑不是一台计算机，无法计算思考的深浅

1946 年 2 月 14 日，位于美国费城的宾夕法尼亚大学莫尔电气工程学院的大厅里熙熙攘攘。在情人节这一天，学院的秘密珍宝——埃尼阿克（ENIAC，第一代电子计算机）即将面世。在学院一间上锁的屋子里，人类历史上第一台具备闪电般运算速度的计算机正嗡嗡地运转着。埃尼阿克重 30 吨，使用了约 1.8 万根真空管、约 6 000 个开关，包含 50 余万个焊接点。不仅如此，建造这一重型精密机器共花费了 20 多万个工时。

这台公交车大小的机器是宾夕法尼亚大学的两位年轻科学家约翰·莫奇利（John Mauchly）和小约翰·普雷斯伯·埃克特（J. Presper Eckert Jr.）的智慧结晶。他们在美国军方的资助下研制埃尼阿克，首要目的是计算在欧洲战场上的美军士兵发射炮弹的轨迹。为了有效使用军方提供的新武器，士兵需要计算复杂的弹道表。这一工程费时费力，如果使用"人力计算机"的话，必须配备一个昼夜轮班的庞大工作团队。而一台能够快速且准确地完成任务的计算机，将会为军队在战场上带来不可估量的优势。

在 1946 年的情人节过去 6 个月后，对埃尼阿克的战时计算需求让位于经济发展的需求。为此，莫奇利和埃克特召开新闻发布会，向世界介绍他们的发明。两人精心准备，安排了精美绝伦的现场演示。当埃尼阿克轰鸣着做任务时，存储器中安装的约 300 盏霓虹灯就会交替闪烁。但被所有人称为"总统"（Pres）的埃克特认为，这些小灯泡的效果还不够令人印象深刻。于是在那天早上，他出门买来了一大堆乒乓球，把它们切成两半、标上数字，并粘在每一个小灯泡上。当房间灯光变暗后，这些套上乒乓球的霓虹灯的光芒格外引人注目。

到了约定的时刻，埃尼阿克所在的房间大门刚一打开，官员、学者和记者就拥了进来。实验室成员阿瑟·伯克斯（Arthur Burks）站在这台庞大的机器前，向所有人表示欢迎，并迫不及待地与大家分享这一历史性的时刻。他介绍说，埃尼阿克是为进行数学运算而设计的，"如果这些运算进行得足够快，就可以及时解决几乎任何问题"。伯克斯宣布，他要把埃尼阿克计算"97 367自乘5 000次"作为今天演示的开始。当所有在场的记者都埋头伏案准备在记事本上计算时，伯克斯提醒道："别眨眼，它马上就好。"说完，伯克斯便按下启动键，记者们还没来得及抬头，计算结果就已出现在了伯克斯手中的一张打孔卡上。

接下来，伯克斯让埃尼阿克计算了它最熟悉的问题：炮弹在30秒内从炮口到目标之间的运动轨迹。对于这样的任务，如果靠人工计算，需要一个专家团队工作三天时间，但埃尼阿克仅在20秒内便完成了这个任务，甚至比炮弹本身飞行的速度还快。要特别提到的是，参与埃尼阿克工程的女性工程师先驱之一琼·巴迪克（Jean Bartik）也出席了这场演示活动。她回忆道："一台机器能有如此之快的运行速度，这是闻所未闻的。在场的每一个人，包括著名的数学家，都对他们所看到的一切感到惊叹与佩服。"

第二天，全世界各大报刊都对埃尼阿克赞不绝口。"第二次世界大战的最高机密之一，一台首次用闪电般的速度解决当今数学难解之谜的惊人机器，深夜于费城被美国陆军部公之于众。"《纽约时报》在其头版进行了报道。《泰晤士报》记者T. R. 小肯尼迪（T. R. Kennedy Jr.）表示，他看到的东西令自己眼花缭乱。"这个设备是如此'聪明'，"他写道，"以至于它的制造者早已放弃去寻找埃尼阿克解决不了的问题了。"

埃尼阿克的初次投入使用，不仅是科学技术史上的一个里程碑，更是我们如何理解自己的转折点。

在早期，莫奇利和埃克特的发明常常被比作人类的大脑。报纸和杂志上刊登的文章也将埃尼阿克称为"大型电子大脑"、"机器人大脑"、"自动大脑"或"大脑机器"。但在不久之后，这一类比发生了反转，"大脑是一种计算机"的言论成了司空见惯的说法。实际上，在 20 世纪五六十年代席卷美国大学的"认知革命"正是基于这样一种信念，即大脑可以被理解为一种由血肉组成的计算机器。第一代认知科学家都"认真地接受'大脑是一种计算机'的观点"，布朗大学教授史蒂文·斯洛曼（Steven Sloman）指出，"思维被认为是一种在人们的大脑中运行的计算机程序"。

在数字时代的早期，将大脑比喻成计算机的说法不仅被多数研究人员和学者接受，也有力地影响着公众对大脑的认知。这个比喻常常以内隐的方式告诉人们思维是如何运作的，但有时人们也会有意识地注意到其运作方式。就这个比喻来说，大脑可以被视作一个密封在颅骨中的独立的信息处理器，就像埃尼阿克被隔离在一个上锁的房间中一样。由这个推论，我们可以得出第二个推论：人类大脑的内部情况类似于随机存储器的千兆字节容量和兆赫级的处理速度这种运作状态，可以很容易地测量和比较。然后，我们可以进一步得出第三个，也许是最重要的推论：计算机的性能有好坏之分，有些计算机的性能会更好；同样，有些大脑的"性能"也更好——它们拥有等价于"更多内存存储、更强处理能力和更高屏幕分辨率"的生物学基础。

直至今日，大脑是一种计算机的比喻已经主导了我们思考和谈论大脑活动的方式。但这并不是塑造我们对大脑认知的唯一因素。在埃尼阿克问世半个世纪后，另一个比喻开始崭露头角。

大脑不是可锻炼的肌肉，无法决定思考的强弱

2002 年，一篇新闻报道的标题用粗体字书写着："新的研究表明，大脑可以像肌肉一样变强。"同年，哥伦比亚大学的研究生莉萨·布莱克韦尔（Lisa Blackwell）与心理学教授卡罗尔·德韦克（Carol Dweck）一起，将这

篇新闻报道带到了纽约市一所公立学校七年级的教室里。她们正在验证一个新理论，即我们理解大脑的方式是否会影响思考结果。在这项研究中，布莱克韦尔指导学生完成了 8 个信息交流环节。在第三个环节中，学生需要轮流大声朗读这篇新闻报道。

"许多人认为一个人生来要么聪明，要么平庸，要么愚笨，并且会一直保持终生。"一个学生开始朗读，"但新的研究表明，大脑更像肌肉，当你使用它时，它就会发生改变，会变得更强壮有力。"另一个学生接着读道："众所周知，当你举重时，你的肌肉会变得更结实，并且你会变得更强壮。一个在刚开始进行锻炼时无法举起 10 千克物体的人，经过长时间的锻炼，可以强壮到能举起 50 千克的重物。这是因为肌肉会随着锻炼变得更强壮。而在你停止锻炼后，肌肉就会逐渐萎缩，身体也会比之前虚弱。这就是为什么人们会说，'用进废退'。"教室中传出了一阵笑声。"但是，"第三个学生继续读道，"大多数人不知道，当他们练习和学习新事物时，他们的大脑也会发生变化并变强大，就像他们锻炼的肌肉一样。"

德韦克最初将上述理论称为"智力增量理论"，后来它有了更为人们熟知的名字——成长型思维。这一理论认为，有效的脑力活动会使人更聪明，就像有效的体力运动可以使人更强壮一样。正如德韦克与同事在早期的一份关于学校的研究报告中所写的那样："关键在于，学习通过形成新的连接来改变大脑，学生自己就可以掌控这个形成新连接的过程。"此后，成长型思维的概念开始流行。德韦克的著作《终身成长》出版后，销售量达到数百万册，同时，大量针对企业、组织、学生和老师的相关主题演讲、报告和研讨会纷纷出现。

上述内容的核心思想可以用一个比喻来表达，即大脑是一种肌肉。在这个比喻中，思维类似于肱二头肌或肱三头肌，不同个体拥有力量不同的身体素质。这种类比也体现于另一个起源于心理学学术研究的非常流行的概念，即"坚毅"（grit）。宾夕法尼亚大学的心理学家安杰拉·达克沃思（Angela

Duckworth）在她的书中将坚毅定义为"对长期目标的坚持和热情"。她在2016年出版的畅销书《坚毅》中曾写道："就像你的肌肉会越用越粗壮一样，当你努力面对新的挑战时，大脑也会随之改变。"

《坚毅》强调要调动更多的个人内部资源，这使"大脑像肌肉"的比喻更加贴切。而宣传"认知健身"运动则使得这个比喻更清晰明确。这类运动以"认知重塑"（CogniFit）和"大脑健身房"（Brain Gym）等名称吸引了数百万充满期待的人。这个比喻运用得如此广泛，以致一些研究人员担心"神经神话"的传播会加深公众对大脑的误解。因此，研究人员开始指出，大脑实际上不是肌肉，而是由被称为神经元的特殊细胞组成的器官。

"大脑是一种计算机"和"大脑是一种肌肉"这两个比喻有一些共同的关键假设，即心智是封闭于颅骨中的分散物质；这种分散的物质决定了人们的思考能力；这种物质具有稳定的属性，易于测量、比较和排序。这些假设似曾相识。事实上，即使在最初被提出时，这些假设也算不上新奇。几个世纪以来，人们都曾把大脑比作当时最先进的设备：液压泵、机械钟、蒸汽机、电报机等。

哲学家约翰·瑟尔（John Searle）在1984年的一次演讲中指出："我们不太了解大脑，所以总是将最新的技术作为理解它的模型。在我的童年时代，人们总是确信大脑就是一台电话交换机。"瑟尔回忆说，他的老师、父母和其他成年人都不能给出其他的答案。的确，不然还能是什么呢？

大脑被比作肌肉，并能通过锻炼获得增强这一观点被19世纪和20世纪早期的内科医生和健康专家广为宣扬。约翰·哈维·凯洛格（John Harvey Kellogg）博士在他于1888年出版的《生理学与卫生学基础》（*First Book in Physiology and Hygiene*）一书中提出了与德韦克相似的观点："当我们想要强健肌肉时，我们该怎么做？得让它们每天努力工作，不是吗？运动可以使肌肉长得很强壮，我们的大脑也一样。如果我们刻苦勤奋并在课程学习上取得了优异成绩，那大脑就会变得更强大，学习也会变得更容易。"

　　将大脑比作计算机或者肌肉，这样的比喻既来源于根深蒂固的历史积淀，也来源于源远流长的文化基础。将大脑与计算机和肌肉类比，恰恰与社会对个体的要求吻合，即个体基于自身的能力和才干，自主而独立地行事。同时，这两个类比也跟我们文化中的"线性"思维偏好相符。美国科学家、作家斯蒂芬·古尔德（Stephen Gould）曾在他提出的一系列"哲学传统中最古老的问题和错误"中指出了人们的一种思维惯性，即"按照价值的线性高低对物品进行排序"。正如计算机有快有慢，肌肉有强有弱，因此我们也会假设，大脑同样有快慢和强弱。

　　在这些关于大脑的观点背后，还有一些根深蒂固的心理因素在起作用。"每个人的大脑中都存在决定其智力高低的关键因素"，这种观点与心理学中"本质主义"这一普遍的思维模式不谋而合。本质主义是指人们往往认为任何实体都存在"本质"，即能定义其本身的内在关键因素。多伦多大学心理学教授保罗·布卢姆（Paul Bloom）[①] 指出："本质主义存在于每一个社会中，它是我们认识世界的基础要素。"人们在思考时不是基于对外在刺激的暂时反应，而是更多地基于事物更持久的本质，因为基于本质去思考问题会更容易，也更能获得情绪上的满足。因此当我们去评价别人时，很容易给出"他很聪明"或"他不聪明"这样的关于本质的结论。

　　总的来说，在我们认识大脑的过程中，历史、文化和心理等因素都对我们的看法有着深远的影响。比如，"大脑的性能是因人而异、与生俱来的""可以对大脑进行强弱排序"等观点深刻地影响着我们对心智活动的本质理解，

---

① 布卢姆是著名认知心理学家、美国哲学与心理学协会前主席，也是极具影响力的先锋研究者，其经典著作《苦难的意义》《摆脱共情》《善恶之源》系统且深入地介绍了布卢姆关于苦难、共情与婴儿道德感等主题的突破性观点，影响深远。这三本书的中文简体字版已由湛庐引进、中国纺织出版社等出版。——编者注

影响着教育和工作，也影响着我们对自我和他人的评价。实际上，这些深入人心的观点可能都是错误的。为了让大家更好地理解这些错误的根本所在，我们需要找到一些其他比喻。

变聪明的最好办法，来源于大脑之外的力量

2019 年 4 月 18 日早晨，韩国首尔部分地区的计算机突然黑屏。在这座占地 606 平方千米、有着 1 000 万人口的大城市，学校和办公室的灯光瞬间熄灭，十字路口的交通信号灯失效，电动列车也被迫降速停止。然而，造成这一严重事故的罪魁祸首却只是一种小动物——喜鹊。喜鹊长着黑色和白色的羽毛，是鸦科的一员，同属这一科的还有乌鸦、松鸦和渡鸦等。喜鹊擅长利用环境中的各种材料来筑巢。除了常见的树枝、绳子、苔藓，它们甚至还会利用牙线、钓鱼线、塑料玩具、筷子、勺子、吸管、鞋带、眼镜框、槌球球门等一切能获得的材料来给自己盖房子。20 世纪 30 年代，由于沙尘暴使得美国西部地区大片植被消失，鸦科鸟类甚至还会使用带刺的铁丝网来筑巢。

首尔是一个人口密集的现代化城市，街区里几乎没有树木或灌木，所以喜鹊只能利用它们能找到的材料筑巢：衣架、电视天线、金属丝线等。然而，这些材料是导电的。当喜鹊在高耸的输电塔上筑巢时，很容易造成电路中断。据韩国电力公司称，喜鹊每年会在全国各地造成数百次停电。韩国电力公司的员工每年要拆除超过 1 万个巢穴，但喜鹊很快又会卷土重来。

虽然喜鹊的筑巢行为给电力公司造成了不小的麻烦，但这种行为正是大脑活动的一个恰当比喻。**或许可以这样说，我们的大脑就像喜鹊一样，善于利用周围的材料去创造新事物，并将所得的零散物品编织进自己的思路。**显然，将大脑比作喜鹊，是与将大脑比作计算机或肌肉迥异的思路，但这一比喻有助于我们更准确地理解大脑的运行机制。一方面，思维不仅发生在头脑

之内，也发生在头脑之外，它是一个持续性地利用外部资源进行组织和再组织的过程。另一方面，用于思考的材料也会影响思考的性质和质量。因此，良好的思考能力，也就是高智商，并不是一种固定不变的个体属性。实际上，思考的质量既依赖于外部资源本身，也依赖于使用资源的技巧。

将大脑比作喜鹊是一种全新的理解思考的方式。虽然看上去不太容易被接受，但越来越多的研究表明，这种思路更加符合人类实际的认知过程。而且令人欣慰的是，根据这一思路，我们有机会发现许多提高思考能力的具体途径。重构我们所理解的大脑运作模型已经迫在眉睫，因为我们正越来越多地面临两种选择之间的冲突：是选择利用大脑之外的资源进行思考，还是继续受限于大脑自身的桎梏。

随着生活节奏的日益加快以及工作和学习内容的日益复杂，人们的思考负担越来越重，利用外部资源进行思考的需求也与日俱增。人们要加工的信息越来越多，对处理速度的要求也越来越高。同时，信息类型也趋向于专门化和抽象化，不同信息在类型上的差异尤其明显。人们现在需要学习的一系列技能，已经远远超出需要掌握的范围。这些林林总总的新技能并非人类天然的必需品，学习起来也更为困难。

美国密苏里大学的心理学教授戴维·吉尔里（David Geary）对"生物初级"和"生物次级"技能进行了明确的区分。他指出，人类学习某些技能的能力是与生俱来的，诸如如何讲当地的语言、如何在熟悉的环境中找到方向、如何应对群体生活的挑战等。这些能力都属于初级能力。与之相反，有一些次级能力并非与生俱来的。比如，人类生来并不具有学习复杂微积分或是那些反直觉的物理规则的能力，也尚未进化到生来就能够理解金融市场的运作规律或者复杂的全球气候变化状况。然而，这些生物学上的次级能力，却是人们在当前世界中进步甚至生存下去的关键。现代环境的这些要求，已经达到甚至超过了大脑的生物学极限。

　　的确，在过去的一段时间里，人类发现了许多开发大脑的方法，从而使人脑的性能得以跟上不断发展的文化的脚步。为了应对日常环境对智力越来越高的要求，人们在这场认知游戏中持续升级"装备"。通过不断应对现代生活中的高强度精神考验给大脑带来的长期锻炼，同时改善营养及生活条件、减少感染传染病的可能，全球各地的智力测验结果显示，人们的平均智商在长达一个世纪的时间里不断攀升。然而，这一上升趋势目前已趋于平缓。近年来，芬兰、挪威、丹麦、德国、法国和英国等国家的居民智商分数已经不再提升，甚至有了下降的迹象。

　　一些研究人员认为，我们对大脑的开发可能已经到达了极限。尼古拉斯·菲茨（Nicholas Fitz）和彼得·莱纳（Peter Reiner）发表在《自然》杂志上的文章指出，"我们的大脑几乎已经在以最好的能力状态运转"。他们还补充说，进一步开发这个器官，"从神经生物学的角度来说几乎不太可能"。

　　似乎是为了对抗这一不受欢迎的事实，近年来，越来越多的人开始关注如何才能突破大脑的限制。无论是致力于改善工作记忆的 Cogmed 公司、美国在线益智游戏公司 Lumosity 等大脑训练领域的商业组织，还是大脑训练软件 BrainHQ，都吸引了很多希望改善记忆和提升专注力的人，单是 Lumosity 就有来自 195 个国家的 1 亿注册用户。此外，像"智能药丸"和脑电刺激等，一些标榜能让用户更聪明的用于神经强化的新手段也引起了媒体的大量报道，吸纳了制药和生物技术公司的大量投资。

　　然而，截至目前，这些方法的实效都令人大失所望。有科研团队对这些大脑训练龙头企业的网站所引用的经过同行评议的干预研究中的训练效果进行了评估，结果显示，这些研究并未提供足够的证据表明"大脑训练可以改善日常生活中人们的认知表现"。的确，训练大脑可以改善人们的表现，但这种改善仅发生在与这些训练非常相似的活动中。对其他在现实生活中与注意力和记忆力相关的活动而言，这些训练几乎毫无用处。

2019 年，Cogmed 公司的一项研究发现，大脑训练带来的表现提升向现实生活中其他表现的迁移，是"非常罕见，甚至可能不存在"的。2017 年，Lumosity 公司的一项研究也指出："训练对健康的年轻人来说几乎没有好处。"而且，对老年人而言也是如此。2016 年，Lumosity 公司因虚假广告宣传被美国联邦贸易委员会罚款 200 万美元。同样，灵丹妙药的效果也好不到哪里去。临床试验表明，在硅谷科技人员中流行的一款"益智药"，在提升记忆力和注意力上的效果还不如一杯咖啡。

也许有一天，药物和技术可以真正地提升智力，但这些当前仍处于实验室测试的初期阶段。因此，能让我们变得更聪明的最好方法，可能也是目前唯一的方法，就是更好地利用大脑之外的信息进行思考。然而，我们都在一定程度上忽略或贬低了这种方法。我们具有长期的、根深蒂固的偏见，认为大脑是思维的唯一载体。然而，偏见就是偏见，这种偏见不应该再被继续维持下去。人类的未来仰赖于利用大脑之外的信息进行思考。

心智并非止于头颅，大脑的边界不是思考的边界

为了更好地把握脑外思考的未来，我们先来了解一下这个想法的诞生历程。1997 年，哲学教授克拉克将他的笔记本电脑落在了火车上，当时他任教于密苏里州的圣路易斯华盛顿大学。他后来写道，当时他失去了平时一直在使用的笔记本电脑，"就像是得了一种突然的、恶性的，更希望是暂时的脑损伤"。他感到"头晕目眩、有气无力，就像轻度中风一样"。

虽然这段经历令他很痛苦，但这为他思考良久的一个想法提供了素材。他意识到，他的笔记本电脑在某种意义上已经成为他大脑的一部分，成为他思考过程中不可或缺的一部分。笔记本电脑有效地扩展了他的思维能力，使他的大脑能更高效、更明智地思考。克拉克给这个具有争议性的洞见起了一个名字："延展思维。"

在这件事发生的两年前，克拉克在与查默斯合著的论文《思考如何超越思考》中，对这一现象进行了命名和描述。他们在论文开篇提出了一个答案似乎显而易见的问题："思维的终端和周围世界的开端在哪里？"但接下来，克拉克和查默斯给出了一个不同寻常的答案：思维并不像我们所以为的那样止于头颅；相反，将其视为"一个延展系统——生物体和外部资源的结合"更为准确。他们承认，接受这个事实将对"思维的哲学观"和"道德与社会领域"产生重大影响。

克拉克和查默斯意识到，他们提出的这个想法将会完全颠覆人们对于人的特点以及人脑如何运行的看法，但他们认为这是必要且正确的。**他们总结道，一旦"头颅的霸权走向末路，我们也许能够更真实地认识到，人类与世界上的其他生物一样，大脑并非无所不能，更不是智慧的唯一来源"。**

一开始，人们并不那么相信这篇论文的说法。在1998年成功刊登于《分析》（*Analysis*）杂志之前，这篇论文曾经被三家期刊拒稿。延展思维这一概念在论文发表后也引起了人们的很多困惑，遭到了不少人的嘲笑。然而，无论学术界内外，这篇论文所提出的想法都展现出了惊人的影响力。这个起初显得激进和另类的概念很快就变得正常起来，因为数字时代的日常生活已经不断证明，人们正在用各种设备延展思维。延展思维，这个最初因古怪而被嘲笑的概念，现在看来似乎非常合理，甚至有先见之明。

在论文《思考如何超越思考》发表后的20多年里，它所提出的概念已经成为一个重要的综合概念，各种科学子领域都聚集在这个概念之下。具身认知、情境认知、分布式认知，每一个子领域都占据了延展思维的一个特定方面。人们据此研究我们的思维是如何被身体、学习和工作场所以及与其他人的互动所延展的。这些研究不仅带来了对人类认知本质的新见解，还催生了一套基于实证研究的延展思维的方法。

这就是本书的意义所在：旨在将延展思维的概念可操作化，将这种哲学上的思考转变为实际有用的举措。在第 1 章中，我们将学习如何调整自己的内感受，即来自身体内部的感觉，以及如何利用这些身体信号做出更合理的决策。在第 2 章中，我们会了解到移动身体将如何推动深入思考。在第 3 章中，我们将关注手势是如何增强记忆力的。在第 4 章中，我们将探讨在自然空间中度过的时间如何恢复耗竭的注意力。在第 5 章中，我们将看到如何通过改变学校和工作场所的室内空间以提升创造力。在第 6 章中，我们将探讨如何将思想从头脑转移到"思维空间"（the space of ideas）中，从而获得新的见解和发现。在第 7 章中，我们将探讨如何用专家的头脑思考。在第 8 章中，我们主要关注怎样与同学、同事以及其他同龄人一起思考。在第 9 章中，我们将研究群体的共同思考是如何超越其成员的总和的。

在这些延展思维的不同实例中，有几个共同的主题是显而易见的。第一个主题是克拉克最初灵感的来源：技术在延展我们思维方面的作用。当然，种种外部设备确实延展了我们的思维，但事实并非总是如此；有时候，它们会让我们变得不那么聪明，任何一个被"标题党"或全球定位系统（GPS）误导的人都可以告诉你这一点。我们的技术无法持续地提高自身的智力，这与我们在前面提到过的一个比喻有关：计算机就像人脑。如今，设计计算机和智能手机的人经常忘记，用户是基于生物学意义上的身体，占据物理空间，与他人进行互动的。而技术本身是受设备束缚的——但同样，技术本身也可以得到延展，直至成为丰富我们在现实世界中思考的脑外资源。

在接下来的每一章中，我们都将介绍这种有关"延展技术"的例子。例如：一个鼓励用户做手势，而不仅仅是重复单词的在线外语学习平台；一个类似免费交通导航的应用程序，它绘制的不是最快的路线，而是拥有最多自然风光的路线；一款引导玩家不要盯着屏幕，而是看着彼此，协调他们的动作以追求共同体验的电子游戏。

我们在本书中探讨的第二个主题是延展思维研究对专业知识本质的独特理解。人们传统上认为，想要成为一个领域的专家往往高度依赖脑力，专注于内在的、个人的努力。不妨想想已故心理学家安德斯·埃里克森（Anders Ericsson）的那个著名的发现：精通任何领域都需要 1 万小时的刻意练习。关于延展思维的相关论文则提出了一种与之不同的观点：各领域的专家其实是那些已经学会如何最好地组织和运用脑外资源来完成他们所面临的任务的人。

这一不同观点对于我们如何理解和培养卓越的表现有着重要意义。例如，尽管对专业技能的传统看法强调了行动的经济性、效率和最优性，就像天才和巨星只要"开动脑筋"就可以成功，但研究发现，专家实际上是比初学者做了更多的实验、更多的测验和更多的回溯。他们比初学者更容易熟练地利用自己的身体、物理空间以及与他人的关系。研究人员发现，在大多数情况下，专家不太可能"动脑筋"，而更倾向于延展思维——这是其他人在追求精通的道路上可以学习效仿的习惯。

基于延展思维的相关研究，本书要探讨的第三个主题是我们可以称为"延展不平等"（extension inequality）的问题。这个主题更加不容忽视。在学校、工作场所以及社会结构中都存在这样一个假设，即有些人能够比其他人更有智慧地思考。以往人们认为，出现这种个体差异的原因是不言而喻的：因为这些人明显更聪明，他们的大脑里有更多所谓的"智慧"。延展思维的研究人员则提出了一种不同的解释：有些人能够更有智慧地思考，是因为他们能更好地延展自己的思维。他们可能拥有更多关于如何实现延展思维的知识，本书的目的就是让人们了解这类知识。

但同样毫无争议的是，这些能让我们更好地思考的延展思维的机会，比如移动身体的自由、亲近自然的机会、对个人工作空间的控制权，或是与知识渊博的专家和有成就的同龄人的关系等，是分配不均的。因此，在阅读本书之后的章节时，我们应该牢记，无论接受与否，对待思维延展的方式可能都在塑造着学生、员工、同事以及周围人的思维。

比喻的力量是强大的,这些我们用于理解思维的比喻更是如此。本书所描述的方法的价值在于它提出了一个新颖的比喻,我们可以把这个比喻应用到日常的学习、记忆、问题解决和发挥想象力等各种过程中。我们突破自己的限制,不是通过让大脑像机器一样不停地运转,也不是让大脑如肌肉一般锻炼得更加强壮,而是要将目光转移到周围的世界中,去发现丰富多彩的材料,并将这些材料"编织"到自己的思维中。

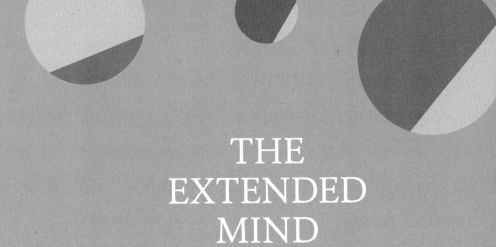

第一部分

动"脑"之前先动"身"

具身认知

THE
EXTENDED
MIND

第1章

要想做出良好的决策，需要仔细倾听身体
给出的信息

- 股票交易员如何通过练习身体扫描、精准描述感受等训练，大幅提升业绩？

- 认知科学家如何通过检测游戏中玩家的皮肤电导水平，更快地摸清谁会在牌局中获胜？

- 学生如何通过把令人焦虑的考试压力认知重评为对考试的积极因素，大幅提高考试分数？

作为一名金融交易员，拥有剑桥大学经济学博士学位的约翰·科茨（John Coates）在他先后为高盛集团、美林证券和德意志银行工作期间，一次又一次地经历了下面这一幕："凭借所受的教育、对金融报告和统计数据的大量阅读，以及尽最大努力做出的分析"，他设计出了逻辑无可挑剔、推理也无懈可击的绝妙交易，然而，这些交易会带来亏损，并且总是如此。

其他情形也同样令人困惑。"我往往会在灵光一现中察觉到另一种可能性，另一种路径。它就像我意识'雷达'中的一个光点，瞬间捕获了我的注意力。正是这一闪而过的洞悉和直觉指明了未来极有可能发生的情形。"科茨发现，当他按这些直觉行事时，投资往往会盈利。尽管这与他的所有预设和所受的训练背道而驰，但科茨不得不得出一个有悖常规的结论："要想做出良好的决策，我们可能需要仔细倾听身体给出的信息。"

他进一步观察到，"有些人比其他人更擅长此道"。在华尔街任何一个交易大厅，"你会发现，那些高智商、受过常春藤名校教育的明星交易员虽然能给出令人信服的分析，但根本赚不到钱；反观走廊的另一边，那里坐着来自不知名大学的普通交易员，他们并未掌握最新分析方法，却总能盈利，这让那些看似更有天赋的同事困惑不解，甚至有些恼怒"。科茨沉思道："虽然这听起来令人费解，但是这些交易员表现出的更好的判断力可能在某种程度上归功于他们产生身体信号的能力，以及倾听这些信号的能力。"

在做了多年的交易员后，科茨又以应用生理学家这一令人惊讶的身份开启了第二段职业生涯。得益于这些工作经验，科茨在《冒险与直觉》（*The Hour Between Dog and Wolf*）这本引人入胜的书中分享了上述思考。随着时间的推移，他在金融领域工作中产生的疑问开始变得比这份工作本身更有吸引力："是否能判断一个人的直觉是否比另一个人更好？是否可以监测到身体给出的反馈信息？"为了在科学研究中寻找答案，科茨离开了华尔街。2016 年，他发表了自己的研究成果，在《科学报告》（*Scientific Reports*）杂志上详细阐述了他与学术界的神经科学家和精神病学家合作得到的结果。

思考实验室 科茨和同事对一群在伦敦交易大厅工作的金融交易员进行了研究。他们让每个人判断自己心脏跳动的时间点，以此测试个体对身体信号的敏感程度。他们发现，相比那些年龄、性别都与之匹配的非金融行业的对照组人员，这些交易员在该任务上的表现要好得多。更重要的是，在交易员群体中，能更精准地识别出心跳时刻的交易员比其他人赚到了更多的钱，而且往往在这个以不稳定著称的行业中任职更久。

科茨的研究团队总结道："我们的研究结果表明，身体所发出的信号，即金融界所谓的直觉，有助于人们在金融界取得成功。"正如科茨之前观察到的那样，能在金融界做得风生水起的从业者，未必是受过更好教育或拥有更高智商的人，而是那些"对内感受信号更为敏感的人"。

训练对心跳节拍的敏锐感知，让你更具洞察力

简而言之，内感受是指对身体内部状态的感知。就像我们从外界获取信息的感受器（视网膜、耳蜗、味蕾、嗅球）一样，身体内部也有许多感受器，它们将身体内部的信息源源不断地送向大脑。这些感受来自身体各处，包括内脏、肌肉，甚至骨骼。它们通过多种方式到达大脑中一个叫作脑岛的结构。这些内部信息与活跃的思维、记忆以及外部世界的感官输入等多种信息流相融合，构成了我们对当前状况的大致了解，对当下"我感觉如何"的判断，以及对必须做什么才能保持内部平衡的认识。

所有人都能感受到身体发出的信号，但有一些人对此更为敏感。研究人员用心跳感知测验来测量内感受知觉（科茨曾对他的金融交易员团队使用过这种测验）：被试要识别自己心脏跳动的时间点，但不能把手放在胸部心脏位置，也不能放在手腕脉搏测量处。研究人员发现，被试在实验任务中的得分差距极大。一些人就像内感受知觉专家，他们可以一直准确地识别出自己的心跳时刻；另一些人则对内感受反应比较迟钝，他们感受不到心跳的节拍。很少有人能意识到个体在这种能力上存在差别，更不用说了解自己在这方面能力如何——我们总是过于关注更为传统的、囿于大脑的能力。我们或许能记住自己的高考或中考成绩，却几乎从未关注内感受知觉这一特殊的能力。

薇薇恩·艾因利（Vivien Ainley）回忆了这一常见疏忽的典型事例。作为伦敦大学皇家霍洛威学院的内感受研究员，艾因利曾在伦敦科学博物馆的一场展览中对公众进行了心跳感知测验。她让参观者把一根手指放在检测脉搏的传感器上，不过只有她自己能看到传感器的读数。

艾因利会对每个来到展台前的参观者说："感觉到心脏跳动时，请告诉我。"一对驻足于此的老夫妇对此表现出了迥异的反应。

老妇难以置信地问道："我怎么可能知道我的心脏在做什么？"她丈夫转过身来盯着她，同样显得目瞪口呆。

"你当然知道，"老人惊呼，"别傻了，所有人都知道他们的心跳是怎样的！"艾因利在采访中发现，"那位丈夫一直都可以听到自己的心跳，妻子却从来都听不到"。在回忆此事时，艾因利笑了："他们已经结婚几十年了，但是从来没有谈论过此事，甚至没有意识到他们之间的这种差异。"

虽然我们可能没有意识到这些差异，但它们的确存在，甚至可以被研究人员用大脑扫描技术可视化：脑岛是大脑的内感受中心，其大小和活跃水平都因人而异，且这种差异与人们对内感受的敏感程度有关。这种差异最初是如何产生的，目前尚无定论。不过，内感受知觉能力在我们生命之初就已经存在了，并在童年和青春期进一步发展。人们对于内感受信息的敏感程度可能受遗传因素的影响，也可能与成长环境有关。例如，我们可能会从监护人那里得知应该如何对待身体发出的信号。

就目前所知，内感受知觉能力可以被有意识地培养。通过一系列简单的练习，我们可以感受到来自身体内部的信息，重新接触那些我们已经拥有但通常被排除在自己意识之外的知识，关于自己、他人以及我们身处其中的世界的知识。一旦与这一内部信息源建立联系，我们就可以更好地利用它传递出的信息。例如，根据这些信息做出更合理的决策、更坚韧地面对挫折和挑战、更充分地认识我们的情绪并提升情绪管理能力，以及在与他人打交道的过程中变得更敏锐、更具洞察力。在这一过程中，是内感受在指引着方向，而非大脑。

颤抖或呼吸急促，身体给你的决策信号

要想理解内感受何以能够充当丰富的信息库，我们有必要认识到，这个

世界上的信息纷繁复杂，远远超出我们的意识所能处理的范围。幸运的是，我们仍然可以在无意识的状态下收集并存储一些接触到的信息流。日复一日，我们持续地理解和存储各种规律，并将它们打上标签，以便未来参考。通过这一"信息收集—模式识别"过程，我们得以认识事物，但通常无法明确表达出这些信息流具体是什么，也无法确定究竟是如何知道它的。这个信息宝库的绝大部分都隐藏在潜意识中，而这通常是一件好事，因为它的隐藏状态节省了我们有限的注意力和工作记忆容量，使它们可以被用于其他方面。

思考
实验室　　认知科学家帕维尔·莱维基（Pawel Lewicki）主持的一项研究在微观层面证明了这一过程。莱维基实验中的被试要注视计算机屏幕，上面会显示一个十字形图标。这个图标会出现、消失，又在另一个位置重新出现。被试每隔一段时间就需要预测下一次图标出现的位置。在实验进行的几小时里，随着时间的推移，被试的预测愈发准确。他们摸清了图标移动的规律，但无法用言语将其表达出来，即使做到这一点就可以获得金钱报酬。莱维基观察到，被试无法描述出"该模式的实质或其近似物"。实验中的图标所遵循的运动模式太过复杂，以致显意识无法应对，但位于显意识之下的广阔空间足以容纳它。

莱维基将上述过程称为"无意识的信息获取"。这种信息获取以及随后对这些信息的运用过程，在生活中无时无刻不在发生。遇到新情况时，我们会翻看过去存储在脑海中的信息，并从中筛选出一个适用于当前状况的处理模式。我们自己并未意识到这些搜索过程，就像莱维基所观察到的，"人类的认知系统无法在显意识控制层面处理这种任务"。此外，莱维基还补充道："我们的显意识思考需要依赖笔记、流程图和一系列条件语句，或者依靠计算机来完成工作。相比之下，潜意识层面的处理算法无须借助任何外界帮助就可以完成同样的任务，而且非常迅速。"

　　但是，如果这些处理模式中的信息并不处在显意识层面，我们又该如何利用它？这个问题的答案是，当检测到一个潜在的相关模式时，内感受知觉会提示我们——这通常表现为颤抖、叹息、呼吸加快或肌肉绷紧。身体会像警钟一样响起，提醒我们注意这些有用且无法从其他途径获得的信息。我们通常认为是大脑在告诉身体该做什么，但身体也经常会用一系列微妙的暗示来引导大脑，一位心理学家称这种引导模式为"身体舵手"。研究人员甚至已经捕捉到了当适宜的行为模式出现时，身体正在发出提示的过程，而这时本人甚至可能还未意识到自己正在寻求这样的行为模式。

**思考
实验室**　　这种内感受刺激在博弈游戏中得到了呈现。南加州大学的神经科学教授安东尼奥·达马西奥（Antonio Damasio）[1] 将这种游戏作为一项研究的基础。游戏在计算机屏幕上进行，玩家拥有"2 000美元"的起始资金，即屏幕上的 4 堆数字牌。他们的任务是从牌堆中选择纸牌并翻开，尽可能做到收益最高、损失最小。当玩家通过点击来翻牌时，既可能得到 50 美元或 100 美元的奖励，也可能被罚没一些钱。研究人员将 A 和 B 牌堆设置成含有大量惩罚的"坏牌堆"，C 和 D 牌堆则是包含大量奖励的"好牌堆"。随着时间的推移，奖励牌的数量比惩罚牌的多，但玩家对此并不知情。

　　在玩游戏时，玩家手指上连接着的电极会测量他们的皮肤电导水平，从而监测他们的生理唤醒状态。当神经系统受到潜在威胁的刺激时，我们就会以一种难以察觉的方式出汗，这层细密的汗水会立即增加皮肤的导电性。如此一来，研究人员就可以将皮肤电导水平作为衡量神经系统唤醒程度的一项指标。在查看皮肤传感器所收集的数据时，达马西奥和他的同事注意到了一个有趣的现象：玩家

---

① 达马西奥是美国南加州大学神经科学、心理学和哲学教授，对情绪、感受和意识的神经过程研究做出了开创性贡献。其著作《寻找斯宾诺莎》《万物的古怪秩序》《当感受涌现时》《笛卡尔的错误》《当自我来敲门》对神经科学、心理学、哲学、经济学等学科产生了重大影响。这些书的中文简体字版已由湛庐引进、中国纺织出版社等出版。——编者注

玩了一会儿游戏后，皮肤电导水平就会在他们考虑点击坏牌堆时开始飙升。更令人震惊的是，之后玩家逐渐避开了坏牌堆，并越来越倾向于选择好牌堆。与莱维基研究中的情形一样，随着时间的推移，这些被试的游戏表现越来越好，他们输得更少、赢得更多了。

然而，对这些被试的采访表明，在游戏刚开始时他们并没有意识到为什么要选择其中一些牌堆，而非另一些。直到他们的皮肤电导水平上升了很久之后，这些被试才意识到原因。到翻开第 10 张牌时（此时游戏进行了大约 45 秒），皮肤电导水平的测量结果显示，他们的身体已经知道游戏是如何设置的。但又一个 10 轮结束之后（在翻开第 20 张牌时），"所有人都表示他们对当前的状况毫无头绪"，研究人员说道。直到几分钟后，在翻到第 50 张牌时，所有被试才表示意识到了 A 和 B 牌堆的风险更大。也就是说，他们的身体远比大脑更早发现这一点。随后的研究则揭示了另一个重要发现：那些有更强内感受知觉能力的玩家更容易在游戏中做出明智的选择。他们能清晰地发现自己的身体在指点迷津。

达马西奥的这个快节奏游戏透露出一些重要的信息。**身体不仅能使我们获得复杂程度超出显意识思维处理能力的信息，还能以远远快于显意识思维的速度去处理这些信息。**毕竟，现实世界充斥着不断变化、不确定的情形，我们没有时间去仔细权衡所有利弊。如果只会依靠自己的显意识思维，那我们将胜算渺茫。

从身体扫描到标记、调节，训练对身体的感知力

对身体内感受更敏感的人可以更好地利用潜意识能力，因此我们有理由针对内感受知觉能力进行锻炼。正念冥想是增强该能力的一种途径，它甚至可以改变脑岛的大小和活跃程度。正念冥想的"身体扫描"似乎格外有效，

通常在冥想课程开始时进行。身体扫描起源于缅甸、泰国和斯里兰卡的佛教传统，由正念领域的先驱、马萨诸塞大学医学院的名誉教授乔·卡巴金（Jon Kabat-Zinn）引入西方。"人们发现身体扫描是有益的，因为它将意识与身体的感受状态重新联结起来。"卡巴金说道，"通过定期练习，人们会更多地体会到身体各部分的感受，而这些感受是他们之前从未深入地体验或思考过的。"

THE EXTENDED MIND
超越大脑的思考革命

卡巴金说，练习身体扫描时，首先应该找一个舒适的位置坐下或平躺，并轻合双眼。他建议人们花一些时间来感受身体的整体性，同时感受每一次呼吸时腹部的起伏。然后，从左脚的脚趾开始"扫描"身体。卡巴金建议："当你把注意力放在脚趾上时，看看你是否能把呼吸也转移到脚趾上，这种感觉就像你在从脚趾吸气，并从脚趾呼气。"在把注意力放到脚趾上进行几次呼吸后，依次将注意力转移到脚底、脚跟、脚踝，如此向上，直到左臀；然后在右侧身体重复一遍同样的步骤，在每个部位集中注意力进行几轮呼吸。现在，将注意力集中在躯干上，从腹部上移到胸部、背部和肩部，然后顺着每条手臂到肘部、手腕和手掌。最后，将注意力上移到颈部，再到头部。如果注意力在练习过程中发生游离，可以轻轻地引导它回到身体的某个部位。卡巴金建议每天至少做一次身体扫描练习。

这种练习的目的是不加批判地知觉身体内部的各种感受。在忙碌的日常生活中，我们可能忽视或屏蔽了这些内部信号，就算它们引起了注意，我们也可能会感到不耐烦或进行自我批判。而身体扫描练习能让我们充满兴趣、平和地对待这些感受。但是，倾听这些感受还只是第一步，下一步是为它们命名，这是为了便于我们对其进行调节。如果没有这些有意识的自我调节，我们就可能难以掌控自己的感受，或误判它们的来源。研究表明，为内感受命名这一简单行为会对神经系统产生深远的影响，比如可以快速减轻身体的压力反应。

　　加州大学洛杉矶分校的研究人员进行了一项实验，被试需要在观众面前进行一系列即兴演讲（这是一种可靠的诱发焦虑的方法）。随后，一半的被试需要完成研究人员称为"为内感受贴标签"的任务，将"我感到 ＿＿＿＿＿"这一句子补充完整，而另一半被试需要完成一项不带感情色彩的形状匹配任务。在完成任务的过程中，内感受标签组的心率和皮肤电导水平明显下降，而对照组的生理唤醒水平仍然很高。大脑扫描研究进一步为内感受标签的镇静作用提供了证据：简单为感受命名就可以降低杏仁核的活跃程度，而杏仁核是参与处理恐惧及其他强烈情绪的大脑结构。相比之下，如果进一步思考自己的感受和引发这些感受的经历，则会增加杏仁核的活跃程度。

THE EXTENDED MIND
超越大脑的思考革命

　　就像身体扫描一样，为内感受贴标签也是一种心理练习，其目的是养成注意身体感觉并为之命名的习惯。心理学家建议我们在进行尝试时要将以下两件事牢记于心。第一件事是命名越丰富越好。加州大学洛杉矶分校的研究人员指出，那些为自己的感受想出更多名字的被试，其生理唤醒水平在随后会有更大程度的降低。第二件事是命名越精细越好，也就是说，在描述内感受时尽可能选择精确且具体的词语。准确地区分不同的内感受让我们更有可能做出明智的决定，减少冲动，以及更成功地规划未来——这或许是因为它让我们更清晰地意识到自己需要什么、想要什么。

　　感知并标记内感受可以使其更高效地发挥身体舵手的作用，准确地为我们每天的诸多决策指引方向。但是，对于思维活动，这个通常被认为仅发生在大脑中的过程，身体是否真的有贡献呢？答案是肯定的。事实上，最新的研究指出了一种相当惊人的可能性：身体或许比大脑更加理性。回顾一下，在科茨的研究中，对内感受更敏锐的交易员赚到了更多的钱，也就是说，相比那些对自己身体不敏感的人，他们在交易中做出了更理性的选择，这一点已经由市场交易结果证明。产生如此结果的原因可能是更敏锐的交易员的身体未受到认知偏差的影响。相比之下，显意识思维却经常被这些偏差所干扰，因为这是人脑固有的缺陷。

思考实验室 　　我们对公平有一种执念，甚至不惜为此牺牲自己的利益。"最后通牒博弈"（ultimate game）是行为经济学家经常使用的实验范式，在实验中，被试两两配对，其中一个人将得到一些钱并按照自己的意愿进行分配，另一个人则可以选择接受或拒绝这种分配。被试若拒绝分配就会一无所获，因此即便只能得到很少的钱，接受分配方案也是比拒绝更加理性的选择。然而，实验结果均显示，当面对自己只能得到很少金钱的分配方案时，许多被试选择了拒绝，因为他们感觉自己受到了不公正的对待，他们感觉自己理应得到更多。

　　在 2011 年发表的一项研究中，弗吉尼亚理工大学的研究人员在两组人玩最后通牒博弈游戏时对他们进行了脑部扫描：一组是定期练习冥想的人，另一组则是没有练习冥想的对照组。扫描结果显示，冥想者大脑的内感受中心——脑岛，在游戏过程中很活跃，这表明他们是依靠身体信号来做决定的。对照组则表现出不同的模式：脑部扫描显示他们的前额叶皮层较为活跃，而这一脑部结构可以有意识地判断公平与否。研究人员表示，这两组人的行为也表现出了差异。对内感受敏感的冥想者更有可能做出理性选择，他们会接受所得很少的方案而不是完全拒绝，而深思熟虑的对照组则更倾向于拒绝对他们同伴更有利的分配方式。

　　社会科学家经常使用"理性经济人"（homo economicus）这一概念来描述一个理想化的行为主体，该主体总是做出完全合乎逻辑、理性的选择。然而，现实中很少有这种行为主体。弗吉尼亚理工大学的研究人员写道："在这项研究中，我们发现有一部分人在玩最后通牒博弈游戏时更接近理性经济人。"他们对此感到惊讶："即便面对最不公平的分配方式，常常练习冥想的人也在超过一半次数的实验中选择了接受，而对照组的理性人（homo sapiens）仅在 1/4 左右的实验中选择这么做。"

非冥想者在弗吉尼亚理工大学的研究中所表现出的这种偏差（bias）是行为经济学家提出的众多认知偏差之一。其他偏差包括锚定效应（anchoring effect）、可得性启发法（availability heuristic）以及自我服务偏差（self-serving bias）。锚定效应指我们过于依赖遇到的第一条信息；可得性启发法是指我们会高估更容易想起的事件发生的可能性；自我服务偏差是指我们倾向于将积极事件归因于自己，从而导致自己过于乐观。我们应该如何应对这些偏差？许多经济学家和心理学家的策略是告知人们这些偏差的存在，然后建议人们监测自己的心理活动，寻找思维产生偏差的迹象。用卡尼曼所推广的术语来说，我们应该使用理性的、反思性的"系统 2"来思考，从而避免来自速度更快的、直觉性的"系统 1"的偏差反应。

英国开放大学的组织行为学教授马克·芬顿－欧克里维（Mark Fenton-O'Creevy）曾经是这种高度囿于大脑的思维方式的支持者。他对 6 家投资银行的专业交易员进行了一系列采访，发现他们几乎从未以这种理性的方式进行过交易。相反，这些交易员告诉他，他们在很大程度上依赖于自己身体内部的感觉。一位投资者用特别直观的言语向芬顿－欧克里维描述了这个过程。"你必须相信你的直觉，很多决定都是在一瞬间做出的，所以你需要知道关键在哪里以及你要怎么做，"他说道，"就像是有胡须①一样，就像警觉的小鹿一样，如果听到了人耳听不到的声音，那一瞬间你就可以知道你抓住了问题的关键。某个地方的什么东西让你轻微颤抖，你不清楚那是什么，但

---

① 动物的胡须对于其安全有重要作用，可以帮助它们感受空气的流动，确定危险或者食物的来源。——译者注

你要对此高度警惕，因为某种东西已经出现在周围。"

芬顿－欧克里维发现，成功的金融家对这些微妙的生理线索非常敏感。更重要的是，他们似乎早在相应感觉开始形成的时候就能发现这些信号，并且在那一刻就据此采取行动，而不是无视、压抑它们，或者将其拖到之后再考虑。芬顿－欧克里维表示，由于这种方法进行得非常快，而且几乎不需要什么脑力，所以它更适合人们将其用于快速地做出许多人都会面临的复杂决定。而且，通过这种方式来避免认知偏差，比试图费力纠正偏差更加有效。"我们很难通过将认知活动从系统 1 转移到系统 2 这一方法来消除偏差，"他坚称，"人类监控自我的能力和通过系统 2 进行认知活动的能力都是有限的，并且很快就会耗竭。如果我们试图通过了解认知偏差和进行自我监测来减少这些偏差，那么很快就会触及认知极限。"

思考实验室 芬顿－欧克里维试图利用正念练习、频繁地提供生理反馈等方法，提升投资者对内感受的知觉程度。在实验室中，他让被试玩一个经过专门设计的视频游戏，名为"太空投资者"。作为游戏的一部分，他们需要定期估计自己的心跳速度。经过与放置在被试胸前的无线传感器的测量数据进行对比，结果显示，他们对心跳的猜测越精准，游戏得分就越高。芬顿－欧克里维表示，反复玩游戏似乎对被试的内感受知觉能力具有持久的改善作用。

芬顿－欧克里维在实验中使用的策略为人们做出更明智的决定提供了新方法：不是通过深思熟虑和潜心分析，而是通过培养一种我们可以称为"内感受学习"的能力来进行决策。在这个过程中，首先要学习感知、标记和调节身体内部信号，其次是建立特定的内部感觉与外部世界中事件模式之间的联系。比如，当我们开始做某件事时感到胃部颤动，这意味着什么？当想到眼下的一个选择时感觉心潮澎湃，而提到另一个选择时却心中一沉，这又预示着我们最终应如何选择？

我们可以通过"内感受日记"来厘清和编码来自身体的信息——记录我们所做的选择，以及做这些选择时的感受。每篇日记有三个部分。第一部分，简要叙述我们所面临的问题及可能的决定。第二部分，尽可能详细且准确地描述我们在考虑各种选择时的内部感受。内感受日记要求我们逐一考虑可选的决定，并记录在想象选择其中一个而非另一个决定时的感觉。第三部分，记录我们的最终选择，并描述做出最终选择时产生的其他感受。

一旦你知道某项决定的结果，比如投资是否赚钱了，新员工的工作是否顺利，外出旅行是不是个好主意，你就可以查看你做出这个选择时的记录。随着时间的推移，你可能会察觉到这些记录都符合一个特定的模式。也许你会在回顾中发现，当你考虑采取一种将会失败的行动方案时，你会感到胸闷；而当你考虑采取一种将会成功的方法时，你的感觉却有点儿不同，比如胸腔打开，呼吸通畅。这些差异微妙且转瞬即逝，而内感受日记却可以将这些感受保留足够长的时间，以便我们清楚地认识它们。

对身体不适信号保持"警觉"，助你在高压环境中胜出

如前所述，身体可以充当明智的引路人，指引我们做出良好的决策。用科茨的话来说，它们是"无冕之王"，比容易过载的显意识知道得更多、判断力更好。身体和它的内感受知觉能力还可以发挥另一个作用：像教练一样推动我们追求自己的目标，使我们在逆境中坚持下去，并从挫折中汲取能量。**总而言之，内感受知觉能力可以使我们变得更坚韧。**

这似乎令人惊讶。如果说人类有什么能力可以体现出精神高于物质、心

灵高于肉体的话，那似乎就是韧性。我们认为自己经常会无视身体不情愿的抗议，靠决心坚持到底，发挥作用的是意志力。但事实上，韧性根植于我们对自身器官和四肢的感受能力，也就是说，对这些内部信号越警觉，就越能在面对困难时保持坚韧。

这是因为我们采取的每一个行动都需要消耗稀缺而宝贵的能量。我们没有意识到的是，其实我们一直在关注自己还有多少能量，以及需要多少能量才能满足外界需求。内感受知觉能力是一个不断更新的表示我们当前状态的指标，根据它的提示，我们知道什么时候可以激励自己，什么时候必须休息。内感受知觉能力帮助我们将需要付出的努力与挑战的难度相匹配，并调整自己的节奏，使我们能够坚持到最后。正如有一些人比他人更善于利用身体感觉来指导自己的决定一样，也有一些人更善于利用内感受信号来监测和管理他们每时每刻的能量消耗。

**思考
实验室**　　　马丁·保卢斯（Martin Paulus）是加州大学圣迭戈分校的精神病学教授，他研究了内感受知觉能力在增强韧性方面的作用。在2016 年的一项研究中，保卢斯给被试提供了一个类似下述内容的陈述清单，他们要回答是否同意其中的每一项陈述。

- 无论发生什么我都能应对。
- 经历艰难时期或遭受疾病后，我往往会很快恢复。
- 无论结果怎样，我都会尽自己最大努力。
- 当事情看起来没什么希望时，我不会轻易放弃。
- 在压力下，我能够集中注意力并保持思维清晰。
- 我不会因失败而气馁。

被试回答之后，研究人员根据得分高低将他们分成了高韧性和低韧性两组。根据被试自己的说法，当面临逆境或挑战时，高韧性组倾向于持之以恒并获得成功，而低韧性组的个体则更有可能陷入挣扎、倦怠或放弃。保卢斯发现这两组人还有一个区别：根据心跳感知测验结果，低韧性组的人表现出较差的内感受知觉能力，而高韧性组的人则拥有对内部世界更敏锐的感知能力。

　　为了研究这种有趣的现象，保卢斯设计了一个方案，让被试经历一种具有挑战性的内感受体验，同时对他们的大脑进行扫描。在过去 10 年中，数百人参与了保卢斯的这一呼吸负荷任务，最有名的被试之一是游泳冠军戴安娜·尼娅德（Diana Nyad）。作为长距离游泳的世界纪录保持者，尼娅德曾在 1975 年创造了历史，成为第一个完成环曼哈顿岛游泳的女性。近 40 年后，64 岁的她开始挑战从古巴游到美国的佛罗里达州。尼娅德是坚韧的典范，她要在距离长达 177 千米的游泳过程中，与疲劳、恶心和可能致命的水母蜇伤做斗争。在 2013 年 8 月的成功尝试之前，她已经失败了 4 次。

**思考
实验室**　　2013 年晚些时候，尼娅德又以另一种方式成为先行者：来到保卢斯的实验室参加研究。在进入 MRI（磁共振成像）室之前，她戴上了一个鼻夹，让自己无法通过鼻子呼吸，嘴巴里还要放一根管子。在管子的末端有一个塞子，当塞子被移除时，尼娅德可以通过管子自由呼吸；当塞子被插入时，只有极少的空气可以从管中通过。

　　进入 MRI 室后，尼娅德要看向她眼前的一个计算机屏幕。当屏幕变成蓝色时，呼吸管会被打开；当屏幕变成黄色时，呼吸管有 25% 的概率会被塞住，这将使尼娅德被迫挣扎着呼吸。保卢斯和他的同事通过观察尼娅德在每种情况下的大脑活动，来研究她如何预测压力源、对压力源做出反应，以及如何从中恢复。与此同时，他们还对尼娅德进行了认知能力测验。在自传中写到这段经历时，尼娅德表示："我当然求胜心切，所以我想比其他所有做过这个 MRI 实验的人得分都高。"

尼娅德的大脑扫描结果显示，她对这种令人不适的体验有独特的反应。她的脑岛在压力源到来时，即当屏幕变成黄色时，产生了强烈的预期反应，但是处于压力期间和压力源过后，她的脑岛就稳定下来，处于相对静止的状态。至于认知测验，尼娅德回忆道，保卢斯让她看了结果，将数字化图表上的一些数据点展示给她。她回忆说："在数据点图表中，聚集在底部的点代表的是普通人，即对照组的表现，他们在限氧期间和预见到即将限氧时的测验成绩非常差。接下来是一组明显高于对照组的人，他们是海军陆战队成员，他们的表现比普通人好得多。下一组的得分比这更高，他们是海豹突击队队员。然后，保卢斯博士指着右上方一个几乎要超出计算机屏幕的点说，这就是我。"

尼娅德确实出类拔萃，但保卢斯在各个领域的精英身上发现了相似之处。令人惊讶的是，让这些人经历极其不愉快的内感受体验，实际上会提高他们的认知表现。这些精英拥有超强的感知能力，可以感知来自身体内部的信息，因此在迎接挑战时，他们能够更好地监测和管理身体内部资源。他们就像高效的、校准良好的发动机，不会浪费一点动力，并且储存着大量的能量。

相比之下，韧性低的人呈现出非常不同的特征。在接受呼吸负荷任务时，他们的大脑扫描显示出与尼娅德相反的模式：脑岛在压力源出现之前活动水平很低，而在压力源出现期间和之后活动水平很高。这些人的自我管理很马虎，而且毫无章法，就像校准不良的漏电马达一样。他们被挑战牵绊住脚步，然后在追赶的过程中浪费精力，最后开始挣扎着回答测验问题。他们会因失败而气馁，耗尽自己的能量储备，最终失去动力并选择放弃。

在面临需要勇气或耐力的身体挑战时，这些差异显然很重要。而当面临的是更偏向于脑力的挑战时，它们的意义同样举足轻重。心智活动，如同我们所进行的任何其他活动，需要调动并管理能量——事实上，大脑消耗了足足 20% 的身体供能。在应对心智方面的挑战时，有效地分配我们内部资源的能力，被研究人员称为"认知韧性"（cognitive resilience）。

对保卢斯的合作者伊丽莎白·斯坦莉（Elizabeth Stanley）来说，认知韧性显得特别重要。斯坦莉是乔治城大学的安全研究副教授，来自一个传奇的军人家庭，她在美国军队中担任过多年的情报官，曾在德国、韩国和巴尔干地区工作。在服役期间和日常生活中，斯坦莉总是无情地鞭策自己，她将自己的工作方式描述为"动用意志力和决心直至耗竭，努力掌控一切"。她写道，几十年来，"我以为用这种方式忽视并驾驭我的身体与情绪是一件好事，因为这是力量、自律和决心的标志"。然而，最终她认识到，"这种习惯性策略实际上不仅降低了效率，还损害了健康"。其表现之一是，她曾长达数月每天都花 16 小时在她的博士论文上，最终吐得满键盘都是污物。

为了另谋出路，斯坦莉发现了正念冥想。她每天都对此进行练习，还创建了"正念心智训练"（Mindfulness-based Mind Fitness Training，MMFT）项目，旨在增强军人在高压情况下的认知韧性。正念心智训练项目以强调识别和调节身体的内感受信号而闻名。与心理学家和神经科学家一起合作，斯坦莉在即将上战场的部队中测验了该项目的效果：结果显示，即使在最困难的情况下，正念心智训练项目也能帮助被试保持注意力集中，并维持他们的工作记忆能力。在全美各地的研讨会上，斯坦莉向多种从事高压职业的人传授了这种方法，不仅包括军队成员，也包括消防员、警察、社会工作者、医护人员以及救灾人员等。

斯坦莉发现，就像芬顿－欧克里维采访的专家交易员以及保卢斯研究中的精英运动员一样，认知韧性最强的士兵在挑战的早期阶段，即压力迹象刚刚开始积累的时候，就密切关注自己的身体感觉。她指导研讨会上的被试也这样做，使用类似于卡巴金所述的正念法。她说，通过对最初的身体信号保持警觉，可以避免措手不及或反应过度，以免进入一种难以平复的生理性唤醒状态。同时，斯坦莉也沮丧地指出，大多数人采取的方法恰好与此相反，就像她曾经做的那样：忽略身体内部发出的警告信号，希望能够全力坚持，完成工作。

斯坦莉还为她的学生演示了一种技巧，即将注意力在身体内部和外部之间来回转换，她称之为"穿梭运动"（shuttling）。这种技巧可以确保我们既不被外部事件所困扰，也不被内部感受所压倒，而是在两种信息源之间保持平衡。

THE EXTENDED MIND
超越大脑的思考革命

我们可以在放松的时候多次练习这种注意力的转换，直到它成为第二天性（second nature）：通过持续重复的内部检查行为来提供周期性的内感受信息。重要的是，随时与内部感受保持密切联系，以训练自己能够"在事情发生时注意到正在发生什么"，斯坦莉说。她所说的坚韧并不是指她曾经认同的那种可怕的意志力和决心，而是一种对不断变化的内部和外部状况做出灵活的、即时反应的能力。

对自身感受的感知，让你更善于管理情绪

内感受知觉可以帮助我们做出更明智的决定，让我们更容易从紧张的状态中恢复，还能让我们享受更丰富、更令人满足的情绪生活。**研究表明，内感受知觉能力更强的人，会有更强烈的情绪感受，同时也更善于管理自己的情绪。**因为内感受构建了情绪的基础，即便最微妙的情绪也是如此，比如爱慕、钦佩、感激、悲伤、渴望、遗憾、恼怒、嫉妒、怨恨等。对内感受更敏感的人，可以更得心应手地与这些由内感受形成的情绪进行互动。

要理解内感受和情绪的关系，首先需要纠正大多数人关于"感觉如何产

生"的一个基本错误观念。我们习惯性认为，大脑是根据发生在我们身上的
事情来决定应该产生怎样的情绪，如快乐、悲伤、害怕，然后指导身体采取
相应的行动，如微笑、哭泣、尖叫。这种说法颠倒了真正的因果关系。实际
情况是身体先产生感觉，之后引发行动，然后，大脑才会根据这些迹象组合
成我们称为情绪的实体。

美国心理学家威廉·詹姆斯在一个多世纪之前就提出了这一点。詹姆斯
写道："想象一下，你在树林里遇到了一只熊。你的心怦怦直跳，你的手心
在出汗，然后你撒开腿开始逃跑，为什么？这似乎是因为你的大脑产生了一
种恐惧感，然后告诉你的身体要动起来。"但詹姆斯认为实际情况刚好相反：
我们感到恐惧是因为心跳在加速，手掌在出汗，腿在带动我们前进。正如他
所说，"常识告诉我们，我们失去财富会伤心并哭泣；我们遇到熊会害怕并
逃跑；我们被对手侮辱会愤怒并发出攻击"，但是，"这种顺序是不正确的"。
据詹姆斯所言，更准确的说法是："感到伤心是因为我们在哭泣，感到愤怒
是因为我们在进行攻击，感到害怕是因为我们在颤抖。"

近年来，研究人员在大脑扫描等现代研究技术的帮助下，开始深入阐释
詹姆斯的理论。他们的研究证明，我们称为"情绪"的东西以及与之为一体
的各种体验实际上是由更多元素构成的，包括由身体的内感受系统产生的信
号，以及如何理解这些信号的家庭和文化观念。这一观点有两个重要含义：
首先，对内感受越敏感，对情感的体验就越丰富、越强烈；其次，具备内感
受知觉能力后，我们就可以进入情感建构的底层，并参与这些情绪的创造
过程。

研究情绪构建的心理学家将这种活动称为"认知重评"（cognitive reapp-
raisal）。这一过程包括感受并标记一个内感受知觉，就像前文中提到的那样，
然后"重新评价"它，即以一种适应性的方式重新解释它。例如，我们可以
把"紧张"重新评价为"兴奋"。想一想这两种情绪所伴随的内感受知觉：
心跳加速、手心出汗、胃部翻腾。这些感觉几乎是相同的，是我们赋予它们

的意义使得二者不同：令人恐惧的折磨，或是值得享受的挑战。在这种情况下，我们很难变得沉着冷静，然而大多数人都相信，当处于焦虑中时，应该做的是努力冷静下来。

　　哈佛商学院的副教授艾莉森·伍德·布鲁克斯（Alison Wood Brooks）对于如何处理紧张情绪有不同的看法。在一个系列研究中，她让几组被试完成三项大多数人都会觉得非常伤脑筋的任务：在"紧张的时间限制"下完成"非常困难的智商测验"；当众发表关于"为什么你是一个好的工作伙伴"的有说服力的公开演讲；以及最难的是，唱出一首 20 世纪 80 年代的流行歌曲——美国摇滚乐队 Journey（旅程）乐队的《一定要相信》（*Don't Stop Believin'*）。在活动开始之前，被试被告知要让自己保持冷静，或者被告知要告诉自己很兴奋。

　　将紧张感重新评价为兴奋感明显改变了被试的表现：参与智商测验的人得分显著更高，演讲者表现得更有说服力、更能干、更自信，甚至歌唱者们的表现也更加符合标准——该标准基于任天堂 Wii 游戏机上的"卡拉 OK 革命"应用程序。他们都说，自己真的感受到了令人愉悦的兴奋情绪，这与上述活动原本可能让人产生的不适感显然不同。

　　通过类似的方式，我们可以选择将消极的"压力"重新评价为积极的"应对"。

　　2010 年在美国波士顿地区本科生中开展的一项研究，考察了压力情境下的人们在得知压力对思维的积极影响后会发生什么，这一积极影响为压力可以使我们更加警觉、更有动力。在参加 GRE（美国研究生入学考试）之前，一组学生需要阅读以下信息："人们认为，在参加标准化考试时感到焦虑会使他们在考试中表现不佳。然而，最近的研究表明，焦虑并不一定会导致考试成绩降低，甚至可以提升成绩。在考试中感到焦虑的人实际上可能做得更好。这意味着，如果你在参加 GRE 时确实感到焦虑，你也不必担忧。你只需要提醒自己，你的兴奋可能有助于你表现得更好。"另一组学生在考试前则没有收到这样的信息。三个月后，当学生的 GRE 分数被公布时，那些被鼓励重新评价压力感的学生的平均分数比另一组未被告知的学生高出了 65 分。

认知重评的相关研究已经开始阐述这种技术发挥作用的内在机制。在上述研究中，研究人员收集了所有被试的唾液样本，分析一种与神经系统的唤醒水平有关的激素。参与认知重评的学生的该激素水平有所升高，这表明他们的身体已经发现了问题，并且正在做出有效的回应，因而提高了他们的警觉性，使他们的注意力更加敏锐。

思考实验室　　另一项研究探究了认知重评法对有数学焦虑症的学生在神经水平上的影响。这些学生在 fMRI（功能性磁共振成像）仪器内完成了一组数学问题，并接受了两次大脑扫描。在第一次扫描之前，被试可以使用他们平时采用的任何策略。在第二次扫描之前，被试被告知要进行认知重评以及如何重评。结果显示，当采用认知重评策略时，他们解决数学问题的正确率提高了。大脑扫描结果为这一发现提供了解释：在认知重评的情况下，参与计算执行的大脑区域更加活跃。这些脑区活动的增加表明，认知重评这一行为可以帮助学生将之前被焦虑消耗的认知资源重新分配到解决数学问题上。

对于认知重评，心理学家补充了两个要点。第一，认知重评对那些有内感受知觉的人来说效果最好：毕竟，只有当我们能够识别自己的内感受时，才能有效改变认识它们的方式。第二，我们想要构建的情绪必须与实际感受一致。我们能够将紧张重评为兴奋，是因为这两种情绪的生理诱因十分相似。如果我们感受到的是一种强烈的冷漠或倦怠感，那么试图感叹一句"我太兴奋了！"是不能起到认知重评效果的。

觉知自己的内感受可以帮助我们处理自己的情绪。或许更令人惊讶的是，身体的内感受知觉能力还可以帮助我们与他人的情绪建立更紧密的联结。大脑无法通过自身来获知他人的思想内容，也无法感知到他人的感受。试图通过他人的言语和面部表情进行情绪解读，可能只能对其原本汹涌澎湃的情绪产生一种冷静而抽象的认知。而身体作为一个关键渠道，可以提供大脑所缺乏的来自身体内部的信息。

内感受是这样起作用的：在与其他人互动时，我们微妙地、无意识地模仿他们的面部表情、手势、姿势和声调。随后，借助对自己相同身体信号的内感受，我们理解了他人的感觉，因为我们正感同身受。我们以身体为桥梁去切身体会他人的感受。就像可以与同伴分享盘中食物，或是与别人共享耳机来同听一首歌一样，我们也能够体验和分享他人的情绪。

当无法实现这种模仿时，人们就更难以知晓他人的感受。一个引人注目的例子是注射一种主要成分为肉毒毒素的抗皱剂，其作用是导致面部表情肌肉轻微麻痹。注射了这种肉毒毒素的人，在感知他人情绪方面的能力更差，这可能是因为他们无法再亲身模拟出他人的感受。而与那些不太注意自己的身体感觉信号的人相比，熟悉内感受的人更有可能模仿出他人的表情，对他人的感受有更准确的理解，并且对他人的共情能力也会更强。通过模仿，所有人都能"感受"到别人的痛苦：研究表明，看到其他人遭遇身体伤害时，大脑中用于感知自身痛苦的区域也会被激活。但是，当内感受知觉能力强的人看到别人经历痛苦时，与其他人相比，他们会认为对方的痛苦更强烈。

　　临床心理学家可能是内感受知觉能力最强的人，他们接受过专业的训练，可以通过解读自己身体的信号来了解患者的感受，即使患者尚不能用言语来表达自己的情绪。在 2004 年的一项研究中，研究人员调研了治疗师如何利用自己的身体来理解患者，一位临床医生指出："对我来说，我把身体当作雷达，就像那些收集卫星信息并把它们输送下来的天线一样。我就是这样看待身体的。"与之类似，临床心理学家、多部女性和身体形象主题的开创性著作的作者奥巴赫发现，她的身体是一个敏感的工具，可以捕捉到她的患者的感受。奥巴赫说，在治疗过程中，她专注于体内涌现的感觉，"这使我认识到，身体的发展与头脑的发展同样重要"。

THE EXTENDED MIND
超越大脑的思考革命 ────────────────────────

　　我们可以像心理治疗师一样培养身体的能力，从而增强与他人的联系。这种能力被称为"社交内感受"。研究表明，直视谈话对象的眼睛可以提高内感受知觉能力，而对对方手部或胳膊的短暂触摸也能起到同样的效果。

　　研究还表明，当人际关系状况变得糟糕时，例如，当感到被社会拒绝或排斥时，也许是因为迫切地想要修复裂痕，所以我们倾向于将注意力从自己的内部感受转移到外部事件上。然而，无论出于怎样的动机，这种转变都有可能在我们最需要的时候，阻碍我们了解对方。一种更好的做法是，尝试将注意力在他人提供的社交线索和自己的内感受信号之间来回切换。顺便提一句，这个过程让人想起前文中斯坦莉的穿梭运动。通过这两个不同来源的信息，我们可以让自己在进入他人情感世界的同时，保持对自己情感世界的清晰感知。

　　本章开头提到的由金融交易员转行的科学家科茨，曾将身体比作"敏感的抛物面反射器，记录着大量的预测信息"。他指出，这些天然的天线不断地接收并发送重要信息，然而"令人沮丧的是，这些信息是出了名的难以接收，就像收音机接收远处的电台信号一样，忽隐忽现"。科茨相信，技术可以改进这一点，不是通过用基于数据的算法取代直觉，而是通过放大身体自身积累的洞察力来实现。他现已开启第三次职业生涯，这次是成为一名企业家。他的露线研究（Dewline Research）公司通过可穿戴传感器收集金融交易员的生理信号数据，从而探寻市场的跌宕起伏和交易员的身体反应之间的关系。

与此同时，另一组内感受研究人员也开发了类似的设备，那是一款旨在增强身体毅力的设备。英国布莱顿和苏塞克斯医学院的研究人员推出的"心率评估"（heartrater）技术，可以进一步监控运动员的内部状态，让他们更有效地利用能量，以及更迅速地从疲惫状态中恢复。也许这种可以延展身体的数字技术最有趣的使用方式是由伦敦大学皇家霍洛威学院的心理学教授、内感受研究人员马诺斯·查基里斯（Manos Tsakiris）开创的，他与共情技术公司（Empathic Technologies）的一个团队合作开发了一款名为"杜佩尔"（doppel）的设备。这款设备并没有将身体的反馈信号放大，而是故意扭曲信号。实际上，杜佩尔试图欺骗用户，使其相信自己的心跳比实际的要慢或快。

回顾一下，正如詹姆斯有说服力地解释的那样，大脑从身体产生的感觉中获取关于我们正在经历的感受的线索。查基里斯的设备通过向大脑提供与身体实际产生的感受不同的信息来干扰这一环路。杜佩尔可以像智能手表或智能手环一样戴在手腕上，它可以让人们相信自己的心跳缓慢且放松，或者通过不同的设置让人们相信自己的心跳快速且兴奋。当处于慢速模式时，杜佩尔可以让那些因为要进行公开演讲而感到紧张的人产生平静感；当它处于快速模式时，可以使佩戴者在一项具有挑战性的持续注意力测验中表现得更加警惕和敏锐。查基里斯说，这项技术使我们能"模拟自然状态下的心跳反应"，从而让我们表现得更好。

这种"伎俩"竟然是可行的，这只能说明身体和心灵之间的联系的强大，这种双向的信息流在很大程度上塑造了我们的日常决策、日常努力和最亲密的关系。这种联系也可能构成我们的自我意识的基础。我们的内感受保持稳定地流动有很多作用，其中之一是为我们提供了一种个人连续性的感觉。思想家们长期以来一直在思考，为什么我们可以把自己看作独特的、持续存在的实体。已故哲学家德里克·帕菲特（Derek Parfit）问道："是什么让我一生都是同一个人，并且是与你不同的人？"他们的答案通常与大脑有关，即与思想或记忆有关。正如法国哲学家勒内·笛卡尔（René Descartes）所宣称的："我思故我在。"

根据神经解剖学家和内感受知觉专家 A.D. 克雷格（A.D. Craig）的观点，更准确的说法应该是："我感故我在。"克雷格认为，内感受知觉是"物质的我"的基础，是对自己最基本的认识的来源。因为心脏在跳动，肺在扩张，肌肉在伸展，器官在隆隆作响，所有这些对我们来说独一无二的感觉，从出生那天起就一直不间断地进行着，所以我们知道什么是一个连续的自我，我们何以是自己而不是其他人。克雷格说，内感受就是"活着的感觉"。

第 2 章

边运动边思考，决策准确率从 85% 提升到 99%

- 医生如何通过把自己的身体当作雷达捕捉患者无法用言语表达出的病情，达成更准确的诊断？

- 诺贝尔奖得主如何通过中等强度运动进行大脑的轻度生理唤醒，不断提升思维能力以及其延续性？

- 演员如何通过将动作、手势融入台词本的身体训练，惊人地提升记忆能力？

　　杰夫·菲德勒（Jeff Fidler）博士是明尼苏达州罗切斯特市妙佑医疗国际（Mayo Clinic）的放射科医生。他通常每天至少要看 15 000 张 X 线片。过去，他经常坐着完成这些工作，但如今他不会这样做了。现在，菲德勒会把要检查的 X 线片投到大屏幕上，并在屏幕前的跑步机上边走边看。这就是菲德勒的 "跑步机工作站"。这样工作一年后，他瘦了 11 千克，而且他深感自己在检查 X 线片方面做得更好了。

思考实验室　　菲德勒与一位同事合作设计了一项研究，用于检验他的这一直觉。在他们的研究中，一部分放射科医生坐着检查 X 线片，另一部分则在跑步机上以每小时 1.6 千米的速度边走边检查。放射科医生在 X 线片中一共找出了 1 582 个可疑之处，并认为其中的 459 处可能对患者健康造成严重危害。在比较了两组医生的 "检测率" 后，研究人员得到了非常明确的结果：平均而言，坐着检查的放射科医生检测出了 X 线片中 85% 的异常，而边走边检查的医生则检测出了 99% 的异常。

菲德勒的这些发现也得到了其他证据的支持。例如，在马里兰大学医学中心进行的一项研究表明，与坐着工作相比，放射科医生在边走边工作时，更可能通过胸片识别出患者肺部的病变结节。在弗吉尼亚州的朴次茅斯，海军医学中心放射科的医生也进行了一项研究，发现放射科医生使用"跑步机工作站"时，其工作速度更快，而且准确性并未降低。

另一组研究的发现可以解释这些放射科医生的实验结果。当身体处于活动状态时，视觉会变得更敏锐，对注视点外周的刺激物而言尤其如此。这种变化在非人类动物身上也存在。其进化意义可能是：视觉系统会在我们主动探索周围环境时变得更加敏锐；但当身体处于休息状态，例如坐在椅子上保持静止时，这一情况就不会出现。

上述内容说明，身体活动会影响视觉信息的加工，但这只是身体活动影响思维的一个例子。研究人员早已了解到，人们的综合身体素质支持着自身认知功能：身体更健康的人通常拥有思维更敏捷的大脑。近年来，研究人员不再局限于此，他们开始探索另一种更加令人兴奋的可能情形：身体动作能够在短时间内提升认知能力。**也就是说，当我们以某种特定方式活动身体时，思维马上就能变得更敏捷。**对于这个现象，研究人员从动作强度和动作类型两个方面进行了研究。之后我们会看到这一研究结果：低强度、中等强度和高强度的身体活动，会对认知产生不同的影响。在这一章的后半部分，我们将探讨不同类型的动作如何提高思维能力，这些动作包括一致性动作、新异性动作、自我参照动作和隐喻性动作等。

思维和运动之间的紧密联系是物种进化的产物。如果以大脑和身体的相对大小来计算，人脑大约是其"应有大小"的 3 倍之大。化石证据表明，人脑在大约 200 万年前就已经明显变大了。关于这一变化的原因，研究人员做出了一些推测，比如，我们祖先的社会互动日益复杂，抑或是他们需要适应不断变化的生态环境。最近又有人提出了另一种可能的原因："在人类的大脑体积开始增加的同时，人类的有氧运动水平似乎发生了巨变。"南加州大学生物学教授戴维·赖希伦（David Raichlen）说道："早期的人类祖先过着一种相对定栖的类人猿的生活，后来转变为以狩猎和采集为生。显然，后者需要更多的体力活动。"

赖希伦对现存的一些狩猎—采集部落进行了大量研究。他指出，以狩猎和采集为主的生活方式对身体和认知都有一定的要求。觅食不仅需要持续而剧烈的体力活动，而且对注意力、记忆力、空间导航、运动控制以及计划和决策等执行功能提出了要求。狩猎同样对认知和身体都提出了挑战。猎物的运动方向难以预测，猎人必须找到猎物并追踪它的动向，有时甚至需要努力比猎物跑得更快，而这些恰好是人脑进化的条件。身体面对的挑战和认知复杂性共同决定了我们在智人中的特殊地位。直到今天，我们的身体活动依然和敏锐的头脑密切相关。

当然，对于生活在现代社会的我们来说，情形已然不同，我们已不再是那个每天需要进行大量体力活动的物种了。东非的哈兹达人是赖希伦研究的狩猎—采集部落之一。哈兹达人平均每天需要进行 135 分钟的中等到高强度的体力活动。然而，工业化国家的大多数人很难达到健康专家建议的每周至少 150 分钟的运动量。换言之，当代狩猎—采集者所进行的中等至高强度的运动量，是一个典型美国人运动量的 14 倍之多。现代人之所以缺乏运动，很大程度上是因为学习和工作占据了生活的主导地位，以及因此形成的习惯和观念使然，比如我们坚信人应该坐着思考。

挑战这种观念的人，反而可能会遭到嘲讽。当菲德勒把他的研究结果发表在《美国放射学会杂志》（*Journal of the American College of Radiology*）上时，他的一些同事对此冷嘲热讽。罗伯特·费尔德（Robert Feld）是一名来自康涅狄格州哈特福德市的放射科医生，他在给编辑的一封信中写道："我觉得这篇论文可以被当作搞笑读物。"他认为菲德勒的研究是"对临床研究如何出错的戏剧化展示"。在费尔德看来,让医生边走动边工作"既白费工夫又浪费资源"。

学生和上班族的情况也能反映出这些态度。在学校里,孩子们平均每天有 50% 的时间都是坐着的。在他们进入青春期后,久坐时长会进一步增加。职场的成年人动得更少,在工作日中,他们有 2/3 以上的时间都是坐着的。我们曾经继承了哲学家克拉克所说的"蹄子上的大脑",但在今天的教室和办公室里,"蹄子"所发出的有力踢踏声已经几乎消失了。

站起来生活胜过坐下来思考

莫琳·津克(Maureen Zink)是加利福尼亚州圣拉斐尔市瓦莱西托小学的四年级老师,她上课的教室与众不同。她的学生不会一直坐在座位上,事实上,大部分学生甚至根本没有坐着。2013 年,整个学校都将传统的桌椅换成了站立式桌椅。学校秉持"自由活动"的理念,允许学生在上课时站着、坐在凳子上、坐在地板上或者自由走动。尽管有些人对此心生疑虑,但津克和瓦莱西托小学的其他老师认为这非常成功。他们发现学生变得更加敏捷、更加专注,而且投入度也更高了。"学生坐在教室里上课,我在学生坐着上课的课堂上教了 30 年的书,"津克说,"但我再也不会这么做了。"特雷西·史密斯(Tracy Smith)在瓦莱西托小学更换课桌时期担任校长,他也觉得学生在被允许自由活动后变得"更专注、自信,也更高效"了。

人们刚开始对更换课桌感到忧虑很容易理解。我们总是把静止与踏实、认真和勤奋联系在一起,认为控制自己不要动来动去是品行端正的表现。在工作环境中,小动作通常是不被赞许的,甚至会被人猜疑。不妨想想我们是如何把坐立不安与某种道德问题联系起来的。然而,这种观点忽略了一个重要的问题:我们用来调节注意力和控制行为的是同一种能力,支撑这种能力的资源是有限的，而其中相当一部分却被用来抑制冲动行为了。

思考
实验室

　　这种资源代价受到了研究人员的重视，德国吉森大学的克里斯蒂娜·兰汉斯（Christine Langhans）和赫尔曼·马勒（Hermann Müller）对此展开了研究。在 2018 年发表的一项研究中，他们要求被试心算一组数学题，并将其分成三组，让他们分别保持不动、保持放松但"不要有明显动作"，以及在小范围走动时做些有规律的小动作。在整个过程中，采用 fNIRS（功能性近红外光谱技术）来测量被试的认知负荷，即他们的大脑努力工作的程度。

　　研究结果很有启发性。兰汉斯和马勒表示："在'不要动'的指示下，被试的认知负荷明显增加。"和心算活动一样，保持静止的指令也增加了前额叶皮层的脑部活动——这一区域既负责计算等脑力活动，也负责控制行为冲动。在三组被试中，被要求保持不动的被试的心算表现最差；而且，fNIRS 记录到的整体认知负荷越大，被试的心算结果就越差。研究人员因此得出结论："静坐并不一定是在学校学习的最佳条件。"

　　与坐着相比，我们在站着时经常会做些小动作，这也就是研究人员所说的"低强度"活动。比如说，我们会把重心从一条腿移到另一条腿上，或者随便摆动手臂。这些动作虽然看起来微不足道，但的确会对生理机能产生显著影响：妙佑医疗国际的研究人员通过实验发现，当被试站着时，可以比坐着多消耗 13% 的能量。重要的是，这些活动也对认知功能有明显影响。研究表明，对学生而言，在使用站立式课桌时，他们的"任务参与度"更高，对计划和决策至关重要的执行功能也增强了。对成年人而言，站立式办公桌也明显提高了他们的工作效率。

　　这种允许活动的规则设置不仅可以将我们从监测自己活动倾向的任务中解放出来，还能让我们对自己的生理唤醒水平进行微调。

对患有注意缺陷障碍的儿童而言，这种可调节的刺激显得尤为重要。患注意缺陷多动障碍（ADHD）儿童的大脑似乎长期处于低唤醒状态：为了获取认知资源来解决一项困难任务，他们可能会用手指轻敲某处、抖动双腿或在座位旁蹦蹦跳跳。他们就是通过运动来提高唤醒水平，这就和成年人用咖啡来提神一样。

**思考
实验室** 　　加州大学戴维斯分校的精神病学教授朱莉·施魏泽（Julie Schweitzer）在 2016 年开展了一项研究，被试是 10 ～ 17 岁的注意缺陷多动障碍患者。这些被试需要完成一项有挑战性的脑力任务。在任务进行期间，他们的身体活动由一个绑在脚踝上的名为"活动度测量计"的传感器所监测。

　　研究人员发现，被试的身体活动越剧烈，他们在认知任务中的表现就越好。换句话说，孩子动得越多，其思维能力就越强。施魏泽指出，家长和老师通常认为，让孩子集中精力学习的前提是让他们不要乱动。然而，允许孩子四处走动反而可能更为有效，因为这可以帮他们集中注意力。

　　即便在普通人中，保持最佳状态所需的刺激量也因人而异。事实上，同一个人在一天中的不同时段里，所需刺激量也可能会有所不同。对此，我们可以通过做一些小动作来进行必要的刺激量调整，这是一种很容易掌控的非常灵活且敏锐的调整机制。有时我们会通过一些有节奏的动作来平息焦虑、集中精力。比如，用手指敲打某处或用脚打拍子来避免困倦，在思考难题时玩玩钢笔或回形针这些小物品。关于这些行为及其他类似的小动作，研究人员凯瑟琳·伊斯比斯特（Katherine Isbister）都曾在自己的社交媒体上分享过。她曾倡议人们描述自己最喜欢"摆弄的小物品"及其使用方式。

　　伊斯比斯特是加州大学圣克鲁兹分校的计算媒体教授。她认为，社会公众不应该对这些小动作持反对态度。虽然我们总是以为，仅靠大脑就可以掌控脑力活动，但做些动作实际上通常会比光动脑子更有效，这就是她所说的"具身自我管理"。在身体控制系统中，人们通常认为是大脑告诉身体应该做些什么，伊斯比斯特却认为存在一种相反的情况。她指出："改变身体的行为，会使我们的感受、知觉和思维也随之改变。"

伊斯比斯特与其他学者的研究都显示，小动作不仅可以调节唤醒水平，而且可以通过多种方式延展思维。这些小动作可能很有趣，让我们处于一种轻度的积极情绪状态之中，在这种情绪状态下，人们的思维往往更灵活和更具创造性。又或者，这些动作简单重复且无须动脑，只会占用有限的认知资源，刚好让我们不至于从手头的工作中分心。一项研究发现，在进行枯燥的听力任务时，被指示在纸上涂鸦的人比没涂鸦的人多记住了 29% 的信息，这可能是因为后者在听力任务中彻底分心了。

也许最为有趣的是，伊斯比斯特的理论认为，小动作可以提供丰富的感官体验，这是在与显示屏和键盘的枯燥接触中无法获得的。她写道，"当今的数码产品通常机身光滑、外壳坚硬、线条流畅"，而大家所推荐的最喜欢摆弄的物品则"有各种各样的纹理，从石头般光滑到核桃壳般粗糙，还有的像胶带一样黏黏的"。人们对自己所喜爱的小物品的描述也十分生动。他们在文章中写道，小物品是"皱巴巴的"、"软绵绵的"和"咔嗒咔嗒的"；他们可以"揉"、"挤"、"转"、"滚"和"搓"这些小物品。在做这些小动作时，我们似乎也在提醒自己：除了大脑，我们还有一个富有感受力和行动力的身体。总之，**边动边思考可以使我们更充分地调动自身能力。**

中等强度的运动能有效提升专注力和执行力

在当前的学校和工作场所中，自由活动型设施依然少见，但我们应该努力使之成为常态。对此，我们甚至无须抱有任何歉意，因为低强度的身体活动显然与我们进行思考的场所更为匹配。同时，中等强度和高强度的运动也会对认知产生不同的影响，这正是心理学家卡尼曼以他自己为实验对象进行观察时所发现的。

卡尼曼每年都会在加利福尼亚州的伯克利度过几个月。在大多数日子里，他会在山里的标记路段步行 6 千米，此时他能够看到旧金山湾。秉承科学家的一贯作风，卡尼曼对这段历程进行了仔细分析。"我通常会记下每次步行的时间，这样我就能知道这件事需要耗费多少精力。"他写道，"我发现，以大约每千米花费 10 分钟的速度走这段路时，对我来说就像散步一样。当然，就算是这样的速度，我的身体也需要付出努力，而且会比坐在躺椅上消耗更多能量。但我没有因此觉得累，没有产生什么内心冲突。我也不需要强迫自己做这件事。以这个速度步行时，我甚至还能同时思考和工作。事实上，我甚至觉得，步行所带来的轻度生理唤醒反而让我的头脑更清醒了。"

然而，卡尼曼也指出："当我加速至快走状态时，步行体验变得全然不同，我发现自己的连贯思维能力急剧下降了。随着我脚步的加快，步行体验和刻意保持快走的努力吸引了我越来越多的注意力。正因如此，我难以再通过思考去解决问题。我最快能以 9 分钟每千米的速度在山上步行，而当我走得这么快时，我就无法思考任何其他事情了。"

卡尼曼细致的自我观察得到了实证研究的支持。**在适当时间内进行中等强度的运动，可以提高我们在运动中和运动后的思维能力。**已被研究人员验证的积极变化包括：集中注意力和抵抗分心的能力增强了；言语流畅性和认知灵活性更好了；问题解决和做出决策的能力提升了；此外，工作记忆得到了提升，用于记住所学内容的长时记忆也更持久了。引起这些改变发生的机制可能是唤醒水平的提升（如卡尼曼所猜测的那样）、大脑的血液流入量增加，以及一些能提高大脑信息传输速率、促进神经元或脑细胞再生的神经化学物质的释放。这些由中等强度运动所带来的思维益处，在运动结束后仍能持续长达 2 小时。

　　这项研究提供了鼓舞人心的启示：我们有办法让自己进入适合学习、创造或是进行其他复杂认知活动的理想状态，那就是在事前进行一些轻松的运动。然而，就目前情况而言，我们通常难以有意识地利用这种方法。我们所处的文化向我们灌输了太多身心分离的观点，也正因如此，我们会将动脑时间和运动时间分开。想想我们之中有多少人只在工作结束后或者在周末才去健身房。我们不该这么做。相反，我们应该把体育活动和工作日或教学日相结合。这就意味着我们要重新思考如何利用休息时间。**为了将大脑调节到最佳状态，无论午休时间、茶歇时间还是任务或会议的间隙，我们都可以将这些时间用来运动。**

　　对孩子们来说，课间休息在学校生活中正扮演了这样的角色。研究表明，如果在课间休息时去操场上玩耍，孩子们在上课时注意力会更集中，执行能力也更强。然而，放眼全球各地的学校，为了让孩子们有更多的时间坐着学习，课间休息时间往往被缩短，甚至被取消了。我们总是把不集中精力进行脑力劳动视作浪费时间，而这正是关于休息的错误观念之一。因为用于脑力工作的能力会随着时间的推移逐步下降，运动一下反而会让这种能力得到恢复。家长、老师和管理者如果希望提高学生的学业成绩，就应该呼吁通过增加课间休息时长来让他们进行适当的身体活动。

　　关于休息的另一个误区是，休息期间应该放松身体，这样才能为下一轮脑力劳动做好准备。然而，正如刚刚所了解到的，正是通过活动身体，大脑才能为大多数人所从事的知识型工作做好准备。比如，当我们正要与各种想法搏斗或尝试各种可能性时，最好的准备活动就是进行真正的热身。也就是说，在解决难题前，与其懒洋洋地喝一杯拿铁，还不如去街道上散散步。

　　关于休息，还有一个错误观念需要纠正，即我们以为在休息时做些非工作的事情就可以补充大脑所消耗的资源，比如刷 Twitter、看新闻、浏览Facebook 等。问题在于，这些活动所使用的脑区与我们从事以脑力活动为主的工作相同，二者消耗的是同一类认知资源。在进行这种休息之后，再回到工作岗位时，我们会像休息之前一样疲惫不堪，或者更甚。**相反，如果把茶歇时间改为公共卫生专家所建议的"运动休息时间"，当我们再回到工作时，就会比休息之前更高效。**

卡尼曼注意到，当他沿着加利福尼亚州海岸旁的山丘步行时，快走会导致"连贯思维能力急剧下降"。他的这一观察发现也得到了研究的支持。研究人员绘制了一条"倒 U 形曲线"，用来描述运动强度和认知功能之间的关系。曲线中部的驼峰与中等强度运动相对应，表明这种程度的运动量最利于思考。曲线右侧的递减部分对应高强度运动，此时认知控制能力开始下降，但这并不一定是坏事。实际上，长时间的剧烈运动可能诱发一种有利于创造性思维的状态。

这种现象非常符合日本著名小说家村上春树（Haruki Murakami）的经历。村上春树每周坚持跑 80 千米。他是一位坚定且经验丰富的跑步爱好者，曾参加过 20 多场马拉松。他甚至专门为此写了一本书，名为《当我谈跑步时，我谈些什么》。"经常有人问我：'跑步时，你在想什么？'提这种问题的人，大多数都没有长期跑步的经历。遇到这样的提问，我便陷入深深的思考——我在跑步时，究竟思量了些什么？"村上春树写道。他总结说，自己几乎什么也不想。这就是关键所在。"我几乎从不曾思考正经的事情。我跑步，只是跑着。原则上我是在边放空自我边跑步。或许也可以说，我是为了获得一种放空自我的状态而跑步。"

研究人员用术语瞬时脑前额叶功能低下（transient hypofrontality）来表示村上春树所描述的"放空自我"。"低下"指低或降低，"前额叶"是指大脑负责计划、分析和评价的前额区，它也负责控制思想和行为。然而，当所有的资源都被用于满足高强度运动带来的需求时，前额叶皮层的功能会暂时降低。在这种前额叶功能降低的情况下，想法和感觉能够更自由地融合，因而出现不同寻常和让人意想不到的思想。研究人员推测，瞬时脑前额叶功能低下可能是所有意识状态改变的基础，不管是做梦还是麻醉状态，但剧烈运动或许是最可靠的诱发方式。不过，低强度和中等强度的运动都不会产生这种解除抑制的效果。相反，正如我们所见，中等强度的运动实际上可以增强执行功能。要想达到瞬时脑前额叶功能低下的状态，人通常需要运动至少40 分钟，而且运动强度要达到"通气阀状态"，即呼吸开始变得急促，此时锻炼者的心率达到其最大值的 80% 左右。

另一位作家兼跑步爱好者凯瑟琳·舒尔茨（Kathryn Schulz）注意到，这种程度的运动水平是个难以企及的高峰，但一旦达到这个程度，就能"引发笛卡尔身心二元论的崩塌"：思想和身体合二为一。她称之为"伟大的合谋"。

我动故我忆，边比划边学的记忆效果最好

在动作对思维的诸多影响中，让思维得以发散、增强或解除抑制的作用还只是其中一部分。同样重要的是，特定的身体动作承载着独有的意义和信息，对我们的思维过程产生多样而又细微的影响。在过去的几十年里，具身认知领域令人信服的证据表明，身体动作极大地影响着思想，特别是那些抽象或有象征意义的思维活动。在对认知活动的理解中，传统的、囿于大脑的观点认为，我们是先产生思维活动，然后再以此来指引身体活动。然而，最近的研究扭转了这个因果关系的方向，结论显示，我们先进行身体活动，然后这一行为会影响思维活动。这些发现意味着我们可以通过身体活动来主动改善大脑机能，这实在是令人振奋。例如，要提升记忆力，我们不需要更努力地动脑去记，而是需要完成一些能表达出记忆内容的身体动作。

当我们要学习和记忆一些新知识时，通常会反复看、大声读，严重依赖视觉和听觉模式。这种方法有诸多局限，比如有研究表明，我们对所听内容的记忆效果非常差，而对所做之事的记忆效果则好得多，也就是说我们更容

易记住自己的动作。将动作和记忆材料联系起来，会在大脑中留下细节更丰富、更令人难忘的"记忆痕迹"。另外，动作会引发一个不同于陈述性记忆（declarative memory）的过程，如背诵演讲稿等对信息的记忆，而是会产生程序性记忆（procedural memory），如怎样骑自行车这类对如何做某件事的记忆。当我们将动作与信息联系起来时，这两种记忆都被激活，因此能记得更准确，这种现象被研究人员称为"操作效应"（enactment effect）。

为了进一步阐明身体动作对记忆的提升效果，不妨以专业演员为例。赫尔加·诺伊斯（Helga Noice）是伊利诺伊州埃尔姆赫斯特大学的心理学荣誉退休教授，她的丈夫托尼·诺伊斯（Tony Noice）是该校的戏剧教授兼芝加哥大都会区的演员。他们针对演员记忆数页台词的能力进行了多年的研究。他们发现，在表演时，演员平均记住了98%的台词；表演结束几个月后，他们依然能逐字回忆起90%左右的台词内容。他们是怎么做到的呢？诺伊斯夫妇总结道，演员的记忆能力与他们用身体所做的动作密切相关。在他们的研究过程中，许多演员声称他们从来没有尝试去记台词，直到不这么做戏就"演不下去"，也就是说，他们把舞台上需要做的动作全都计划好后，才去记台词。一位接受过他们采访的演员谈道："你必须让双轨同时运行——'我说哪句台词时，我应该做哪些动作'……这二者相辅相成。"

思考
实验室
诺伊斯夫妇在2000年开展了一项研究，他们从一家轮演剧目剧团中找来6名演员，这几名演员之前都参演了美国剧作家A. R. 小格尼（A. R. Gurney Jr.）的话剧《餐厅》（*The Dining Room*）。在这部话剧的一个场景中，父母的房子正在出售，已成年的兄妹阿瑟和萨莉正在讨论应该如何处理房中的东西。

阿瑟：你确定妈妈不想把这些东西都搬到佛罗里达去吗？

萨莉：她自己的东西还没地方放呢。她想让我们轮流挑选，不要吵架。

阿瑟：那我们就抽签吧。

萨莉：除非有些东西我们其中一个人想要，而另一个人不想要，那样就用不着抽签。

阿瑟：今天我们得把这事儿弄完。

萨莉：你觉得就这点儿时间够把房子里所有的东西都分配好吗？

阿瑟：我得赶回去，萨莉。（他朝餐具柜里看着。）我们先抽签，然后一间间房间轮流挑。（他拿出一把盐匙。）喏，我们就用这把盐匙。（他把盐匙放在背后不断换手，然后伸出两只拳头。）选吧。猜中盐匙在哪只手中，餐厅家具就归你。

萨莉：你是说你想从这个房间开始？

阿瑟：总得有个开始的地方吧。

尽管他们早在 5 个月前就表演完了《餐厅》，而且他们之中多数人已经有了新的演出角色，但他们仍然记得自己在格尼的这部剧中的台词及相应的动作或手势（比如阿瑟向萨莉伸出盐匙）。而诺伊斯夫妇发现，这些演员在站着或坐着不动的场景下更容易忘词。

在以非演员群体为研究对象的实验中，如大学生或居住在辅助型生活设施区的老年人，诺伊斯夫妇也发现，将单词和动作联系起来会改善人们对单词的记忆效果。目前，许多活动都自称能够防止老龄化所带来的记忆力衰退，如填字游戏、数独以及 Lumosity 这类商业大脑训练项目等。这些活动多数符合当今社会关于思维运行机制的主流观点，即思维是囿于大脑的，人们只需静坐并开动脑筋。与这一观点不同，诺伊斯夫妇发现，活动身体事实上能增强记忆力和其他思维能力。

思考实验室　诺伊斯夫妇在 65 ～ 85 岁的人群中也开展了一系列研究。他们教这些被试专业的表演技巧，然后带着他们排练和表演戏剧场景。该项目为期 4 周，在项目开展前后，诺伊斯夫妇测验了被试的一般认知能力，如词汇记忆力、言语流畅性、问题解决能力，以

及比较营养标签、用支票付款和查找电话号码等处理日常事务的能
力。结果显示，与没有参加任何项目或者参加像艺术欣赏课这种不
需要身体活动的项目的同龄人相比，参加了戏剧表演项目的人的思
维变得更敏锐了。显然，被试能将他们在表演课上学到的策略应用
到日常生活中了，比如将动作与要记住的材料联系起来。

此外，他们在年轻人中也发现了类似的结果，这再次说明了身
体动作对记忆的重要性。例如，2001 年，诺伊斯夫妇发表了一篇
研究报告，他们发现，尽管动作带来的这些影响"最初是在专业演
员长时间的排练和反复表演的真实情境中显现的"，但是，"在给
予几分钟指导后，在几乎没有表演经验的、非演员的本科生身上，
也同样能观察到这种影响"。他们注意到，只是简单的指导语的差
异，就会对被试记忆信息的能力产生"惊人的"影响：将动作融入
学习策略的学生记住了 76% 的学习材料，而"有意记忆"组的学
生只记得 37%。

诺伊斯夫妇的研究所带来的启发也非常明显。

THE EXTENDED MIND
超越大脑的思考革命

首先，边运动边学的记忆效果更好，即使动作并没有直接表达出所
记的内容，而仅仅与记忆内容存在某种意义上的相关性。只要在记这
些信息的同时做相应的动作，记忆效果就会更好。其次，当我们回忆并
重现某一个动作时，与该动作相关的信息会被记得更清楚。在某些情况
下，这是可以实现的。例如，准备演讲稿的同时练习相应的手势，那么
在进行演讲时复现相应动作就可以帮助我们回忆讲稿内容。另外，就算
在回忆时无法复现动作，如考试期间，我们依然可以观察到动作带来的
记忆力提升效果。

事实上，假如我们在看到一条信息时萌发了想要做出与之相关的动

作的意图，仅仅这一意图就能确定这条信息在心理上的重要地位。这
是因为我们天生就是以自我为中心的人，偏向于注意并记得与自己在意
图、身体和动作等方面相关的信息。以诺伊斯夫妇论文中的一句话作为
总结："可能有人会套用笛卡尔的话说，'我动故我忆'。"

边动边学习不仅有助于我们记得更准确，还有助于更深入地从所记内容
的角度去理解信息。心理学家莎恩·贝洛克（Sian Beilock）在俄亥俄州的
迈阿密大学牛津分校担任助理教授时，实验室的一位本科生在不经意间提到
的一个看法让她对身体如何影响信息理解产生了好奇心。这名学生在校队打
冰球，他向贝洛克提到，当他在电视上看冰球比赛时，每个动作的含义对他
来说似乎都不言而喻，但对他那些不玩冰球的朋友来说难以理解。

**思考
实验室**　　针对这种感觉，贝洛克和她的同事设计了一项研究。研究中进
行实验的两组被试中，一组是经验丰富的冰球运动员，另一组则从
未参加过这项运动。研究人员首先为两组被试朗读了一些动作序
列，这些动作来源于冰球比赛，如"冰球运动员射门了"，以及日
常生活，如"孩子看到了空中的气球"。然后，研究人员向被试展
示一些图片，既有与他们听到的动作序列相符的，比如图片显示一
个孩子看到了空中的气球，也有不相符的，比如图片显示一个孩子
看到地上泄了气的气球。

无论面对哪种动作，所有被试都能够正确判断句子和图片是否
匹配。但是，当动作来源于冰球比赛时，冰球运动员比另一组被试
的判断速度更快，这就是贝洛克所说的"动作促进理解"。两组被
试的脑扫描结果显示，当听到冰球专业用语时，与无冰球相关经历
的对照组相比，冰球运动员左背侧前运动皮层的激活程度更高，而
这一脑区负责执行熟练的身体动作。左背侧前运动皮层和语言加工
没有必然联系，但这些运动员的比赛经历使他们能够将身体的体验
与所听到的词联系起来。

贝洛克的这项研究出人意料的地方在于，运动经历不同的人，其思维活动也会不同。这一令人深思的见解也适用于体育之外的领域。

利用动作强化思维的相关研究表明，一致性动作、新异性动作、自我参照动作和隐喻性动作这 4 种动作类型，都有助于促进思维活动。第一种是一致性动作，即与思维内容一致的身体动作。通过这种身体动作，我们可以将一个事实或概念的意义表演出来。一致性动作让身体也参与了理解和记忆过程，是一种有效巩固新知识的方式。一个为人熟知的例子就是在数字线上走动：孩子们在数数或做加减运算时，如果在地上画着的大号数字线上走动，他们的数学会学得更好。他们在数字线上下走动，刚好用身体表达出了从小到大或从大到小数数的心理过程。在数字线上小步走与数数的心理操作一致，而大步走则与加上或减去一个数的心理操作相同。以这种方式将数字和身体活动联系起来的学生，掌握了更多的数学知识和技能。

做出与思维内容一致的动作之所以有效果，原因之一是这些动作有助于学生完成从具体到抽象的复杂转换。这种转换对于刚开始阅读的孩子们来说非常具有挑战性，他们必须将生活中的实体和表达这些实体的抽象符号联系起来。亚利桑那州立大学心理学教授阿瑟·格伦伯格（Arthur Glenberg）指出，在日常生活中，当孩子们身边有真实的球或杯子时，他们才会接触到"球"或"杯子"这些词。但是，在书本上，他们得在没有这些实际物体的情况下去理解对应的词。格伦伯格用一致性动作弥补了这个不足。他的"行动式阅读"干预项目，教孩子们如何用具体的身体动作表演出书上的抽象符号。格伦伯格发现，当孩子们表演出书上的内容时，他们的阅读理解能力可以提高 1 倍。

**思考
实验室**

在其中一项研究中，格伦伯格让一二年级的学生阅读一则有关农场生活的故事。他还提供了与之相关的玩具，如小型谷仓、拖拉机和奶牛。有一半的孩子要读两遍故事，而另一半的孩子则要用这些玩具表演出他们正在读的内容。例如"农夫把拖拉机开到谷仓去了"，孩子在读完这句话后就会把玩具拖拉机移到谷仓旁。之后，让孩子对故事内容做推断时，与读了两遍故事的孩子相比，表演出这些故事的孩子的表现要好得多。

其他研究表明，这种一致性动作也有助于数学学习。在格伦伯格的另一项研究中，小学生要表演出动物园管理员给动物分配食物的过程，同时计算出河马和短吻鳄各吃了多少条鱼。他在论文中说道，与那些只在脑海里演算的孩子相比，那些做出与数学题内容一致的动作的孩子算得更准，也更可能得到正确答案。表演出数学题中的"故事"似乎有助于帮助孩子分清哪些信息对解题有用，这种表演将他们被题中无关数字或其他细节干扰的可能性降低了35%。

科技设备常常被设计成让我们静坐不动并盯着设备屏幕看。实际上，通过将一致性动作纳入其操作系统，这些设备能获得进一步的功效突破。一项使用了触屏设备的研究表明，如果教育类软件让用户做出与心理操作一致的手部动作，用户的学习效果会更好。例如，在一款用于数轴学习的程序中，用户的学习任务之一是，将数值理解成连续而非离散的。当用户在程序中的实际操作是连续的（在屏幕上拖动手指）而非离散的（在屏幕上点一下）时，他们的理解效果更好。

新异性动作是另一种对思维活动有益的身体活动，比如做一些从未做过的动作有利于理解抽象概念。试想一下，当你想洗澡时，你是怎么打开热水龙头的？为了回答这个简单的问题，你在头脑中模拟了这个熟悉的、做过无数次的动作，你甚至可以伸出手去转动那个假想的水龙头。但如果你从未做过某个动作，你该如何在头脑中想象这个过程呢？这正是物理学专业的学生面临的困境。他们需要理解那些从未亲身体验过的现象，如角速度和向心力。数十年来对物理教学的研究显示了令人沮丧的结果：大多数学生从未扎实掌握这门学科。一些研究甚至发现，学生在上完大学物理入门课后，对物理学的理解还不如从前。

传统的物理教学方法之所以普遍无效，是因为这些方法基于一种囿于大脑的思维模型。这种模型认为，人像计算机一样，通过应用一组抽象规则来解决问题。然而，人脑和计算机大相径庭。**事实上，人们在通过想象让自己处于特定的场景时，解决问题的能力最强**。如果人们对某些问题有过亲身体验，并能够以这些经历作为思考的基础，就能更容易地解决问题。受到前文提到的冰球运动员相关研究的启发，贝洛克开展了一项旨在让学生有亲身体验的研究。

思考
实验室　　　贝洛克与芝加哥德保罗大学物理学副教授苏珊·菲舍尔（Susan Fischer）合作，设计了一套需要动手的活动，向学生介绍物理课上正在学习的各种力。此时，力不再是一个抽象概念，而是切身的体验。例如，在其中一项活动中，两个自行车车轮被安装在一根车轴上，这样转动的车轮连同车轴就可以被学生举在身前。当把车轴从水平方向旋转至垂直方向时，拿着它的人就可以直接感受到物理学家所说的扭矩——使物体发生转动的阻力。贝洛克和菲舍尔让一组本科生将这个装置握在手中，亲身体验一下倾斜车轴是什么感觉，另一组学生则只是看他人演示这个过程。在此之后，两组学生接受了关于对扭矩概念的理解的测验。

　　　　研究人员发现，亲身体验过扭矩的学生在测验中得分更高。在面对最具挑战性的理论问题时，这种更深刻的理解体现得尤为明显。更重要的是，脑部扫描的结果显示，当被试被要求思考扭矩时，大脑中的运动控制相关区域得到了激活，但这种激活仅存在于那些亲身感受过这种力的人身上。即使是在 fMRI 仪器内一动不动地躺着，或是坐着不动参加考试，这些学生也能够回忆做动作时的身体体验，这种体验让他们对概念有了更深入、更准确的理解。

这项研究的一个启示是：在科学课的实验演示环节，学生不应该只是看着而不动手去做，因为只有那些亲身参与的人，才能从演示中获得更深层次的、更准确的理解。正如加州大学伯克利分校的教育学教授多尔·亚伯拉罕森（Dor Abrahamson）所说：“在某种意义上，学习就是运动。”

用身体动作模拟学习过程，让理解更深入

另一种能够改善思维能力的运动是自我参照动作，即把自己，特别是身体带入智力活动的动作。尽管把自己置于行动的中心似乎“不科学”，但研究人员经常借助自己的身体，通过把自己想象成研究对象来进行科学探索。人类学家埃莉诺·奥克斯（Elinor Ochs）曾研究过在实验室工作的理论物理学家，她指出，这些自我参照动作能让人“对难以理解的实体感同身受”。据报道，世界上最著名的物理学家阿尔伯特·爱因斯坦（Albert Einstein）在发现相对论时，曾想象自己骑在一束光波上。爱因斯坦曾声称：“没有科学家用方程来思考。”相反，他说自己的思维方式往往是“可见的”，甚至是“可动的”。

其他研究人员也谈到，想象一些具身动作有助于他们得到新发现。遗传学家麦克林托克因对玉米染色体的研究贡献而获得了诺贝尔奖。她回想起自己在显微镜下检查染色体时的感觉：“当我在看这些染色体时，我觉得自己并非局外人；相反，我与之同在。我是这个系统的一部分，我就在那儿，和染色体在一起，周围的一切都开始变大。我甚至能够看到染色体内在的部分。实际上，我能看到所有东西。这让我感到惊讶，因为我真的觉得我就在

这些染色体旁边，而它们都是我的朋友。"病毒学家索尔克发明了脊髓灰质炎疫苗，他是另一位将自己的身体融入研究中的科学家。他曾经这样描述自己的工作："我会把自己想象成一个病毒或者癌细胞，试着去感受它会是什么样子的。我也会把自己想象成一个免疫系统，重现免疫系统对抗病毒或癌细胞的场景。我会在某个问题上体验一系列这样的场景，如果我从中获得了新的见解，就会据此设计实验室实验。"

虽然学生常被鼓励要超然客观地对待科学，但研究表明，他们可以像科学家一样利用"具身想象"并从中获益。用身体去思考和学习，利用了人类以自我为中心的思维本能。进化使我们根据与自我的相关程度来理解事件和观点，而非从中立或公正客观的角度出发。研究表明，自我参照行为——将新知识与身体或经验联系起来的现象，起到了"黏合剂"的作用，可以将自身与看似毫无关联的信息"黏合"起来。采用第一人称视角来理解问题，并不意味着我们会受到这种视角的限制。**事实上，当我们利用自己的身体动作来探索某一现象时，似乎更容易在内部视角和外部视角之间进行转换，而这种转换能让我们理解得更深入。**

蕾切尔·谢尔（Rachel Scherr）是华盛顿大学物理系的助理教授，她设计了一个名为"能量剧场"的教育类角色扮演项目。谢尔指出，学生在学能量时，很难掌握能量的守恒性——能量永远不会"耗尽"，只会在不同形式间转换，比如弹球游戏机的柱塞中装有螺旋弹簧，弹簧将球弹出时，就是弹簧的能量转换成了弹球运动所需的能量。学生在教科书中会看到能量守恒的相关内容，但可能没有真正理解能量守恒的含义。但是，当他们在能量剧场中把自己的身体假想成能量时，就可以真正理解了。谢尔说："通过身体动作'成为'能量的学生，可以凭借身体传达的永恒感和连续感来理解能量。他们的身体不会'耗尽'，因此，他们能更好地理解能量也不会'耗尽'。"她的研究表明，参加过能量剧场项目的学生对能量变化有了更细致的理解。

当学生努力理解本质复杂而又步骤繁多的交互过程时，自我参照动作又可以派上用场了。比如，生物课上令人头疼的有丝分裂和减数分裂。学生很容易被细胞分裂与细胞增殖的多阶段和多过程难倒，他们好则只能理解表象，差则完全摸不着头脑。约瑟夫·钦尼奇（Joseph Chinnici）是弗吉尼亚联邦大学的生物学副教授，在发现很多学生都难以理解这些核心概念后，他突发奇想：为什么不让学生"成为"染色体呢？让他们用自己的身体演示出细胞分裂与细胞增殖的过程，这样他们就可以从染色体的角度来理解这些现象的发生过程了。

在对他的方法进行了数年的微调后，钦尼奇在《美国生物教师》（*The American Biology Teacher*）杂志上发表了一篇相关文章。钦尼奇在文章中介绍了自己的方法。首先，他向学生发放了棒球帽和 T 恤衫，上面印制了一个代表着基因的字母，大写字母代表显性基因，小写字母代表隐性基因。学生在穿戴好服装后，就会根据指示跳起经过特意设计的华尔兹舞步。

在分裂前期，一些学生要手挽着手，这代表着"人类染色体"的配对过程。在分裂中期，仍未配对的"染色体"会移动到一个指定区域，名为"纺锤体"。在后期，配对的学生分开了，分别移到了"纺锤体"的两极。最后是分裂末期，他们表演出了纺锤体溶解、染色体分离的情景。尽管夹杂着尴尬的笑声和偶尔的蹙眉，学生还是在这场不同寻常的舞蹈中找到了合适的学习方式，亲眼看到并亲身感受到了多个部分之间是如何相互作用的。

钦尼奇的研究表明，在有丝分裂和减数分裂中扮演了相应角色的学生对概念的理解更为准确。人们在其他研究中也发现了类似的结果。为了检验具身动作的作用，有研究人员让学生扮演围绕太阳系顺时针或逆时针转动的行星；或者让学生扮演三羧酸循环的酶促反应中的碳分子；也有人让学生扮演聚合成蛋白质时的氨基酸。在上述所有的场景中，与只是简单地读到或听到相应信息相比，当学生有机会"成为"这些实体时，他们学到的更多，表现得更好。

佛蒙特大学的卡门·佩特里克·史密斯（Carmen Petrick Smith）注意到，"变成它"，即化身为一个概念性对象，与"观察它"、从"外界的、独立于自身的"角度去审视这一对象，是两种完全不同的体验。史密斯研究了化身成数学概念所产生的影响。例如，一些学生会张开双臂围成一个三角形，然后再让双臂相互靠近或远离。这么做让他们理解了可以在角度不变的情况下改变三角形的大小。史密斯指出，这种身体活动不仅可以加深学生对数学概念的理解，还能让他们对这些概念记得更清楚。实际上，数学老师很早就开始在教学中使用教具，如计数棒和立方体等。史密斯和其他人的研究表明，当学生把自己的身体当成教具时，他们甚至可以学到更多。

做出何种含义的动作，就会激发何种思考

我们要介绍的最后一个能提升思维能力的动作是隐喻性动作，包括外显隐喻和内隐隐喻。

我们的语言中有很多隐喻来源于我们的身体经历，而隐喻性动作与这一过程恰好反过来，它是指身体通过动作刺激大脑进入隐喻所描述的状态。正如贝洛克所言："在有意识地苦思冥想之前，活动身体可以无意识地将想法灌输到大脑里，并由此改变我们的思维活动。我们在活动身体的时候，更容易想到一些与动作暗含意义相同的想法。"

举个例子，通过身体活动，我们会激活一个在思维中根深蒂固但几乎意识不到的隐喻，即动态的身体活动象征着动态的思维活动。想一想我们的用词：当难以提出原创性想法时，我们"陷入困境""停滞不前"；而当受到灵感女神的眷顾时，我们"向成功迈进""思如泉涌"。研究表明，我们做出俗语中提及的与创造性相关的动作，如"跳出条条框框思考"时，就可以让自己进入一种创造性思维模式中。

**思考
实验室**　　威斯康星大学麦迪逊分校的心理学家埃文·波尔曼（Evan
Polman）设计了一个实验，被试需要完成一个创造性思维任务。
一部分被试坐在一个边长为 1.5 米的纸板方框里完成任务，另一部
分被试则坐在方框外完成任务。结果发现，按照字面意思"在框架
之外"思考的被试在进行头脑风暴任务时，给出的创造性解决方案
的清单比那些坐在纸框里思考的被试长 20%。

波尔曼和他的同事还测验了另一种隐喻是否也能提高创造力。
他们测验了用于表达多种可能性的关联词"一方面（on the one
hand）……另一方面（on the other hand）"，其在英语中的字面意
思是"一只手，另一只手"。被试此次的任务是想出新的校园建筑
群的所有新奇的用途。其中，一半被试要在进行这个头脑风暴任务
时伸出一只手，而另一半被试则要不断交替伸出两只手。结果表
明，与对照组相比，那些无意中做出了具有隐喻意义的"一只手，
另一只手"动作的被试多提出了近 50% 的新奇建筑用途，而且不
了解实验目的的独立评委也认为他们想出的这些用途更加多样化且
更具创造性。

这些实验表明，我们可以通过一些与之相关的隐喻性动作来激活某种特
定的认知过程。简单地在空间中移动身体这件事本身，就可以算作一种创造
性思维的隐喻：它意味着新的视角和超出预料的景象，象征着灵活的思维和
动态的变化。这种创造性隐喻的激活，或许能够解释为何人们在行走中和步
行后都比静坐时的创造力更好。

丹尼尔·施瓦茨（Daniel Schwartz）是斯坦福大学教育研究生院的院长，
他经常鼓励他的博士生和他一起边走边聊论文，而非坐在办公室里讨论。玛
丽莉·奥佩佐（Marily Oppezzo）是其中一位博士生，如今担任斯坦福预防
研究中心的医学讲师，她在 2014 年决定以实证的方式研究步行对创造力的
影响。

思考实验室　在施瓦茨和奥佩佐的一系列研究中，他们对被试进行了几次不同的原创性思维测验。该研究的被试涵盖了斯坦福大学的本科生、教职工和附近社区大学的学生。一些学生在校园散步或在跑步机上走动时完成任务，另一些学生则坐在教室里进行测验。

在第一个测验中，被试要给出砖块或回形针等常见物品的非常规用途。与坐着的被试相比，步行的被试平均多想到了 4 ～ 6 种用途。在另一项测验中，被试会看到一张图片，比如"一个熄灭的灯泡"，他们要据此回忆起一张类似的图片，如"一个正在熔化的核反应堆"。边走边想的学生中有 95% 可以做到这点，相比之下，静坐不动的学生中则只有 50% 可以。施瓦茨和奥佩佐总结道："行走带来了源源不断的想法。"其他研究人员的研究甚至表明，行走于蜿蜒的、不规则的小路，比走在固定路线上更能促进创造性思维的产生。

尽管当代文化告诉我们在思考时应当坐着不动，但漫溯文学和哲学史领域就能找到大量反例。许久之前，尼采坚称："只有通过行走得出的想法才有价值。"丹麦哲学家索伦·克尔凯郭尔（Søren Kierkegaard）也有同感，他曾说"散步能让我进入最佳的思想状态"。美国作家拉尔夫·沃尔多·爱默生（Ralph Waldo Emerson）称行走为"心灵的体操"。出生于瑞士的哲学家让－雅克·卢梭（Jean-Jacques Rousseau）曾经说过："我只有走路时才能思考。一旦停下脚步，我便停止思考；我的心灵只跟随两腿运思。"法国哲学家和散文家米歇尔·德·蒙田（Michel de Montaigne）抱怨道，他的想法经常在他运动时出现，而彼时他"无法将它们记载下来"，这尤其经常发生在"我的马背上，我那最宽阔的冥思之地"。

这些伟大的思想者显然对一些事情了然于胸。我们应该设法将运动融入所有的日常活动中，充分利用被称为"时速三英里①的头脑"的运动智

---

① 1 英里 =1.609 3 千米。——编者注

慧——当代作家丽贝卡·索尔尼特（Rebecca Solnit）如此称呼步行所引发的思维状态。这意味着我们可以边在跑步机上行走，边进行打字、通电话或工作会议等活动，甚至在上课时也可以进行漫步。在步行的同时进行思考，似乎称得上学术界的自然选择。

几年前，北得克萨斯大学的哲学教授道格拉斯·安德森（Douglas Anderson）开始好奇为什么他和学生们所研究的内容明明充满了对运动之优点的赞美，而他们却要在教室里待着不动。于是，他开始采用运动的方式教授"修身哲学"课程：教授和学生们在校园中边散步边讨论当周指定的阅读作业。安德森说，学生们离开教室上课后，他注意到了许多与之前在教室里上课的不同之处：他们的声音和表情显得更有活力，言辞更多，头脑也似乎运转得更快了。

当然，安德森的教学大纲中也包括了《散步》（*Walking*），这是哲学家和自然主义者亨利·戴维·梭罗（Henry David Thoreau）于 1851 年在康科德学院讲课时首次发表的文章。梭罗写道："我每天都花上至少 4 小时来散步，穿过森林，漫步在山丘田野，彻底摆脱尘世的纷扰。非如此，我的健康和精力便难以维持。"同年，梭罗在日记中进一步阐述了这个话题。"你还没有站起来投入生活就坐下来写作，多徒劳啊！"他惊呼，"当我的双腿开始迈动，我的思想便如泉涌。"

第 3 章

边做手势边说话，更好地说服与记忆

- 企业创始人如何通过在推销中熟练使用"象征性手势"与"节拍手势"，更快赢得投资机会？

- 科学家如何通过卷曲手指模拟"凝血酶"，促成关于它的新发现？

- 演讲者如何通过边说话边做手势，把观众对演讲知识要点的记忆提高 50%？

在 2018 年创业训练营的演示日，创业者加布里埃尔·赫拉克勒（Gabriel Hercule）穿着一套修长的灰色西装和白色衬衫，打着红色领带，跳上了舞台。在他开口说话之前，他平稳的步伐和流畅的手势已经显示出他的自信。

他开始说道："两年前，因为司机没有看路，我被一辆货车撞了。"赫拉克勒睁大了眼睛，伸出双手，掌心朝上，好像在说：你敢相信吗？"幸运的是，我只擦伤了几处，但这让我切实感受到汽车的安全性还有待提升，尤其是对商用车辆而言，因为司机往往面临着巨大的时间压力。"他张开双臂来强调"巨大"这个词。

"我们在商用汽车领域学到的关键经验之一，"此时他右手的手指做了一个完美的钳形手势，然后继续说道，"就是车队经理负责确保每一次交货，"他顿了顿，手指在空中戳了戳，说道，"每一次交货都需要在正确的时间、正确的地点完成，这一项任务显然说起来容易做起来难。"

赫拉克勒接着说，车队经理很焦虑：他们担心司机迷路，担心发生交通事故，担心运送的包裹会延时。"这就是车队经理希望他们能和司机一起坐在车里的原因，"他做了一个向下塞东西的动作，强调了"在"这个词，同时继续说道，"这样就可以教司机们一些更好的习惯。现在他们可以这么做了。"赫拉克勒停顿了一下，以获得戏剧性的效果。

"我想向大家介绍阿特拉斯一号（Atlas One），这是市面上第一款平视显示器，可以通过全息投影图直接向驾驶员传送驾驶信息，而且有三个关键功能用于改善驾驶行为。在实现这些功能的同时，它仍可以确保司机的视线保持在路面上。"赫拉克勒讲到核心之处时，他的双手不断地在动，像照相机的取景器一样框住他的视线，双手缓缓移向他自己，好像信息正在流入他的视野，然后再从他的眼睛指向面前假想的道路上。

事实上，他面前的听众是数百名潜在客户、合作伙伴和投资者，他们正仔细聆听着每一个字。这些听众可能没有意识到的是，赫拉克勒的手势对他们的影响不亚于他的演讲词。具身认知的研究人员正在重新关注一个事实，即人们不仅使用言语，也通过手和身体其他部位的动作来形成和表达他们的想法。**手势不仅能呼应或放大口头语言，还具有言语所没有的认知和交流功能**。言语是离散的、线性的，一个词接一个词地出现，而手势是印象式的、整体的，传达的是有关事物外观、感觉和运动的直接印象。

在努力说服他人或争取他人的支持时，手势所具有的独特优势显得尤为重要。这些动作在视觉上将做手势的人置于动作中心，使他处于主动和控制地位。当他说话时，他可能会描述、赞美或解释，但当他做手势时，则可以表演出一切，哪怕只是象征性的。同时，做手势者所做出的手势，可以通过人体把一个抽象的概念展现出来。用具身领域的术语来说，手势是一种翻译行为，使旁观者更容易理解做手势者的观点。或许最重要的是，手势让人产生了这样一种感觉，即它能让一个尚未实现的事业在当下变得清晰可见。

一些研究人员指出，以这种方式使用手势可以给初创公司带来巨大的优势，因为"创业者的工作就是找到现实和未来的边界"。这也适用于大多数人，无论你是要提供对下一个季度的预测，还是针对项目提出建议，或者解释为什么我们希望做出的改变是明智可取的，手势都会将不确定的未来带入可见的当下，使未来有一种近在眼前的真实感。

**思考
实验室**　琼·克拉克（Jean Clarke）是法国里昂商学院的创业与组织学教授，多年来一直关注赫拉克勒等创业者在欧洲各地的演示日、孵化器和投资论坛上的发言。她和同事在 2019 年发表的一项研究中提到，在推销中"熟练使用手势"的企业创始人为其新企业赢得资金的可能性提高了 12%。熟练使用的手势包括能传递说话者大体信息的"象征性手势"，以及伴随着说话的节奏而被重复使用的动作，即所谓的"节拍手势"。当赫拉克勒指向自己的眼睛，再指向前方并如此反复时，他就做了一个象征性手势，即眼睛盯着路看；当他的手指捏成钳形或用拳头戳向空中时，他是用节拍手势强调了自己的看法。琼·克拉克指出，熟练的手势表达者在演讲中不会放过这一重要部分，他们在练习演讲内容的同时，也会练习他们要做的动作。

让演讲变得更有说服力，只是手势对思维活动的影响之一，这种影响在手势发出者和接收者身上都会出现。**研究表明，手势还可以通过视觉和运动线索来强化同时说出的言语，从而增强记忆力。**手势可以让双手"分担"信息，从而释放一些认知资源。手势也可以帮助我们理解和表达抽象的概念，尤其是那些只用文字无法充分表意的概念，例如空间或关系概念。动手做些手势有助于提升动脑能力，但手势往往被轻蔑地认为是无意义的"挥手"，或者被贬低为炫耀或笨拙。

哥伦比亚商学院的经济学家弗雷德里克·米什金（Frederic Mishkin）熟

知这种态度。无论是讲课还是闲聊，米什金的手都在不停地动，这是他对自己所说内容的有力补充。他说："我用手说话，而且我总是如此。"然而，在他职业生涯的早期，他不停做手势的行为惹怒了他的导师。为了打破米什金的这个习惯，这位导师立下了米什金到访办公室时要遵循的规矩。"当我和他说话时，他让我坐在我的手上。"米什金悲伤地回忆道。

这种对手势的蔑视态度是一种文化制约，与人类自然交流的方式相矛盾。事实上，语言学家的理论观点是，手势是人类最早的语言，人们在开口说出第一个词之前早就已经能够做出丰富多样的手势了。即使是现在，手势也是一种与口头交流同等重要的交流方式。在与他人的互动中，手势有力地影响着我们如何理解并记住这些互动，但我们在很大程度上意识不到这些影响。我们可能会谨慎地选择自己要说什么话，可能会仔细地听别人说了什么，却没有注意到实际发生了的、在交流中占很大比例的肢体语言。实际上，在交流过程中，我们不断产生和接收着大量的"非言语信息"。

有时候，手势与言语共同帮助说话者澄清或强调所说的话，进而更丰富地表达其意图。有时，手势也能对言语做进一步的补充。还有些时候，手势表达的意思与说话者的言语表达自相矛盾或者完全无关。手势能够传达一些没有说出的信息，同时我们会发现，手势甚至可以传达那些无法用言语来表达的内容。

因此，所有人实际上都是双语者，我们不仅会说一种或多种语言，同时也能流畅地做手势。从物种进化史来看，手势从未过时，也没有被口头语言所取代。相反，它一直与口头语言同在，实际上还比口头语言更早一些出现了。克里斯蒂安·希思（Christian Heath）是伦敦国王学院的工作与组织学教授，他通过仔细分析录像对话，研究了肢体语言和口头语言表达之间的动态相互作用。希思录制的一段医患对话详细展示了人们通常如何先做手势再说话。

思考
实验室

在希思的录像中，镜头中的医生正在开一种药，他说："你知道的，这些东西有助于减轻炎症。"他在说到"你知道"时，就已经用手做了三次向下指的动作。在录像中，患者提到了自己的经济压力，以及她如何陷入费力支付账单的"循环"，但在她说出这些话之前，她的手已经在画圈了。在每一次交流中，手势都提前表达出了言语想要传达的内容。在上述两种情况下，在说话者说话之前，听者一看到手势就已经通过点头和低语表示自己理解了说话者想要表达什么。通过观看希思的录像带很容易得出结论：我们的大部分对话都是用手进行的，而说出的话只是之后产生的想法。

研究表明，所有人都会有这种"手势铺垫"，即别人能从手势中看出我们将要说什么。例如，当意识到自己说错话了，想要停下来回过头去纠正这句话时，我们会在停止说话的几百毫秒前就停止做手势。这种先后顺序暗示着一个惊人的想法，即手先于思维"知道"我们要说什么，而事实证明情况常常如此。手势可以先让我们在心理上做好说某个词的准备，然后我们才说出正确的话。当不能做手势时，人们说话往往就没那么流利，开始变得结巴，因为手无法告诉他们下一个词是什么。不能做手势还有其他的不利影响，比如在思维活动没有手势的帮助时，我们记住的有用信息会减少，解决问题的能力会下降，而且也更难表达出心中所想。**手势并不是言语的累赘，而是思想的引路人。**

善用手势的人，经济和教育水平更佳

手势是人类的第一语言。每个婴儿都能重现这段进化史——在掌握最基本的语言之前，他们就能流畅地使用手势了。在婴儿会说话之前，他们会挥手、招手、举起双臂，发出无声的信号：抱起我来。用手指是他们最先学会的手势之一，通常在其9个月大左右就会出现；在10～14个月大，随着手指控制精细动作的能力的提升，他们逐渐会做差异更为细微的手势了。在这段时间里，他们的口语所能表达的内容，远远落后于他们用双手所能表达的。例如，6个月大的婴儿在会说"鼻子"这个词之前，通常能理解并按要求用手指着自己的鼻子。

此外，研究表明，当婴儿尝试了解这个世界时，他们会用手势让看护者说出他想听到的词。例如，婴儿会指向一个自己不熟悉的物体，而成年人通常会主动提供该物体的名称。当父母以这种方式将婴儿的手势"翻译"成一个词时，他更有可能在几个月内说出这个词。正如一位研究人员所说，"婴儿用手告诉母亲该说什么"，这非常令人惊讶。

这些早期的手势为口头语言奠定了基础。手势是婴儿首次尝试用一件事，如身体的运动或一个词的声音，来代表另一件事，即一个物体或一种社会行为。例如，当婴儿想从高脚椅上下来时，会把这件想做的事和"下来"这个词联系起来，这是一个复杂的心理行为，手向下动是这个过程中一个重要的中间步骤。事实上，研究人员已经发现，孩子在14个月大时做手势的频率与他在4岁半时的词汇量相关。孩子会从他们周围做手势的成年人身上学习这些动作。研究表明，如果父母经常做手势，他们的孩子也会频繁做手势，最终这些孩子的口语词汇量也会更大。

思考实验室　　儿童发展专家长期以来一直在强调与儿童交谈的重要性。心理学家贝蒂·哈特（Betty Hart）和托德·里斯利（Todd Risley）在1995年进行了一项之后经常被学界引用的研究，该研究估计，出身于富裕和贫穷家庭的儿童之间，在刚开始上学时存在3 000万个"单词差距"，即他们听到过的单词数量相差了3 000万个。自哈特和里斯利的研究发表以来，其他研究表明，高收入父母往往比低收入父母说话更多，用词更为丰富，句子也更加复杂多样，而且不同父母之间的这些差异可以用于预测儿童的词汇量。现在，研究人员正在寻找证据，以证明父母如何与孩子做手势也很重要，以及父母与孩子交谈时做手势的频率也可能存在社会经济差异，即可能会产生所谓的"手势差距"。

研究人员发现，高收入父母会比低收入父母做出更多的手势。这不仅体现在手势的数量上，也体现在质量上：越富裕的父母做出的手势越多样，他们的手势能代表的事物种类更多，如实物、抽象概念和社交信号。与此同时，贫困家庭的父母在和孩子互动时，使用的手势种类往往较少。孩子以其父母为榜样，高收入家庭的孩子比低收入家庭的孩子使用的手势更多。在一项研究中，在时长90 分钟的观察期间，同样是 14 个月大的孩子，来自高收入、受过良好教育家庭的孩子平均用手势表达了 24 种不同的含义，而来自低收入家庭的孩子仅表达了 13 种含义。4 年后，他们到了上学的年龄，此时富裕家庭的孩子在词汇理解方面的平均得分为 117 分，而贫困家庭的孩子只有 93 分。

因此，父母做手势的差异可能是导致教育结果不平等的一个鲜为人知的驱动因素。孩子们更少地接触手势，会导致其词汇量更少。随着时间的推移，词汇量的微小差异可能会不断变大。一部分刚上幼儿园的孩子所掌握的词汇量可能是另一部分同龄人的几倍。而孩子在学校开学时所掌握的词汇量又是一个强有力的预测指标，可以进一步预测孩子在幼儿园乃至整个学习阶段的学业表现。

THE EXTENDED MIND
超越大脑的思考革命

好消息是，研究表明简单的指导可以让父母更频繁地做出手势，这会进一步促使他们的孩子也做出更多手势。任何家长都可以采用这些干预计划所给出的建议。例如，家长要经常在孩子面前用手去指，也要鼓励孩子自己用手指。在阅读图书时就可以这么做，家长可以用手指着某些词或插图，同时也让孩子指出他所看到的东西。另外，可以想一些简单的手势来对应现实生活中的事物，比如做出模仿猫爪的动作，或是弯曲食指来模拟毛毛虫的蠕动，并确保在做手势时要大声说出相应的词。

哈佛大学教育学教授梅雷迪思·罗（Meredith Rowe）说，也许最应该牢记于心的事实是：孩子的语言发展是可塑的，而父母在塑造这个发展过程中扮演着重要角色。在 2019 年的一项研究中，梅雷迪思·罗向不同社会经济地位的父母和看护者传达了这一信息，并提醒他们要做更多的手势。她发现，在干预项目结束时，受过手势训练的成年人做出"用手指"这一动作的频率是未受训练的成年人的 13 倍，而且受过训练的家长的孩子在生活中也明显更频繁地用手去指。

随着孩子年龄的增长，手势仍然占据领先地位，比语言更先一步影响心智领域。**研究人员发现，儿童理解概念或解决问题时"最新、最优的想法"，往往先出现在他们的手势中，这相当令人惊讶**。举个例子，一个 6 岁的女孩要解决一个经典的"守恒"问题——这正是心理学先驱让·皮亚杰（Jean Piaget）最先用于研究儿童发展阶段的一类问题。女孩会首先看到一个装满了水的细长玻璃杯，然后杯中的水会被倒进一个较矮的广口杯中。当被问及水的总量是否保持不变时，女孩回答说水量改变了。但与此同时，她在用手比画杯子的形状，这表明她开始理解当注入的水量相同时，由于第二个杯子的口径比第一个杯子更宽，其中的水位也会更低。

上述场景源自芝加哥大学心理学教授苏珊·戈尔丁 - 梅多（Susan Goldin-Meadow）汇编的视频集。戈尔丁 - 梅多收集了数千个这样的视频片段，记录了人们用言语和手势来解释他们如何解决问题的场景。她在这些场景中发现了一个有趣的模式：当说话者的言语和手势相匹配且都正确时，可以断定说话者已经理解了材料。当其言语和手势相匹配但都错了时，就可以认为说话者还远远没有达到"理解"的程度。但是，当言语和手势不匹配，即一个人正在说一件事，却用手表示另一件事时，这个人就可能处于"过渡状态"，正在从言语表达的错误想法转向手势表达的正确理解。

在戈尔丁－梅多录制的孩子们解决守恒问题的视频中，大约40%的新理解首先出现在手势上。这种言语和手势的不匹配，似乎在整个发展过程中都很常见：一项研究报告称，当10岁的孩子在解决数学问题时，他们的手势表达出的意思和言语说出的解题策略在30%的情况下是不一致的。而另一项研究表明，15岁儿童在解决问题时，言语和手势的不匹配率为32%。

此外，戈尔丁－梅多还发现，学习者出现这种言语和手势的不匹配，意味着他们准备好吸收和运用正确的知识了，此时家长或老师应该及时提供正确的知识。**即使是成年人，当出现所说的话和所做的手势不一致时，他们也正处于这种准备学习的状态之中。**例如，在一项实验中，一群大学生要学习一组"同分异构体"，即原子数相同，但原子的空间排列方式不同的化合物。该研究的第一作者戈尔丁－梅多写道，本科生在学习过程中出现言语和手势不匹配的程度"预示了他们在教学中获益的能力"。"也就是说，对于那些还不能用言语正确表达出的概念，学生使用手势表达越多，随后就能学到越多。"当所说的话和所做的手势出现分歧时，手势更值得关注。

学习时多用手势，理解得更快更深

为什么"最优的想法"先出现在手势中，随后才会出现在言语中呢？研究人员推测，手势有助于将脑海中还未形成的初步看法表达出来。当我们还无法用言语表达某个正在努力理解的概念时，仍然可以用手势表达出这一初步理解的某些方面。在做出并看到自己的手势之后，就可以借此来找到合适的言语。另一种可能性则是在用言语表达出想法之前，用动作探索新想法会让我们感觉更自在。正如戈尔丁－梅多所说，"手势促进尝试"。

在开始掌握新材料时，手部动作变化体现出手势在巩固初步想法中所起的作用。起初，在试图绞尽脑汁理解一个陌生的想法时，我们的手势繁多且随意。当尝试去理解一个概念或对其进行推理时，相比那些已经理解的概念，我们会做出更多的手势。手势也会随着难度的增加而增加：问题越具挑战性，解决问题的方案的可能性越多，手势也会越多。与此同时，我们也往往会念叨一堆不太清楚的概念，即一位研究人员所说的"胡言乱语"。我们的言语和手势在此时尚未实现协调一致：理解一种新想法对认知的要求较高，因而让头脑和双手分担了这一任务，使它们在目前阶段各行其是。

这个过程可能很混乱，但它能让我们逐步掌握原本难以触及的复杂知识。在做一些手势时，可能会发现手势让我们理解了之前不知道的东西。纽约师范学院的心理学和教育学教授芭芭拉·特沃斯基（Barbara Tversky）将手势比作在空中绘制的"虚拟图示"，我们可以用它来巩固并进一步促进正在形成的理解。随着理解的加深，我们的言语变得更加准确，动作也变得更加明确，手势变得不再那么频繁，而且能在合适时机表达出言语的意思。在这个阶段，手部动作更多的是为了与他人交流，而不是构建自己的思维。然而，如果最初没有手势的帮助，我们可能永远不会达到这种愉快的状态。研究表明，要求人们就复杂话题进行写作时，如果不允许他们说话或借助手势来思考，就会导致他们的推理次数减少，且推理的准确性下降。

这种现象不仅出现在首次学习一门学科的新手身上，对于探索未知领域的专家也同样适用。当团队成员一起努力寻找新的发现时，手势在帮助他们分享现阶段的理解时尤其有用。这在加州大学圣迭戈分校的研究人员所实施的一项研究中显而易见。

思考
实验室

阿马娅·贝瓦尔（Amaya Becvar）和两名同事分析了一段数小时长的录像带，其内容是该校一个生物化学研究小组的实验室会议。这个实验室的研究人员正在研究血液凝固动力学，他们特别关注一种酶，名为凝血酶。血块的形成或分解都取决于附着在凝血酶"活性部位"上的蛋白质。确定凝血酶如何以及为何与某一种蛋白质结合，可以指导药物设计用于治疗由异常血栓引起的心脏病发作和卒中。研究人员有一种直觉，认为凝血酶调节蛋白发挥了关键作用，它是凝血酶的"结合物"。

在实验室每周一次的会议上，一名研究生向另外两名研究生和该小组的研究顾问教授介绍了关于凝血酶调节蛋白的新研究。教授回应了新发现，她用左手代表凝血酶分子，把手指卷成爪形并指向手掌。"那就是活性部位，"她解释道，"我们的新理论认为凝血酶调节蛋白也有类似的作用。"此时她把张开的手指卷得更紧了。她又补充道，或者另一种可能是它有"像这样"的效果，她将手指紧紧攥在一起。贝瓦尔指出，在此次会议的剩余时间里，教授和研究生不断重复"凝血酶"的手势，比如指着它、对着它讨论、移动手指的位置来表示各种可能的情形。贝瓦尔总结道，研究人员积极借助手的象征性动作来创造新知识，她的文章标题"手即分子"也描述了这一事实。

在理解无法完全用言语表达出来的概念时，手势尤其有用，包括视觉和图像丰富的概念、表示物体或想法之间关系的概念，或无法直接感知的实体概念，比如像原子一样小或像太阳系一样大的事物。手势也非常适合用来表达空间概念。例如，地质专家借助一系列专用手势来思考和交流地层在空间中弯曲、折叠和移动的方式。当他们提到"俯冲"，即地壳中一个板块在另一个板块下横向和向下运动时，他们的一只手在另一只手下方滑动。当他们提到"角度不整合"，即岩层覆盖在其他"倾斜"或不均匀的岩层之上时，他们将一只手放到另一只倾斜的手上。虽然这些专家肯定可以用言语来表达他们的意思，但他们仍然要靠自己的双手来完成大部分工作。

第一次学习地质学的学生也可以从使用手势中受益。

**思考
实验室**　　加州大学河滨分校的教育学助理教授金纳里·阿提特（Kinnari Atit）要求两组大学生解释他们将如何用橡皮泥来制作体现地质特征的三维模型。其中一组被试可以增加手势表达，而另一组被试只能用言语表达。在实验前后，两组成员都接受了专家所说的渗透性思维能力测验。这是指根据三维物体的表象对其内部结构进行可视化和推理的能力，是地质学研究者的一项关键技能，也是许多学生难以掌握的技能。在第二次进行渗透性思维能力测验时，做手势的被试的得分显著提高，而只做口头解释的被试的得分没有提高。

这些结果表明，做手势不仅有助于与他人交流空间概念，也有助于做手势者自己更充分地理解这些概念。事实上，如果没有手势的帮助，学生可能根本无法理解空间概念。"走向和倾角"是一个基本的地质概念，描述了岩层自北旋转的走向和岩层自水平方向旋转的倾角。宾夕法尼亚州立大学的一组研究人员指出，在阅读了教科书式的概念介绍之后，"许多大学生在校园地图上记录露头岩层的走向和倾角时错得一塌糊涂"。他们发现，更多地使用手势的学生在这项任务中的表现更好。

对那些努力掌握空间概念的学习者来说，"言语真的会成为障碍"，马萨诸塞大学阿默斯特分校的地球科学教授米歇尔·库克（Michele Cooke）如此表示。库克是一名听力障碍者，多年来一直在负责能让听障生参与地质断层系统研究的延伸项目。她注意到，这些学生能够很快掌握地质学概念和理论，她将此归因于他们靠使用美国手语（American Sign Language, ASL）而发展起来的观察和空间认知能力。研究表明，像库克这样手语流利的人，处理视觉和空间信息的能力更强。懂手语的听力健全者以及听力障碍者都有这种优越的表现，这说明重复使用有意义的手势系统有助于提高空间思维能力。

　　库克经常对听力健全的学生使用修改版手语。库克发现，通过用手，她可以准确捕捉到她正在解释的现象的三维本质。她能有效地将学生的注意力引导到她想强调的某一特征上。她还可以将自己呈现的信息流分成两个较小的语言流和视觉流，从而减少学生的认知负荷，因为新手在同时学习新想法和新词语时的负担往往很重。库克要求学习她的课程的本科生在学习新的地质概念时模仿她的基于美国手语改编的手势，并鼓励学生在讨论小组中相互交谈时使用手势。在库克的课堂上，大学教学专注于书面语和口语的特点被弱化，取而代之的是手势这一"直观表达天才"。

演讲和教学时辅以手势，更有力地教会和说服他人

　　我们也应该提升手势在交流中的地位，让手势不再是被忽视或被贬低的言语附属品。主动做更多的手势就是一个很好的开始。研究表明，做手势可以增进我们对抽象或复杂概念的理解，减少认知负荷并提高记忆力。做手势也有助于我们更有说服力地将信息传递给他人。研究表明，与只有言语或动作相比，同时听人说话和看手势会引起这些听觉和视觉脑区更强烈的反应。手势可以扩大演讲的影响：演讲者在说话的同时做手势的场景，可以有效地吸引听众的注意力并将其引导到所说的话上。但是，看到他人做出用勺子搅拌一杯咖啡这样的功能性行为而非手势，并不会起到同样的吸引注意力的效果。听觉皮层是被手势唤醒的大脑区域之一，这是大脑中负责处理口头语言的区域。纽约科尔盖特大学心理学与神经科学教授斯潘塞·凯利（Spencer Kelly）说："手势似乎在提醒听觉皮层，有意义的交流正在发生。"

　　如果在解释概念或讲故事时做些手势，其他人就会更好地理解我们在说什么。手部动作使我们所说的话足够清晰、具体且详细，这些都有助于受众理解。边说话边做手势时，人们也更容易记住我们说过的话。在一项研究

中，被试观看了一段演讲视频，如果演讲中的要点伴有手势，被试回忆起该要点的可能性就提高了 33%。这一效应能在被试观看演讲视频后立即被检测到，并且随着时间的推移变得更加明显：观看演讲视频 30 分钟后，被试回忆起伴有手势的要点的可能性提高了 50% 以上。

考虑到看他人做手势的这些好处，我们应迈出第二步：为自己和他人寻找合适的教育资源，从老师对身体动作的熟练使用中获益。大量研究表明，包含手势的教学视频能显著提高观看者的学习效果：观看者能更有效地控制视线，更关注基本信息，并且更容易将所学知识迁移到新情境中。包含手势的视频尤其能够帮助那些在开始学习时对相关概念知之甚少的学习者。此外，对所有学习者而言，视频教学中的手势似乎比现场教学的更为有效。

然而，人们在交流中却没有好好利用手势这一利器。加州大学洛杉矶分校和加州州立大学洛杉矶分校的一个心理学专家团队表示，网络上最受欢迎、观看量最大的教学视频基本上没有利用手势的力量。标准差是统计学学习中的一个重要主题，研究人员分析了视频网站 YouTube 上解释这一概念最热门的前 100 个视频。他们指出，在其中 68% 的视频中，甚至根本看不到教学者的手在动。在其他视频中，老师大多数时候只用手去指或做出代表强调的节拍手势。只有不到 10% 的视频用到了象征性手势这种特别有助于表达抽象概念的手势动作。

因此，不妨试试这个秘诀：当为自己、孩子或学生选择教学视频时，去找可以看到老师活跃的手部动作的视频。如果我们要在线教学，甚至只是通过在线视频会议软件 Zoom 或其他视频会议平台进行交流，也应该确保其他人能看到我们的手在动。研究表明，做这些动作将提高我们的表现：**在视频教学中做手势的人，说的话更流利且更清晰，犯的错误更少，会以更有逻辑、更容易让人理解的方式呈现教学内容。**

做手势还有一个更间接的好处，当其他人，包括孩子、学生、同事或下属，看到我们做手势时，他们自己往往会做更多的手势。但不必等着他们自发效仿我们多做手势，我们完全可以明确地鼓励他们做手势。"在你解释时做点手势"这个简单的请求可能就足够了。例如，对于在读小学的孩子来说，鼓励他们在做数学题时做手势，可以让他们发现新的解题策略——这些策略会先出现在他们的手部动作上，也可以让他们更好地领会正在学习的数学概念。

思考实验室　　一项针对大学生的实验表明，在解决空间问题时，比如在心里旋转一个物体或想象折叠一张纸，做手势的学生比不被允许做手势，甚至比被允许但不鼓励做手势的学生正确解决问题的数量更多。在第二轮实验中，学生们都不能做手势，但先前做手势的学生的空间思维能力仍然得到了提高。研究人员认为，他们最初通过做手势所提高的空间能力已经"内化"了，而做手势对学生思维能力的内化作用也延续到了解决新的、不同的空间问题上。即使对于成年人而言，当要求他们做更多手势时，他们也能通过提高做手势的速度来更流利地说话；当老师得知做手势对学生学习的重要性，并在教学中使用更多手势时，他们的学生会因此学得更好。

鼓励他人做手势可能会产生惊人的效果，比如帮助缩小成绩差距。男性和女性在空间思维能力方面的差距是已知最大的认知性别差异。

思考实验室　　芝加哥大学的心理学家通过一项研究发现，5 岁的男孩在解决空间思维问题方面的能力已经高于同龄女孩，这些问题包括在脑中将形状拼接成一个整体。然而，他们仔细分析后发现，这种差异并不意味着性别差异，而是做手势倾向的差异：儿童在执行任务时做手势越多，他们的表现就越好，而男孩的手势往往比女孩的手势多得多。例如，27% 的男孩在全部 8 个问题上都使用手势，而只有

3% 的女孩这么做；23% 的女孩完全没有做手势，而这一比例在男孩中只有 6%。

研究人员认为，这种差异可能来自男孩和女孩的经验差异。他们指出，男孩更有可能接触与空间方位有关的玩具和电子游戏，因此他们可能更习惯于做出空间手势。另一项针对 4 岁儿童的研究报告指出，被鼓励做手势的儿童在高度依赖空间思维能力的一项任务——旋转心中的物体方面做得更好。而在这项任务中，女孩更可能因被提示做手势而受益。

另一种更为巧妙的鼓励做手势的方法是为手势的使用创造条件，即设置人们可能会移动双手的情景。当人们被要求即兴表演，即在观众面前当场想出一个解释或叙述时，就会出现这种情况。即兴表演需要耗费大量的认知资源，面对这样的要求时，我们会倾向于多做手势。

沃尔夫－迈克尔·罗思（Wolff-Michael Roth）是加拿大维多利亚大学的认知科学家。他对手势在科学素养发展中的作用的研究，促使他改变了自己的授课方式。罗思不再在课堂上讲述大多数的内容，而是寻找尽可能多的机会请每个学生来描述和解释当天课堂上的主题。由于学生对新知识尚缺乏充分的理解，甚至不知道相关的术语，他们很大程度上只能依靠手势来传达那些处于萌芽状态的知识，这正是罗思想要看到的。他认为："理解源于表达自己的尝试，而非相反。"

罗思也实践了另一种情景创造。他的观察和研究显示，当身边有可以用于做手势的东西时，人们会更多地做手势。提供罗思所说的"视觉艺术品"——图表、图解、地图、模型、照片，会使演讲者做更多手势，从而让观众更好地理解。罗思与维多利亚大学物理系的同事一起开发了一套视觉描绘和具体模型，物理学教授将这些模型运用在课堂上，鼓励学生多做手势。当学生站在这些物体旁边时，他们可以轻易地指出自己还不能完全描述或解释的部分或过程，相较于没有模型而言，这使他们能参与"更成熟的物理谈话"。倘若没有这些模型，在学习的早期阶段这是无法做到的。使用手势提供了一个临时的"脚手架"，让知识更牢固地归位，从而支撑着本科生们对这个学科根基尚浅的理解。

还有一种发挥手势力量的方法：我们可以更密切地关注他人做手部动作的方式。正如我们所发现的那样，人们最新、最先进的想法往往首先出现在手势中；此外，当人们的手势开始与言语相背离时，就表明他们已经准备好学习了。然而，当一心一意地关注口头言语时，我们可能会错过这种模式所传递的线索。研究表明，即使是经验丰富的老师，也只能从学生的手部动作中获取不到 1/3 的信息。但研究也同时表明，我们可以训练自己去更加密切地关注手势和体态密码。

**思考
实验室**　　在芝加哥大学的戈尔丁－梅多及其同事进行的一项研究中，一组被试需要先观看一次儿童解决守恒问题的视频记录，正如之前提到的倒水任务。然后，他们获知了一些关于手势的基本信息：手势往往传达了言语没有传达的重要信息，他们不仅可以关注人们用言语表达的内容，还可以关注他们用手"诉说"的内容。研究人员提示他们可以特别注意手势的形状、手势的动作和手势出现的位置。在接受这些简单的指导后，被试再次观看了视频。在接受简短的手势训练之前，进行观察的被试只能识别出 30% ～ 40% 的儿童在手势中表现出正在领会新知识的情况；而在接受训练之后，他们的识别率上升到了 70% 左右。

我们只要稍加努力，就有可能收集到手势所蕴含的信息，而且一旦这样做，就会获得许多新的选择。我们可以说出做手势的人想要表达的核心思想。研究人员认为，手势使用者此时在头脑中已经具备了这些见解；我们可以将人们的手势"翻译"成语言，例如"看起来你的意思是……"；我们还可以通过复制对方的手势来"附和"对方，用于肯定对方用手势所表达的具有前景的策略。

给每个新单词设计个手势，让你过目不忘

显然，自发的手势可以帮助我们进行智力思考。被我们称为有意设计的手势，即那些为了传达一个特定的概念而被事先精心设定的动作，同样有用武之地。受到手语的启发，地质学家库克的手势就属于这一类：她会刻意地用手部动作来帮助学生理解难以用言语表达的空间概念。

有意设计的手势还有另一个好处：它们能非常有效地加强记忆。这是因为人们说话时做出的手势就如同将多个心理"鱼钩"浸入要记住的材料中，这些"鱼钩"确保我们能够在以后需要时锁定并带出相关信息。我们听到自己大声说话是一种"听觉鱼钩"，看到自己做相关手势则是一种"视觉鱼钩"。还有一种是"本体感觉鱼钩"，这来自我们的双手做出手势时的感觉。本体感觉是使我们知晓自己的身体部位在空间中所处位置的一种感觉。令人惊讶的是，这种本体感觉线索可能是三种"鱼钩"中最强大的：**研究表明，即使做手势的手被隐藏在自己的视线之外，它依然能增强我们的思考能力。**

澳大利亚维多利亚大学的解剖学和细胞生物学副教授克丽·安·迪克森（Kerry Ann Dickson）在教学中使用了这三种"鱼钩"。她的学生没有背诵枯燥的身体部位和系统清单，而是练习假装哭泣，这是对应泪腺／泪液分泌的手势；将手放在耳朵后面，这是对应耳蜗／听觉的手势；以及摇摆身体，这是对应前庭系统／平衡的手势。他们假装咀嚼，以此对应下颌肌肉／咀嚼，以及吐痰，以此对应唾液腺／唾液分泌。他们还做出了模仿戴隐形眼镜、抠鼻子和进行"舌吻"的动作，以分别代表眼睛、鼻子和嘴的黏膜。迪克森报告说，通过手势教授学生时，学生的解剖学考试成绩比自己通过术语教学时高42%。

认知心理学家和语言学家曼纽拉·马其顿（Manuela Macedonia）表示，对词汇的掌握是学习外语的核心，而在这方面，有意设计的手势也可以作为记忆的辅助手段。如今，马其顿是奥地利林茨大学的高级科学家，研究第二语言的习得。但在她职业生涯的早期，她是一名语言教员，向母语为德语的大学生教授意大利语。那时，马其顿发现自己对外语课程的传统形式感到越来越沮丧：学生永远坐着，完成大量的听力和写作任务。她指出，没有人是这样习得母语的。幼儿在丰富的感觉运动背景下接触到新词：当他们听到"苹果"这个词时，会看到并触摸到闪亮的红色水果，甚至可能把它送到嘴里，品尝它的甜味并闻到它清新的香味。所有这些记忆的"鱼钩"在第二语言的课堂上都是缺失的。

马其顿试图从身体动作开始，恢复这些"鱼钩"。她将每个词与相应的手势配对，在为学生演示手势后，她会要求他们在大声说这个词的同时做这个动作。她发现，学生更容易通过这种方式学会新单词，并能在一段时间后更好地保持记忆。最终，马其顿自己再次成为一名学生，写下了她的博士论文，研究在外语编码①过程中使用手势来加强言语记忆这一课题。在此后的几年里，她贡献了更多的研究证据。这些证据表明，在学习一个新词的同时做出手势有助于巩固对该词的记忆，这或许是通过刺激大脑中更加广泛的网络区域实现的。

思考实验室　　在 2020 年发表的一项研究中，马其顿和 6 名合作者对比了将新外语单词与手势配对的被试和将新单词与对应图像配对的被试的情况。研究人员发现，有证据表明，当手势配对组的人再次遇到他们所学的词时，控制身体运动的大脑区域——运动皮层被激活；而在图像配对组中，运动皮层处于休眠状态。马其顿及其合作者认为，手势所带来的"感觉运动丰富化"有助于人们记住相关单词。

---

① 编码，心理学名词，指对获得的信息进行表征，使其能被有效加工和传递的心理过程。——编者注

　　马其顿最近尝试了一种扩展技术，这似乎与她以前的工作十分契合：这是一个在线语言学习平台，其特点是由一个虚拟代理或虚拟"化身"来提供词汇教学。这个化身在屏幕上的行为就和马其顿作为老师时的行为一样：它会展示一个手势，用户则在重复新词时模仿这个手势。对该平台的评估显示，跟随化身做手势的用户比单纯听单词的用户取得了更持久的学习效果。做手势的学生也比那些观察手势但自己并不做手势的学生学到更多。其他研究人员的研究表明，相比无手势教学，数学专业的学生经过有手势化身的教学后能更快地解决问题，并能更有效地概括他们所学的新知识。在线教学资源平台可能会通过添加一个引导用户使用手势的动画，使用户的学习效果更佳。

　　除了强化记忆，有意设计的手势还可以减轻我们的认知负荷。 做手势可以减轻认知负荷，就像在纸上列清单或画图一样，区别在于我们的手总是在身边，随时可以分担这些负荷。研究表明，当人们被要求解决一些具有挑战性的问题，但又被禁止使用纸笔时，他们会做更多的手势来补偿这一点。一个熟悉的例子是幼儿在做数学题时用手指辅助计算的方式。他们的手指可以"持有"一个计算过程中出现的数，这样大脑就可以得到解放并去思考必须执行的数学运算，包括加法、减法，以获得最终的答案。更复杂的或更概念性的手势对年龄较大的儿童和成年人来说也有类似的作用。手为大脑提供了额外的认知能力，这样我们就可以管理更多的信息量，并可以将这些信息用于更多的操作和转换。

　　为了追求这种额外的认知能力，一些老师特意向学生展示如何将信息从大脑转移到他们的手上。华盛顿州的数学老师布伦丹·杰弗里斯（Brendan Jeffreys）将手势作为减轻学生认知负荷的一种方式，他的许多学生来自低收入家庭，或以英语为第二语言，或两者兼有。"像'全等''等价''商数'这样的术语，我的学生在家里基本上听不到，"杰弗里斯说，"我可以看到，他们被这些词困住了，即使他们正在努力记录数字并进行数学运算。"因此，杰弗里斯设计了一套简单的手势来配合，甚至暂时取代学生不熟悉的那些术语，毕竟这些术语已然对学生的心算能力造成了影响。

　　为了表示一个角度是锐角，杰弗里斯这样教他们："用你的手臂做出吃豆人的形状。"为了表示钝角，他说："张开你的手臂，就像你要拥抱某人一样。"为了表示直角，他说："伸出手臂，就像在炫耀你的肌肉。"加法对应的是"将两只手放在一起"；除法对应的是"做一个空手道掌劈"；而要想找到一个形状的面积，"就像你把手当作餐刀给面包涂黄油那样做动作"。

　　杰弗里斯的学生兴高采烈地采用了这些手势。他说，现在他们在课堂上交谈、做作业甚至考试时都会使用这些手势。随着他们更容易自主进行数学运算，学生往往能够重新接纳那些最初让他们感到困惑的术语——正是手势的减负能力释放了认知空间，才带来了这些好处。事实证明，杰弗里斯的方法在帮助学生学习数学方面非常成功，他被邀请将其推广到他所在地区的现有 22 所学校中。他现在正在开发一套支持学生阅读和写作的手势，比如表示"人物"、"背景"、"总结"和"主要观点"等术语的动作。

　　正如杰弗里斯的学生所发现的那样，我们的手是非常灵活的工具。它们可以代表很多东西：一个企业家对其产品的愿景，一个婴儿迈向掌握口语的步伐，或者一位老师所教授内容的提示线索。手可以是一个提示器、一个窗口或者一个中转站，但它们永远不应该是静止的。

第二部分

将思考从"大脑"移到"思维空间"

情境认知

THE
EXTENDED
MIND

第 4 章

不是最快的路线，而是树木、鲜花、鸟鸣最多的路线

- 画家如何在从曼哈顿市中心的公寓搬到长岛绿植环绕的农舍后掀起一场绘画革命？

- 景观建筑师如何在参观了 18、19 世纪的英格兰传奇庄园后，从进化视角在纽约中央公园打造出让人重回"非洲大草原"的自然景观？

- 导航软件如何通过给出绿洲最多、花园最多、湖光最美的路线，而不是最快的路线，大幅提升游客的积极情绪、认知和健康水平？

1945 年的夏末，画家波洛克正处于崩溃的边缘。他当时住在纽约市中心的一套公寓里，感到自己越来越疯狂和混乱。一直以来，波洛克饱受酗酒和抑郁的折磨，他的画家妻子李·克拉斯纳（Lee Krasner）十分担心他的精神健康状况。

1945 年 8 月，波洛克和克拉斯纳去长岛东区拜访朋友。当时岛上环境优美，生活着一群农民和渔民，也有一些艺术家和作家定居于此。波洛克觉得这个地方让人感到既平静又兴奋：阳光灿烂、绿植环绕，还有从长岛海峡吹来的凉风。旅行回来后，波洛克坐在他位于曼哈顿岛第八街的公寓里的沙发上思考了三天。最终，当他站起来的时候，他已经有了一个新的计划：和妻子搬到长岛东区去。

很快，波洛克和克拉斯纳就搬到了长岛一个安静的小村庄斯普林斯附近一座摇摇欲坠的农舍里。波洛克在房子的后门廊上待了几小时，凝视着窗外的树木和一直延伸到伯纳克小溪的沼泽地。搬到斯普林斯后，这位情绪无常的画家迎来了一段长达数年的相对平静的时期。"这里是一个疗养的胜地，"曾与这对夫妇一同住在长岛的画家同行奥德丽·弗拉克（Audrey Flack）说道，"而他们极其需要这样的疗愈。"

大自然改变了波洛克的思想，抚平了他的狂躁，也改变了他的艺术生涯。在纽约的时候，波洛克在画架上工作，画作复杂而具有设计感。而在斯普林斯，他的工作地点是一个改造过的谷仓，这里光线充足，自然景色一览无余。他在地板上铺开画布，往上面浇洒或投掷颜料。后来的艺术评论家们认为，这一时期是波洛克艺术生涯的巅峰，他在此期间创作出了《闪闪发光的物质》（*Shimmering Substance*，1946 年）、《秋天的韵律》（*Autumn Rhythm*，1950 年）等"滴画"① 作品。波洛克在纽约公寓里沉思的时光是他命运的转折点。这位画家说，就在那时，他终于意识到自己如若待在室内，精神上将永远无家可归。一旦走向户外，他就找到了自己的精神家园。

我们的身体和大脑更偏好"户外活动"

波洛克这样的画家并非唯一一个思维活动会受到周围环境影响的人。事实上，在不同的环境中，每个人的思维都会大不一样。认知科学领域普遍把人脑比作一台计算机，但环境的影响揭示了这一比喻的一个重大局限性：无论是在办公室还是在公园里，计算机都以相同的方式工作着，而人脑却深受工作环境的影响。自然提供了特别有益于大脑思考的"肥沃土壤"，因为我们的大脑和身体早已进化得更加适合"户外活动"。正如两位生态学家曾言，人类祖先的生活方式对于现代人而言，就是"一场持续一生的露营旅行"。

在数十万年的户外生活中，人类机体早已精确地适应了周围翠绿的自然环境，因此即使在今天，我们的感官和认知也能轻松有效地处理自然环境中

---

① 滴画是波洛克开创的艺术创作方式，对美国现代绘画有重要意义。——译者注

的特定特征，而思维活动也与生物世界的频率保持一致。然而，对于现在生存的世界——这个布满清晰线条和僵硬纹理的建筑的世界，我们还没有做出这样的进化适应，尽管我们几乎所有的时间都在这样的环境中度过。我们身处现代社会的高楼大厦和高速公路中，但思想在这里并不自在。如今频繁侵扰我们感官的视觉和听觉刺激与人类在进化中逐渐适应的刺激并不匹配，这会耗尽我们有限的认知资源。**我们感到如此疲惫不堪且容易分心，这是因为我们身处一个自己在生物学上还无法适应的环境中。**

研究显示，我们的人生的很大一部分是在建筑物和车辆中度过的，只有大约 7% 的时间在户外度过。这当然比我们居住在大自然中的祖先要少得多，即便是与 20 多年前的美国人相比，也微不足道。超过 60% 的美国成年人表示，他们每周花在户外的时间不超过 5 小时。与前几代人相比，现在的孩子参加户外活动的频率也要低得多：只有 26% 的母亲表示她们的孩子每天都在户外玩耍。这种趋势很可能会持续下去，因为目前地球上有一半以上的人居住在城市，而预计到 2050 年，这一数字将达到近 70%。

尽管人类社会在文化层面上发生了巨大的变化，但是在生物学意义上，我们与自己的祖先没什么两样。我们至今仍然可以从大脑和身体对大自然的反应方式中，观察到人类在进化过程中留下的深刻烙印。

事实上，我们可以直接从今天人们对自然景观的热爱中窥见进化残留的痕迹。比如，位于曼哈顿岛中部的纽约中央公园是个仅 0.8 千米宽的狭长区域，却每年吸引了 4 200 万名游客。游客们漫步在宽阔的绵羊草地（Sheep Meadow）上，徜徉在洋溢着芳香的花园中，徘徊在波光粼粼的水库周围。为什么会有这么多人被这块狭小的土地所吸引？它的建造者知道其原因。"是自然风光，"景观建筑师弗雷德里克·劳·奥姆斯泰德（Frederick Law Olmsted）写道，"自然风光可以让人心旷神怡，还能使人精神焕发。因此，通过大脑对身体的影响，自然环境对整个生理系统产生了提神休息和恢复活力的效果。"

居民和游客们都非常喜欢中央公园中连绵起伏的山丘、茂密的树林和斑驳的湖水。然而，虽然公园的这些特征看起来系出天然，但实际上它们基本都是人造的。1858 年，当奥姆斯泰德开始建造公园时，这片土地上只有一片毫无生气的沼泽以及散落在各处的岩石。这块土地之所以能够作为公园用地，只是因为房地产开发商没能在这里建房子。为了实现奥姆斯泰德的愿景，在接下来的 15 年里，3 000 多名工人陆续运来了大约 1 000 万车的岩石和泥土，种植了约 500 万棵树和灌木。此外，为了完善自己的构思，奥姆斯泰德还参观了一些英格兰的传奇庄园，如伯肯黑德公园（Birkenhead Park）和特伦特姆花园（Trentham Gardens），这些庄园都是由景观设计师在 18 世纪末和 19 世纪初设计的。

奥姆斯泰德打造的中央公园，其风格则更为古老。事实上，它可以追溯到人类在非洲大草原生活的早期。人类在物种进化时所处的特殊环境使我们保持了对于自然环境的诸多偏好，并一直延续到今天。不过，并不是自然界中的任何一种东西都会吸引我们，许多自然事物是令人不快甚至是具有威胁性的，如猎食者、风暴、沙漠和沼泽。

为了生存，人类普遍进化出了对某些自然环境的强烈偏好，即那些看起来安全并且资源丰富的地方。我们喜欢广阔的草地、零星分布着的枝繁叶茂的树木，以及无须走多远就能接触到的水源。我们希望能够从安全的栖息地眺望到四面八方的情况，即地理学家杰伊·艾普尔顿（Jay Appleton）提出的"瞭望－庇护"（prospect-refuge）理论。此外，我们还喜欢保持一点儿神秘感——在目光一开始未能触及之处发现惊喜的可能性。

世界上最伟大的景观设计师们凭直觉感知到了人类的这些偏好，并将其融入工作中。18 世纪中期，当时以绰号"无所不能"（Capability）而闻名的景观设计师兰斯洛特·布朗（Lancelot Brown）曾改造过 250 多个英国庄园，通过移山种树的方式实现了他对理想乡村的愿景。另一位英国景观设计师汉弗莱·雷普顿（Humphry Repton）继承并发扬了布朗的理念，他会为潜在的客户绘制"设计前"和"设计后"的图景：在"设计后"的图景中，人们看到的不是浓密的树荫，而是开阔的草地和波光粼粼的池塘。这在某种意义上就是对东非草原的复现。

雷普顿和布朗的设计启发了奥姆斯泰德以及其他许多人，但这并不仅仅是一种风尚。他们所追求的这种偏好超越了时间、文化和国籍。从澳大利亚到阿根廷，从尼日利亚到韩国，世界各地的人们共享这一理念，甚至也包括那些需要付出极大额外努力才能仿效这一原型的人。美国西南部的土地极度干燥，然而这片土地的所有者们会灌溉他们的土壤，以培育郁郁葱葱的东非热带草原式的景观；日本的园丁则会修剪树木，使树枝能像东非热带草原的树木那样伸展。这些做法都反映了大脑非常特殊的进化史，用生物学家戈登·奥里恩斯（Gordon Orians）的话说就是"昔日环境的幽灵"。

我们以为的审美偏好实际上是经过数千年磨炼而来的生存本能，这种本能可以帮我们找到适合觅食和休息的地方。今天，当我们因压力巨大或者筋疲力尽而投向自然时，当在树林中漫步，或者在海边注视起伏的波浪时，我们正在进行被一位研究人员称为"环境自我调节"的心理恢复，这是一项大脑无法自主完成的工作。

在植物园散步不到一小时，记忆力提升 20%

自然环境不仅是我们的偏好，它还可以帮助我们更好地思考，缓解部分压力，以及恢复精力。例如，在绿树成荫的道路上开车的人，比在满是广告牌、建筑物和停车场的道路上开车的人能更快地从压力中恢复，更冷静地处理紧急情况。在一项实验室研究中，被试需要完成一项具有挑战性的数学测验，或者被专家们询问一些尖锐的问题。结果表明，在这种令人头疼的实验经历之后，接触大自然能使被试的神经系统平静下来，使他们恢复到一种心理平衡的状态。**而且，人们面临的压力越大，从接触自然中的获益就越多。**

大自然的景象和声音不仅能帮我们从压力中恢复，还能帮我们摆脱思维的旋涡。"反刍思维"（rumination）是一个心理学术语，指的是我们可能会一直毫无进展地反复思考同样的消极想法。仅凭自己，我们会发现很难从这个循环中脱身，但接触大自然可以让我们拓展自身的能力，采用更加有效的思维模式。

**思考
实验室**　　　在一项心理学研究中，华盛顿大学的助理教授格雷戈里·布拉特曼（Gregory Bratman）要求被试完成反刍思维测验，并接受一次脑部扫描。随后，被试需要出去散步 90 分钟，其中一半人在一个安静的、枝繁叶茂的自然区域漫步，另一半人则沿着繁忙的道路行走。回到实验室后，所有被试都要再次测验反刍思维，并接受第二次大脑扫描。

　　　结果表明，之前在自然环境中待 90 分钟的人，对生活中消极方面的关注减少了。此外，与反刍思维有关的一个脑区，即膝下前额叶皮层，比在自然环境中行走之前的激活程度更低。而那些在繁忙道路旁行走的人却没有得到这样的治愈。反刍思维在抑郁患者中尤为常见，而研究表明，在自然环境中散步可以改善抑郁患者的情绪，还可以提高他们的记忆能力。许多抑郁患者反复思考消极想法会消耗相当一部分认知资源，这不利于他们回忆重要信息。但是在自然环境中，这种状况可以得到改善。

　　大自然促进思考的另一种方式是增强我们对眼前任务保持专注的能力。例如，与刚刚在城市环境中散步的人相比，在户外绿地中散步的人在进行校对工作时能发现更多的错误，在快节奏的认知测验中也能更快、更准确地给出答案。工作记忆，即记住与手头问题相关的信息的能力，也能从自然环境中受益。芝加哥大学心理学家马克·伯曼（Marc Berman）主导的一项研究结果显示，在植物园中散步不到一小时的被试，在工作记忆测验中的得分比花费同样时间在繁忙的城市街道上散步的被试高出 20%。

多花点儿时间在大自然中甚至可以缓解注意缺陷多动障碍的症状。有些家长称，他们患注意缺陷多动障碍的孩子在接触大自然后似乎表现得更好了，这引起了伊利诺伊大学的两位研究人员安德烈亚·费伯·泰勒（Andrea Faber Taylor）和郭明（Ming Kuo）的兴趣。

思考实验室　　为了在实证研究中进一步验证上述假设，泰勒和郭明招募了一些 7 ～ 12 岁的注意缺陷多动障碍儿童，让他们分别在公园、居民区和芝加哥市中心的繁忙区域散步，整个过程有成年人相随。随后，在一项需要集中注意力的能力测验中，那些在公园里待了很长时间的儿童比其他两组儿童更能集中注意力。实际上，他们的得分甚至和正常儿童一致。泰勒和郭明指出，在公园里散步 20 分钟就能提高儿童的注意力和冲动控制能力，其效果不亚于服用一剂治疗该疾病的药物。研究人员总结道："'自然药物'可能会成为一种安全、廉价、可广泛使用的治疗注意缺陷多动障碍的新处方。"

所有这些对心理功能产生有益影响的过程都可以被理解为恢复：在户外度过的时光让我们找回了在城市建筑中无情流失的东西。一个多世纪以前，心理学家威廉·詹姆斯对另一个有关大自然疗愈能力的概念进行了辨析。詹姆斯在其 1890 年出版的《心理学原理》一书中写道，注意力有两种，即"主动的"和"被动的"。

主动注意需要消耗努力，当我们遇到强烈的刺激或是集中精力进行眼前任务时，就必须不断地引导和改变自己的关注点。在充斥着坚硬表面、突发运动以及尖锐噪声的城市环境中穿梭就需要主动注意。相比之下，被动注意则毫不费力：它可以分散且漫无目的地在物体之间、焦点之间随意转换。这是一种由大自然唤起的注意方式，它不动声色并且十分顺畅。这种心理状态被遵循詹姆斯的传统进行工作的心理学家称为大自然的"柔性魅力"。

大自然使我们在持续的认知消耗状态中得以喘息，并且给我们的认知资源提供更新和再生的机会。正如我们所见，这些资源是有限的，而且很快就会耗尽，这不仅是因为城市生活的喧嚣，也是由于学术和专业工作对个体的严格要求。我们的大脑不仅没有进化到能够平静面对疾驰的汽车和哀鸣的警笛声，也尚未进化到天生就能够阅读、做高等数学运算，或者能完成任何一项我们每天要求自己完成的高度抽象和复杂的任务的程度。

尽管现实是我们成功地完成了这些壮举，但我们在注意力和精力方面几乎普遍存在挣扎状态，就更不用说动机和参与度了，这提示我们应该更多地关注"注意力经济体"的供给侧。也就是说，我们不能只单纯消耗自己的认知资源，也需要确保它们能够得到定期补充。

THE EXTENDED MIND
超越大脑的思考革命 ————————————

我们随时都可以到大自然中去。不需要等待完美的天气，也不需要找到一条人迹罕至的通往荒野的路，我们可以选择任何时间、任何地点，只要身处自然就可以。此外，我们还可以采用一种理想的态度和立场：这是一种被研究人员称为"开放觉察"的状态，指对我们所遇到的一切都感到好奇、接纳、没有偏见的反应。亚伯拉罕森教授建议，可以从中国的太极拳眼法中借鉴"温柔凝视"的技巧。他在自己组织的一个研讨会上介绍了"温柔凝视"的概念，该研讨会旨在将正念引入教育。据亚伯拉罕森所言，一名与会者当即注意到"温柔凝视"与他通常使用的观察模式的区别。

"对于大自然的景色，既要仔细观察，也要放松欣赏。"这名与会者如此说道。我们在大自然中秉持的理想态度，就是这种非正式的正念。研究表明，对于那些打算建立一种更正式的冥想方式的人来说，在自然环境中进行练习实际上更能促进习惯的养成和保持。

　　我们在户外寻求心理恢复时，最好不要使用电子设备。研究表明，在户外使用智能手机会大大抵消大自然增强注意力的效果。使用 ReTUNE 这样的应用程序是个例外——这是芝加哥大学心理学家伯曼和博士生凯瑟琳·舍尔茨（Kathryn Schertz）开发的一项扩展技术。这个名称是"通过城市自然体验恢复"（Restoring Through Urban Nature Experience）的首字母缩写。ReTUNE 就像一个传统的 GPS，但基于完全不一样的价值理念：它并非旨在为用户提供最快的路线，而是会为他们提供树木最多、鲜花占比最大、鸟鸣频率最高的路线。

　　例如，一位来到芝加哥的游客想从海德公园附近的大学校园步行到密歇根湖上的海角半岛。如果她使用谷歌的热门地图应用 Waze，它推荐的路线只需步行 28 分钟：向北走三个街区，到南黑石大道，然后在东 56 街右转，再左转到南岸大道。虽然这是最直接的路线，但游客在这里只能看到玻璃和砖块、水泥人行道和柏油路、鸣笛的汽车和匆忙的行人。

　　如果将同样的坐标输进 ReTUNE，游客会得到一个明显不同的建议路线：首先从大道乐园开始散步，这是一个城市的绿洲；然后漫步穿过杰克逊公园，那里有郁郁葱葱的花园和波光粼粼的潟湖①；最后来到一条沿着密歇根湖岸边的小路上，这条路一直蜿蜒到海角。这段旅程需要 34 分钟，效率相对较低，但游客到达目的地时将会头脑更清醒，也更放松。

　　我们所使用的技术中往往包含着一些价值理念，当滚动或点击屏幕时，我们常不假思索地将这些软件或网页提供的优先选项当成自己的偏好。通过将技术与大自然促进思维的特性结合起来，ReTUNE 鼓励我们质疑"效率高于一切，包括我们的精神健康"的观点。并且，ReTUNE 清晰地展示了自己的理念：重要的不是完成旅程的速度，而是你在旅途中的所见。

---

① 潟湖是部分海水被泥、沙岸或珊瑚礁所环绕而形成的出口很窄的咸水湖。——译者注

待在自然环境而非建筑环境中，
给你乐观的、放松的大脑

ReTUNE 根据每条路线上存在的代表"自然性"的听觉和视觉特征，为其分配一个"治愈分数"。它的联合发明人伯曼是众多研究人员中的一员，他们致力于回答这个问题：是什么让自然看起来自然？这项调查可能看起来令人困惑，但如果科学能够在足够精细的水平上精确地确定大自然的哪些特征会对我们的身体和大脑产生影响，这些信息就可以用于指导建筑和景观的设计，从而积极地提升使用者的情绪、认知和健康水平。伯曼等人通过对自然环境和人工环境的细致分析，开始编制一种关于自然性的分类方法。

他们发现，与城市环境相比，自然环境的色彩变化更少。具体来说，它们的颜色范围从绿色到黄色、到棕色，再到更绿，并且"色彩饱和度"更高，即它们都是纯粹、未经稀释的颜色。自然环境也比城市环境呈现出更少的直线和更多的曲线形状。此外，人工环境的形状边缘往往是分开的，不妨想象一下办公楼正面的一排窗户；而在自然环境中，边缘则往往是密集地聚集在一起的，可以通过想象一棵树的许多叶子的重叠边缘来作为参考。伯曼和他的团队以这些特征作为筛选项，设计了一个计算机模型，该模型能够以81%的准确率预测给定的图像是否描述了人类认为高度自然化的场景。

其他研究人员还发现了将自然环境与人工环境区分开来的其他特征：自然环境包含动态和漫反射的光；轻柔并且通常有节奏的动作；重复的、柔和的声音，如海浪声或鸟鸣声。

这并不是说自然环境比人工环境更简单或更基础。事实上，自然环境往往比建筑环境包含更多的视觉信息，而这种丰富的视觉刺激正是人类渴望的。大脑皮层中大约有1/3的神经元负责视觉处理，这意味着需要相当多新奇的视觉刺激才能满足我们眼睛贪婪的"胃口"。但我们需要在对探索的欲望和对理解的渴求之间保持平衡：寻求一种秩序感，同时也要保持多样化。

自然环境正是满足了这两种需求，而人工环境往往在其中一种上出错。人工环境可能单调乏味，缺乏刺激，可以想象一下许多现代建筑中一成不变的玻璃和金属外墙，以及许多办公室里整齐划一的米色小隔间；它们也可能是压倒一切、过度刺激的一连串灯光、声音和动作，可以设想一下纽约的时代广场或东京涩谷的十字路口。

自然是复杂的，这是事实，但人脑很容易处理这种复杂性。立陶宛 ISM 经济管理学院的高级研究员扬尼克·乔伊（Yannick Joye）指出，当被大自然包围时，我们会体验到高度的"知觉流畅性"。他解释说，沐浴在这种放松环境中可以让大脑得到休息，而且让我们感到惬意。**当我们可以毫不费力地吸收环境中的信息时，就会产生更加积极的情绪。**

我们对自然的知觉流畅性源于自然环境中各种元素相互作用的方式。自然环境更加连贯，没有人工环境中常见的不和谐分隔。例如，一座洛可可风格的建筑旁边是一块花哨的广告牌，再旁边是一座严肃的现代雕塑。自然环境也提供了更多的冗余信息：树叶和山坡的形状以及颜色会不断重复，这强化了大脑养成做出预测的习惯。在大自然中，我们能通过刚才看到的事物很好地预感到在接下来的一瞥中会看到什么。而在城市里，我们永远不知道接下来会碰到什么。"自然环境的特点是具有深度的感知可预测性和冗余性，而城市环境往往由感知上不同的物体组成，"乔伊说道，"这些差异争相吸引着我们的视觉注意力，使我们难以把握和处理城市环境。"

分形（fractal）是冗余的一种表现形式，吸引了研究人员的特别关注。在一个分形图案中，同一图形会在不同尺度上重复。例如，我们可以想象一下蕨类植物的叶子：从植物底部的最大部分到顶端的最小部分，每一部分本质上都是相同的形状。这种"自相似"的组织不仅存在于植物中，也存在于云和火焰、沙丘和山脉、海浪和岩层、海岸线的轮廓和树冠的缝隙中。这些现象都是由一层层更小的部分构成的，这是自然界看似随意混乱背后的秩序。

分形图案在自然界中比在人工环境中常见得多，并且，自然界的分形是一种独特的类型。数学家根据其复杂性数值在 0～3 的范围内对分形图案进行排序，发现自然界中的分形复杂程度往往处于一个中间值状态，其数值落在 1.3～1.5。研究表明，在用计算机生成的分形图案进行测验时，人们更喜欢中等复杂程度的分形图案，而不是那些特别复杂或者特别简单的图案。

此外，研究还显示，看这些图案对人类神经系统有舒缓作用：皮肤电导水平测量表明，当被试看到中等复杂程度的分形图案时，生理唤醒程度会下降。研究人员在用脑电图（EEG）设备记录大脑活动的实验中也发现了类似的结果，在观看类似于自然界的分形图案时，被试会进入一种被研究人员称为"清醒放松"的状态，同时保持警觉和放松。

甚至有证据表明，在面对这些类似自然分形的图案时，我们清晰思考和解决问题的能力都会增强。

思考
实验室

在一项研究中，被试被要求在计算机生成的"分形景观"中进行信息搜索、地图阅读和位置判断任务，结果表明，当分形的复杂程度处于中等范围内时，被试的效率最高。在另一项由乔伊主持的研究中，被试需要在接触不同复杂程度的分形图案期间或之后完成具有一定难度的谜题。当他们看到的分形图案与自然界中发现的分形图案相似时，他们能够最快、最轻易、最准确地解开谜题。

我们的大脑似乎在处理自然环境的分形特征方面经过了特别优化。数十万年的进化"调节"了我们的感知能力，使其适应了自然环境中视觉信息的结构。我们可能没有在主观上意识到分形图案，但是在比意识更深的层面上，这些图案对我们的思维产生了影响。

俄勒冈大学物理学、心理学和艺术学教授理查德·泰勒（Richard Taylor）开创性地研究和考察了分形如何影响人类心理。正如泰勒一连串头衔所暗示的那样，他有众多令人眼花缭乱的兴趣。几年前，在研究电流中出现的分形图案时，那些图案使他想起了另外一个领域的事物：波洛克的画作。为了验证这种意料之外的联系，泰勒分析了波洛克后期的一组作品，最终确定它们也遵循分形模式，复杂性数值为 1.3 ～ 1.5。令人惊讶的是，从纽约搬到长岛的斯普林斯后，波洛克创作的滴画作品确实具有某些大自然的视觉特征。就像在不知不觉中引领了东非大草原式风格的景观设计师——"无所不能"的布朗以及雷普顿一样，波洛克似乎挖掘出了人类对自然世界的古老亲和力。

以波洛克1948年完成的一幅滴画作品为例，人们只知道这幅画名为《14号》（*Number 14*）。这幅作品呈现出纯黑、白色以及灰色的色调，与他和妻子克拉斯纳在斯普林斯的家周围的青翠植被没有直接的相似之处。然而，如果仔细欣赏这幅画，观众就会沉醉于它的跌宕逶丽和转意迭出，以及其中复杂交错的粗细线条。泰勒满怀钦佩地说："如果有人问我'我能把大自然画在画布上吗？'，那么最好的答案就是波洛克 1948 年创作的作品《14 号》。"

在能看到树木、晒到太阳的办公室工作，效率更佳

花时间待在大自然中可以缓解压力、恢复精神平衡，有助于提高和维持注意力。然而，我们大部分时间都得待在室内。所以，能不能想办法让室内变得更像室外呢？环境心理学家罗杰·乌尔里克（Roger Ulrich）针对医院和其他医疗保健设施这一特定的建筑环境提出了这个问题，并给出了肯定的回答。乌尔里克教授在瑞典查尔姆斯理工大学讲授建筑学，他提出，人类古老的生理结构让我们能"像利用药物一样利用自然"，他要表达的意思几乎和字面意义完全一致。几十年前，他就已经证实身处自然环境可以减轻疼痛，以及促进患者手术后的康复。

乌尔里克的研究是在费城郊区的一家医院里进行的。研究表明，与那些房间面向砖墙的患者相比，住在能看到树木的房间里的患者需要的止痛药更少，出现的并发症更少，住院时间也更短。对那些能够看到绿色植物的患者，护士记下的负面心理状态——"沮丧和哭泣"和"需要更多鼓励"也要少得多。乌尔里克曾回忆道，这项研究的灵感来自他自己很久以前的经历："十几岁的时候，我得过几次严重的疾病，这迫使我在家里的床上一直躺着……我的窗户是能让我保持稳定的指南针。每天，我都看着风中摇曳的树木，它们有一种让人能保持平静的东西。"

乌尔里克和其他科学家的进一步研究证实，接触自然元素有助于减轻患者的疼痛，加速他们的康复。这项工作促进了医疗设施设计的革命，促使大量建筑的翻新和重建，旨在为患者和工作人员提供自然光线和绿色景观。这也激发了后续大量试图更精确地确定户外活动对身体影响的研究。无论如何，这项研究已经证实，**自然环境确实是一种高度可靠并且有效的"药物"，其背后的原因是人类经过数千年进化而形成的生理特性。**

自然环境似乎以同样的方式影响着所有人，比如在自然环境中待上20 ～ 60秒，心率就会逐渐减缓，血压开始下降，呼吸更加富有节奏，大脑活动也变得更加放松。甚至眼动也会发生变化：我们凝视自然景物的时间比凝视人造景物的时间更加持久，注意力转移的频率也更低。比起观赏城市环境，我们在观赏自然景色时更少眨眼，这表明自然环境给我们带来的认知负荷较轻。我们能够更准确地记住自然环境的细节。脑成像结果显示，相比观察人工环境，我们在观察自然环境时被激活的视觉皮层区域更大，同时大脑的愉悦感受器也会被大量激活。

当然，并非只有医院的患者能够从定期使用这种"药物"中受益。如果我们的家庭、学校和工作场所都能融入所谓"亲生命设计"的元素，它们就都能成为更加适合认知活动的空间。1984年，哈佛大学生物学家爱德华·威尔逊（Edward Wilson）[1] 在其出版的一本书中提出了所谓的"亲生命假说"：人类天生有"关注生命和类生命的内在倾向"，即一种"与其他形式的生命联系在一起的渴望"。爱德华·威尔逊认为，这种渴望是强大的，当它被压抑时，我们的思维，甚至健康和幸福都会受到影响，就像大部分时间都被毫无生机的人造环境和材料包围必然会引发的后果那样。幸运的是，他补充说，另一条道路已经呈现在我们面前：自然本身提供了一个全面的指南，告诉我们在什么情况下大脑和身体的工作状态会达到最佳。

我们已经知道，在具有连贯结构和冗余信息的自然环境中，思维会更加活跃，那么为什么不把绿色植物带进室内呢？欧洲联合办公空间网络"第二家园"（Second Home）的管理者就正在进行这样的工作。伦敦的第二家园总部摆满了 1 000 多株植物。2014 年该机构开业时，爱德华·威尔逊被邀请为其工作人员发表演讲。"我们在第二家园所做的一切都受到了自然和亲生命性的启发。"第二家园的联合创始人之一罗恩·席尔瓦（Rohan Silva）如此说道。席尔瓦补充说，葡萄牙里斯本的第二家园办公室是基于一个温室进行改造的，里面甚至拥有更多的植物——超过 2 000 株，包括 100 个不同的品种，如铁兰、喜林芋和龟背竹。

研究表明，室内植物能增强员工的注意力和记忆力，并提高他们的工作效率。这对学生来说也有类似的效果，在教室里竖起一堵"绿墙"，上面种一些发芽的植物，这也被证实能够增强学生的注意力。

当然，绿色植物只是大自然慷慨馈赠的一部分，生态设计的实践者已经开始将其他有机元素融入新的建筑中——学校、办公楼、工厂甚至摩天大

---

[1] 爱德华·威尔逊是社会生物学之父，"生物多样性"概念的倡导者和实践者，以《论人性》《蚂蚁》两部作品两度荣获普利策奖，被世人誉为"达尔文之后最伟大的博物学家"。他一生写作了 20 余部著作，影响深远，其中《社会性征服地球》《人类存在的意义》《博物学家》等书的中文简体字版已由湛庐引进、浙江教育出版社等出版。——编者注

楼。坐落在曼哈顿中城区布莱恩特公园拐角处的美国银行大厦高达55层，于2009年竣工。当人们到达大楼门口并伸手去抓门把手时，他们触碰到的不是钢铁或塑料，而是木材。"我们希望来客第一时间接触到的是一种特殊的触感，一种来自大自然的痕迹。"帮助设计该空间的环境规划师比尔·布朗宁（Bill Browning）说道。大厅内部的自然主题仍在延续：天花板是竹制的，墙壁由石头构成，上面有一些小贝壳和海洋生物的化石，甚至整个大厦的形状也是受到了自然的启发——模仿了石英晶体的分形结构。

亲生命设计是一门新兴学科，一些研究已经表明，在受自然启发而设计的建筑中工作和学习，可以像在户外一样给认知能力带来好处。

思考实验室　　在2018年发表的一项研究中，哈佛大学陈曾熙公共卫生学院的一组研究人员要求被试在具有生态元素的室内环境中，如盆栽、竹木地板、透过窗户可以看到的绿色植物和河流，以及缺乏这些元素的室内环境中，如一个没有窗户、铺着地毯、有荧光灯照明的空间，分别度过一段时间。研究人员为被试配备了可穿戴传感器，用于监测他们的血压和皮肤电导水平。并且，被试每次从室内出来后需要进行一些情绪和认知功能测验。结果表明，在具有生态元素的环境中仅仅待了5分钟，被试的积极情绪就已经增加，血压和皮肤电导水平下降，他们的短时记忆水平也比在不具有生态元素的环境中提高了14%。

在这个研究中，人们在有窗户的环境里感觉更好这一结果可能并不令人惊讶，有谁会更喜欢荧光灯发出的微弱灯光，而非太阳和天空呢？然而，几十年来，设计师和建筑师们都认为，在均匀、不变的光线下，在排除窗户导致的恼人干扰和炫目光线的情况下，人们的思维状态最好。这些观念仍然塑造着我们今天学习和工作的空间环境——这些环境经常被刻意设计成能够消除我们在室外体验到的那种阳光的自然变化。

　　然而，现在我们已经知道，光照的这种微妙变化能使我们保持警觉，并有助于调节生物钟。事实上，有研究表明，白天能感受到自然光的人晚上睡眠更好，精神状态更佳，身体也更有活力。另有研究表明，在办公室里受到窗户采光照射的员工比在没有窗户的空间工作的人平均每晚多睡 46 分钟。**科技巨头谷歌公司发现，办公桌靠近窗户的员工比那些办公桌远离自然光源的员工更有创造力，工作效率更高。**谷歌甚至已经发布了员工在工作时应该照射多少太阳光的指导守则，并要求一些员工在脖子上佩戴光传感器，以确定他们的工作场所是否符合标准。

　　光照不足的原因，除了我们对理想的思考环境的考量仍受到囿于大脑这一观念的影响，还在于许多人目前居住的房子都是在 20 世纪 70 年代的能源危机的背景下建造的，而当时的窗户经常以节能的名义被拆除或者封住。时至今日，教育和商业领域的精英们才开始意识到，剥夺学生和员工享受自然光照的权利是不明智的。例如，在佛罗里达州坦帕市的 H. B. 普兰特高中，自 20 世纪 70 年代以来被封死了 40 多年的大窗户被复原，室内首次得到阳光的照射。

　　当建设新的学校和办公楼时，一些建筑师已经开始考虑住户对自然光线的需求与降低成本、节约能源的义务之间的平衡。纽约斯塔滕岛凯思琳·格林领导力与可持续发展学校采用了由太阳能电池板、风力涡轮机以及地下的地热井提供能源的供暖和制冷系统，使学校建筑能够在能源方面自给自足。该建筑于 2015 年完工，全自然采光占比达 90%，这意味着它的教室和走廊几乎在全部时间里都由太阳光来照亮。校长莉萨·萨尼科拉（Lisa Sarnicola）说，除了节省资金和保护环境两大好处，学校建筑的精心设计也使学生的校园生活更有活力。"这种设计改变了整个建筑的氛围，"她说道，"这也让孩子们很开心。"

　　甚至有证据表明，能够看见自然景观与学习成绩的提高有关。哈佛大学陈曾熙公共卫生学院教授约翰·斯彭格勒（John Spengler）采用了一种巧妙的方法来测量学校操场的"绿化程度"：利用美国国家航空航天局（NASA）的航天器在距地球 640 千米的高空拍摄的卫星图像。斯彭格勒和同事们分析了马萨诸塞州一些公立学校的航拍照片，确定了其土地上的植被数量，并分析了这些度量结果与 MCAS 分数之间的关系。MCAS 是一项全州范围内的学术技能评估，三到十年级的学生都需要参加。在考虑了种族、性别、家庭收入和英语作为第二语言等因素后，正如研究人员所说的那样，结果表明，"绿化程度越高，周围所有年级学生的英语和数学成绩就越好"。

 思考实验室

　　对于自然环境的影响，伊利诺伊大学景观建筑学教授威廉·沙利文（William Sullivan）和同事李东英（Dongying Li）开展了另一项更直接的研究。参与该研究的高中生被随机分配到具备三种不同条件的房间里，在一个房间内可以看到绿色植物，在另一个房间内可以看到建筑物或停车场，还有一个房间则没有窗户。

　　研究人员设计了一系列具有挑战性的活动来消耗被试的脑力，包括校对任务、发表演讲以及解决一组心算问题。然后，沙利文和李东英测验了每个被试的注意力，并在被试休息 10 分钟后进行第二次测验——所有测验都在每个被试被分到的房间内进行。那些能够在中间休息时凝视窗外绿色植物的高中生，在第二次注意力测验中的得分比第一次高出了 13%；而那些只能看见建筑环境或没有窗户只能盯着墙壁的学生，则没有任何进步。

　　和学生一样，能够看到自然景观的房间对上班族也有同样的好处。美国加利福尼亚州能源委员会进行了一项研究，调查了窗户对萨克拉门托市政公用事业区的两组雇员的工作表现的影响。该地区服务中心的工作人员在拥有最佳观测条件，即可以看到附近绿色景观的窗户时，接电话的速度会比不能看到任何景色时快 6% ～ 12%。此外，相比不能看到任何景色的人，有最佳观测条件的工作人员在心智和记忆测验中的得分也高出 10% ～ 25%。

　　甚至只是瞥一眼窗外，也会对心智功能产生影响。来自澳大利亚墨尔本大学的研究人员发现，在长度为 40 秒的"微休息"中，比起眺望空旷的混凝土区域，看一看满是花草的屋顶能够让被试在认知测验中表现得更好。那些盯着绿色屋顶看的被试更加警觉，犯的错误更少，并且更能控制自己的注意力。我们应当在一天中多多留意这样的"微恢复"机会，每瞥一眼窗外，就能补充一次认知资源。

野外徒步三天，创造力和前瞻性思维翻倍

　　在繁忙的工作和学习中，"微恢复"的经历比较可行且有意义。但是，如果在大自然中度过更长的一段时间，可能会更加深入和微妙地改变我们的思维模式，包括感受时间和思考未来的方式。"哦，整天都是一望无际、巨大无比的山峰。"博物学家兼作家约翰·缪尔（John Muir）回忆起他在美国西部的塞拉斯山脉徒步旅行的时光时如此感叹道。1903 年 5 月，缪尔带领当时的美国总统西奥多·罗斯福（Theodore Roosevelt）进行了一次为期三天的穿越加利福尼亚州约塞米蒂山谷的露营之旅。"第一天晚上，我们在一片巨大的红杉林中露营，"罗斯福后来回忆道，"天气很好，我们露天躺下，高大的肉桂色树干在周围拔地而起，就像一座大教堂的柱子，其巨大和美丽的程度超越任何人类建筑师的想象力。"

　　当两人游览约塞米蒂山谷的景色时，缪尔告诫总统，如果不通过官方法令保护这里，美国丰富的自然景色将面临被掠夺的危险。缪尔的示警得到了回应：在接下来的几年里，罗斯福总统将自然森林保护区的面积增加了 2 倍多，将国家公园的数量增加了 1 倍，并建立了包括科罗拉多大峡谷在内的 17 个国家保护区。

　　在和缪尔分别不久后，罗斯福总统在加利福尼亚州首府萨克拉门托市向民众解释了为什么应该保护那片他曾经栖身的红杉林。"我希望这片红杉林

能够得到保护，仅仅是因为如果它们消失了，这将是我们文明的耻辱，"罗斯福表示，"它们本身就像纪念碑一样，应该和其他自然资源一起完好无损地传给我们的子孙后代。建设国家也不是一朝一夕就能完成的，这需要一代又一代人的不懈努力。"

研究表明，为了更长远的利益，也就是罗斯福所说的为了"子孙后代"而延迟满足当下需求的能力，能够通过欣赏自然风光而得到加强。

思考
实验室

　　佛罗里达大学的心理学家梅雷迪思·贝里（Meredith Berry）在向参与其研究的被试呈现高山和森林等自然景色或者建筑和道路等城市风光的画面后，通过问卷调查衡量了他们选择"未来贴现"的倾向，即是否更喜欢现在支付较少的报酬而非将来支付较多的报酬。结果表明，与看城市风光画面的人相比，看自然景色画面的人更有可能选择延迟满足，他们表现出更少的冲动以及更强的自制力。

　　荷兰莱顿大学的心理学家阿丽安·范德瓦尔（Arianne van der Wal）在她的一项研究中要求被试穿过阿姆斯特丹一片绿树成荫的区域，或者穿过城市中繁忙的街道。随后，她表示，那些刚刚在自然环境中穿梭的人抑制满足眼前欲望的冲动的可能性要高出10%～16%。研究人员在儿童身上也发现了类似的结果：相比于观看城市环境的视频，8～11岁的孩子在看了自然环境的视频后的延迟满足能力更强。当我们看到或身处城市环境时，会感觉到竞争，认为自己需要抓住一切触手可及的东西。相比之下，大自然能激发出一种充实的感觉，一种让人安心的永恒感。

　　自然所唤起的重视未来的倾向也可能与它改变了我们的时间知觉有关。在贝里的另一项研究中，被试需要估计刚刚度过的一段时间是多少秒或多少分钟。她发现，那些刚刚欣赏了自然风光的人会觉得时间过得更慢。另有研究同样表明，在自然环境中散步的人会高估步行花费的时间，而在城市环境中散步的人则能做出准确的估计。

我们对时间的感知是可塑的，它受到环境线索的影响。接触大自然能够降低唤醒水平以及增强注意力，使我们拥有对时间更加广阔的知觉，以及对未来更加慷慨的态度。

THE EXTENDED MIND
超越大脑的思考革命

自然会让我们的思维更富有创造力。研究表明，比起在室内玩耍，孩子在户外会更有想象力。自然游戏环境的结构更简单，更加多样化，孩子可能遇到的道具，包括树叶、鹅卵石、松果等，也不受老师或家长预先设定的目的的影响。对成年人来说，身处大自然中也可以促进创新思维的发展。研究人员推断，自然环境唤起的"柔性魅力"会触及大脑的"默认网络"。当这个网络被激活时，我们就会进入一种松散的联想状态，在这种状态下，我们不专注于任何一个特定的任务，而是对各种意料之外的联系和观点保持开放态度。

在大自然中，我们很少需要做出决定或者选择，思维可以肆意地跟随我们的想法走向任何地方。与此同时，大自然又十分令人愉悦，可以让我们拥有一个好心情，而几乎不消耗精神力量，这种积极的情绪反过来又会让我们的思维更加开阔和开放。一旦身处这样的状态，我们当前活跃的思绪就可以与大脑深处存储的记忆、情绪和想法相结合，产生灵感碰撞。

午休时分在公园里散步时，我们就可以感受到自然对创造性思维的促进作用。但是，深入更广阔的自然领域中进行探索可能会产生一些特殊的效果，戴维·斯特雷耶（David Strayer）称之为"三天效应"。斯特雷耶是犹他大学的一位心理学家，他早就注意到，自己最具独创性的想法是在犹他州崎岖的腹地过夜时产生的。

思考实验室　　在 2012 年发表的一项研究中，斯特雷耶对阿拉斯加州、科罗拉多州、缅因州和华盛顿州的几组徒步旅行者进行了创造性思维测验，一些人在出发之前完成了测验，而另一些人在荒野中待了三天之后才完成测验。研究结果证实了他自己的经验：在长时间接触大自然后，背包客们的创造力水平提高了 50%。斯特雷耶还研究了数字媒体的分心作用，他认为，与手机和计算机的强制隔离对提高徒步者的创造性思维能力起到了不小的作用。电子产品都经过精心设计，能够吸引注意并令我们难以自拔。这些设备与能够产生创造力的心理扩散过程相冲突，而投身自然是我们将其抛诸脑后的少量途径之一。

在大自然中获得的"从电子产品中脱身的喘息"，还会以另外一种方式增强创造力。盯着电子产品那块小小屏幕的时间会让我们的思维更加受到局限，即使它放大和强化了我们的自我感觉。想想一望无际的海洋、群山和夜空，大自然的广袤无垠产生了与此相反的效果，它让我们觉得自己渺小，也让我们意识到一切皆有可能。这一切都是通过一种我们在自然界中最常体会到的情感来实现的——敬畏。加州大学伯克利分校的心理学教授达契尔·克特纳（Dacher Keltner）曾主持过许多关于敬畏的研究，他称这种情感是"处在愉悦的巅峰以及恐惧的边缘"。

敬畏的强大效果之一在于它能给我们带来全新的视角。日常经历并不能让我们理解大峡谷是多么广阔或者尼亚加拉瀑布是如何壮观。我们对此没有现成的答案，我们通常使用的参考系在此也并不适用，因而必须努力适应从自然环境中涌现的新信息。仔细想想那些伴随着敬畏而来的身体行为：驻足，睁大眼睛，神情松弛，恨不得将眼前令我们惊讶的事物都收入眼中。

克特纳和其他研究人员发现，敬畏的情感体验会引发一系列可预测的心理变化：我们不再那么依赖先入为主的观念和刻板印象，变得更加好奇和开放，更愿意修改和更新我们的心理"图式"——这是我们用来理解自己和世界的模板。这种敬畏的体验被称为人类大脑的"重置按钮"。但是，我们无法完全靠自己产生一种敬畏的情感以及与之相关的过程。为了体验这种内在的改变，我们必须在这个世界里进行探索，找到比自身更伟大的东西。

研究人员还发现，敬畏会改变我们对待他人的方式。如果对那些正怀有敬畏情绪的人进行大脑扫描，会发现大脑中与自身感知和知觉空间定位有关的区域变得不那么活跃了。这种激活程度的降低似乎是感到敬畏的基础，此时我们和他人之间的界限变得更加模糊，会感觉自己是一个更大的、充满联系的整体的一部分。在行为层面，人们在经历敬畏之后会表现得更亲社会以及更利他。一项研究表明，在观看了一段有关壮丽的自然景观的视频后，被试会在游戏中更多地分享与合作；在注视一片古老的树林后，人们更有可能弯下腰，帮忙捡起一个由研究人员假扮的陌生人掉在地上的钢笔。

对于敬畏的"功能性"解释——生物学家和心理学家试图解释为什么我们会有这种情绪，人们认为它促使人类为了集体计划而把个人利益放在一边。研究人员推断，那些更容易感到敬畏的成员能够更好地团结在一起完成重要的任务。通过对大自然的无限敬畏来延展我们的日常思维，人类或许已经确保了自己生存的前提。这或许也是一个对当下的我们的提醒，警告我们不要再沉迷那些智能设备的小屏幕，而应正视那些威胁人类和地球的危险。

自然是人类联结感与归属感的永恒来源

高山、大海、巨木、天空等能令我们的祖先感到敬畏的场景，现在对我们仍有同样的效果。但也有一种迄今为止只有少数我们同时代的人经历过的与自然世界的全方位接触：从外太空望向地球，如同宇航员看到的那样。这种景象在情感上给人巨大的压迫感，对少数看过它的人来说，其心理效应具有相当的一致性，以至于研究人员给它起了一个名字："总观效应。""如果有人在升空前问我：你会因为从月球上看地球而感到兴奋吗？我会说：不，不可能。"艾伦·谢泼德（Alan Shepard）这位于 1971 年登上月球的美国宇航员回忆道，"可是，当我第一次站在月球上回头看向地球时，我真的哭出来了。"

约翰斯·霍普金斯大学研究员戴维·亚登（David Yaden）研究过宇航员的飞行记录，他指出，这种对地球的美丽和脆弱景象的情感反应是第一个永恒的主题。第二个反复出现的主题是打破将我们分隔开的界限和障碍。在外太空，宇航员拉斯蒂·施韦卡特（Rusty Schweickart）回忆说："你会辨别休斯敦、洛杉矶、菲尼克斯以及新奥尔良分别在哪里……然而当你绕着地球转的时候，你所看到的整个过程就开始改变了……当你往下看，看到你一直生活着的地球表面时，你知道所有人都在那里，他们和你一样，他们就是你……你会意识到自己是整个生命体的一部分。"另一位宇航员埃德加·米切尔（Edgar Mitchell）回忆称，这种感受是从太空望向地球时的"意识爆发"，这次经历给了他一种"压倒一切的同一性和联系感"。

让人感到矛盾的是，太空旅行者们所感受到的这种强烈的联系感，往往被同样强烈的错位感和疏离感所割裂。当宇航员们结束对眼前地球景象的惊叹后，他们就要和极其沉闷的工作环境做斗争了——一个狭小的空间，充满了高科技仪器，却没有任何能让人类大脑放松或愉悦的特征。在此长期工作和生活的结果可能是无聊、厌倦、焦虑，甚至攻击其他宇航员。随着远距离太空旅行的前景越来越明朗，如何保护宇航员的心理健康已经成为一个引人关注的问题。下面这个答案为我们带来了一些希望：让他们种植一些绿色植物。

1997 年，美国国家航空航天局宇航员迈克尔·弗勒（Michael Foale）抵达美俄联合空间站"和平号"（Mir）时，被分配到的一项任务，就是照料空间站里的温室。为了研究植物如何在太空中生长，他进行了各种各样的实验。如果宇航员要在太空中度过数月甚至数年，就离不开新鲜食物的供应。实际上，弗勒成功种植并试吃了一种蔬菜，这种蔬菜被宇航员称为"太空西蓝花"。为了完成这项任务，他需要弄清楚如何利用光来引导西蓝花幼苗向正确的方向生长，因为在没有重力的情况下，它们不知道如何"向上"生长。此外，因为没有蜜蜂为可作沙拉的绿色植物水菜授粉，弗勒必须自己完成这项工作，即用牙签轻轻地将花粉从一株水菜转移到另一株水菜上。

　　弗勒非常细心地照料这些植物，以至于美国国家航空航天局的地面团队给他起了个绰号叫"农夫弗勒"。但太空温室的价值远不止于实用。从和平号空间站返回后，弗勒在新闻发布会上表示："我喜欢温室实验。"他接着补充道，在像火星旅行这样的远距离太空飞行中，维持一个温室"是必要的，因为在行星之间航行的漫长时间里，几乎没有什么事情可做，而种植和照料植物无疑是一件非常治愈人心的事情"。谈到他照料的植物，他说道："我喜欢每天早上盯着它们看 10 ～ 15 分钟。这是一段宁静的时光。"

　　有很多宇航员曾在绕地球运行的空间站生活几个月之久，研究他们的心理学家用一个生动的词来形容他们所经历的不安："思乡"（homesick）。在这些太空旅行者和我们自己之间，我们可能会发现有一种令人不安的相似之处：他们渴望回到只能通过一扇窗户眺望的那个地球，我们则被关在住宅、汽车和办公室这样的"舱体"里，与我们本来的自然家园，即绿色的植被、新鲜的空气和不断变化的阳光隔离开来。"在户外时，我们有一种'家的感觉'，因为在某种程度上，我们的身体中仍然流淌着过往那些祖先的血脉。"建筑师哈里·弗朗西斯·马尔格雷夫（Harry Francis Mallgrave）写道。打开门走向户外的那一瞬间，我们的所思正承载着这段"过往"。

第 5 章

在 2.4 米高的天花板下洗澡 vs 在 45 米高的天花板下洗澡

- 病毒学家如何在 13 世纪建成的意大利修道院闲逛时受到启发，从而完成小儿麻痹症疫苗的研发？

- 大学教授如何通过设计包容性的计算机实验室，使该专业女生人数成为全美一流公立大学之最？

- 卡拉卡拉浴场如何通过让人们在 45 米高而非 2.4 米高的天花板下洗澡，从而使其思维能力获得超越性的改变？

索尔克遇到了工作瓶颈。多年来，在匹兹堡的一个小型地下实验室里，这位年轻的医药研究员以每周 7 天、每天 16 小时的工作强度持续地努力，试图开发一种脊髓灰质炎疫苗。1954 年春天，筋疲力尽、无计可施的索尔克意识到，为了恢复精力，他必须暂时离开实验室。在意大利中部的一座始建于 13 世纪的修道院——阿西西的圣弗朗西斯大教堂中，他找到了自己所追求的平静与安宁。

在几个星期的时间里，索尔克在修道院中不停地阅读、思考和走路，他穿过修葺一新的柱廊和拱门，走过安静的庭院，踏入充满由穹顶射进来的阳光的小教堂。在此期间，索尔克实现了一次思想上的突破，他将其归功于修道院的这些建筑。"那里的建筑充满灵性，非常振奋人心，以至于我能够做出远超过去的直觉性思考，"索尔克后来写道，"在那个有着悠久历史的小环境里，我灵光乍现，在脑中设计了脊髓灰质炎疫苗研究方案。当我回到匹兹堡的实验室验证我的观点时，我发现这个方案是正确的。"

这个故事到这里还没有结束。在访问圣弗朗西斯大教堂后不到10年，索尔克获得了一个机会，可以创建一个知识分子社区，即建立一个供像他这样的科学家进行自由思考的空间。他与他的建筑师路易斯·康（Louis Kahn）一起，着手设计一个理想的用来反思和探索的场所。以那所修道院为原型，他们建起了这一全新的场所。在与路易斯·康的讨论中，索尔克特别提到了圣弗朗西斯大教堂，而身为建筑师的路易斯·康恰对其了如指掌，因为几年前他曾赴此参观并在此写生。在最后的设计方案中，路易斯·康也融入了自己对那座修道院的既微妙又明显的思考。

1965年，由索尔克和路易斯·康领导建设的、一个公认的现代建筑的杰作——坐落在加利福尼亚州拉霍亚市的索尔克研究所全面竣工。整个建筑群巨大而简朴，但为了满足研究人员的工作需求，建筑内部有着精妙设计：利用下沉庭院和采光井，让自然光照到包括地下室地板的每个角落；巧妙的施工技术让整个楼层没有任何立柱，使实验室拥有开阔通畅的空间；将供排水管等设备设置在地板隔层，这样一来维修和更新设备的时候就不至于打扰到研究人员的工作。除了精致的实验室，在这里工作的每一位科学家的科研成果都如太平洋般广阔又深刻。在这里工作的研究人员，包括一些诺贝尔奖获得者，都认为这里是一个绝佳的可供思考和开展研究的场所。索尔克非常满意于这一结果，他甚至感叹道："我可以说，这个建筑近乎完美。"

几个世纪以来，像路易斯·康这样的建筑师一直在思考如何创造出能够唤起特定精神状态的空间。从人类历史上看，人们总是在为自己创造独特的建筑环境，并予以继承和不断调整。现如今，建筑研究中又出现了一个新兴的领域——神经建筑学（neuro architecture），该领域从经验层面研究大脑如何对建筑物及其内部环境做出反应，并尝试用理论去解释这些反应如何受到进化和生理方面的影响。

基于以上思路，我们会发现一个令人唏嘘的事实：大多数人学习、工作和生活的环境实际上无法帮助我们进行有效的思考。首先，一个很重要的原因是，我们的文化不是特别重视建筑环境的影响。许多人和机构认为，无论在什么环境下，我们都应该能够从事生产性脑力劳动，建筑环境根本无关紧要。其次，周到的建筑设计需要耗费时间和金钱，但工程往往面临快速建成和削减成本的压力。最后，必须提到的是建筑师和设计师本身，特别是他们对于自己大胆想法的"坚持"，正如将在后文看到的那样，一些前卫的实验和尝试，常常会给必须每天生活在其中的人们带来"麻烦"。

即使是路易斯·康，也差点儿掉进这个陷阱。在设计索尔克研究所之前几年，他受托在宾夕法尼亚大学修建了理查兹医学研究实验室。路易斯·康的设计受到建筑评论家的一致好评，甚至有幸在现代艺术博物馆中进行展览。但从在大楼里工作的人的角度来说，这座建筑是一场灾难：狭窄、黑暗、难以驾驭，很难唤醒身在其中的人们的灵感。吃一堑，长一智，路易斯·康纠正了之前错误的设计路线，在设计建造索尔克研究所时，将使用者需求作为项目计划的核心内容。

在路易斯·康职业生涯中这段忙碌的时期，一个同样引人注目的项目正在美国中部的堪萨斯州奥斯卡卢萨展开。心理学家罗杰·巴克（Roger Barker）开始通过在日常生活中详细记录人们的活动来研究人们行为举止的成因。他和同事赫伯特·赖特（Herbert Wright）一起在当时人口仅 750 人的奥斯卡卢萨建立了中西部心理学田野研究站，从早到晚地跟踪观察一群孩子。

从细致的观察中，他们发现了一种独特的行为模式。正如一位学者所指出的那样："巴克和他的同事发现，孩子的行为具有很强的规律性、一致性和可预测性。"但这并不是孩子个性、智力或者任何其他内在品质的产物，相反，决定孩子行为模式的最大因素是在哪里观察到他。正如巴克在他的研究中指出的："当孩子从一个区域移动到另一个区域时，他的行为特征往往会发生巨大变化。比如从教室到食堂再到操场、从药店到街道或是从棒球比赛场上回到淋浴间。"

巴克的上述研究持续了 25 年之久，他在这一过程中收集了大量证据，足以证明日常所处的空间如何有力地塑造我们的思维和行为模式。所以先前提到的无论在什么环境下，我们都可以发挥最佳实力这一观点是错误的。建筑师们早早就认识到了这一事实，尽管大多数人会对此不屑一顾。经典著作《建筑模式语言》（*A Pattern Language*）的作者、颂扬民间建筑中来之不易的智慧的建筑师克里斯托弗·亚历山大（Christopher Alexander）感叹道："如今的人们十分自傲，认为自己不需要依赖周围的环境。但实际上，某些事物和社会环境可以帮助一个人恢复活力，而其他事物和社会环境却让一个人的状态更糟。"

我们现在经常学习和工作的空间与人性所需要的相去甚远，这实际上会让我们难以充分发挥自己的智力、难以进行有效的思考。**一旦知道如何合理安排建筑环境，就可能逆转这一局面：它可以帮助我们提升注意力、维持动力、增强创造力以及丰富日常生活体验。**近期的心理学和神经科学研究，以及人类在历史长河中所创造的各类建筑都是最好的例证，它们向我们展示，如何将空间变成思维的延伸。

拆除墙壁，激发更多的协作与创造

除了提供遮风挡雨的庇护所，建筑最关键的功能就是为我们提供一个安静的思考空间。思考，特别是现代社会期望我们所进行的思考，并不是人类天生的本能，因此拥有一个受保护的空间就显得尤为必要。在人类的漫长历史中，我们往往在野外进行即时性思考，而且通常是边奔跑边思考。相比深刻的反思和细致的分析，这种即时性的思考更多的是依靠本能和记忆。只有当我们持续专注于抽象概念时，才需要将自己从外部环境中隔离出来进行思考。花上几个小时去关注字词、数字和其他象征性内容对大脑来说是一项艰巨的任务，我们需要借助外部的建筑环境将注意力限制在非常小的范围内，才能完成这种非自然的活动。

从历史上来看，社会对日益抽象的思考的需求与人类居住密度不断增加的现实相结合，催生了一种重要的建筑结构——墙壁。为了缓解拥挤的陌生人带来的精神压力，墙壁不可或缺。毕竟，在人类历史的大部分时间里，人们都和家人住在同一间屋子里，认识的每一个人也都住在家门口附近，这能确保他们随时了解他人在做什么。即便尊贵如中世纪的国王和王后，他们住在一个单独的大厅里，里面也挤满了他们挑选的侍从和顾问。但随着城市的出现和陌生人之间距离的逐渐缩小，城市居民开始寻求独自阅读、思考和写作的空间。

滑铁卢大学的环境心理学家、神经科学家科林·埃拉德（Colin Ellard）指出："墙壁的设计是为了减轻认知负荷，让我们不用时刻注意陌生人的活动。随着我们居住地点的变迁，从小规模的农业定居点转移到更大的村庄，并最终转移到城市，墙壁变得越来越重要。因为有了墙壁以后，我们很难追踪谁对谁做了什么。"

纽约城市大学莱曼学院语言学教授约翰·洛克（John Locke）认为，墙壁提供的隐私空间代表了一种革命性的思维延伸。"我们的老祖宗可以随时看到对方，这虽然保证了他们的安全，但也带来了巨大的认知成本，"他指出，"墙壁的出现，让他们不需要再每隔几秒钟就环顾四周，看看别人在做什么。"他说，这种革命的结果是："在我们和猿类共同的祖先生活的时期就已开始的守夜活动，在进化的过程中终于降低到了可控的比例，给了我们很多不受干扰的时间。"

墙壁的一个早期例证，可以在坐落于喧嚣的曼哈顿的大都会艺术博物馆内找到。在古希腊的骨灰盒和殖民时代的银器之间，有一个珍贵的房间，重现了 15 世纪坐落于佩鲁贾的乌尔比诺公爵费德里科·达·蒙特费尔特罗

（Federico da Montefeltro）的书房。乌尔比诺公爵是一名皇室成员，也是一名政治家和战士，他所居住的古比奥镇现位于意大利中部。这一书房的墙壁让这位热爱文学、建筑和数学的公爵能够从他统治的城镇群众中抽离，回到安静的学习和沉思中。并且，这些墙壁还深受意大利文艺复兴的影响，上面的错视壁画（trompe l'oeil）由来自锡耶纳、佛罗伦萨和那不勒斯的工匠利用嵌花（intarsia）技术，完全使用木头制作而成。

该设计使用红木、橡木和山毛榉木条，采用当时最新的线性透视技术，以精确的细节描绘了装满珍贵物品的模拟橱柜，每一样物品都象征着公爵最钦佩和最渴望的东西。鲁特琴和竖琴表明他深厚的文化积累；狼牙棒和马刺体现着他丰富的战斗技巧；维吉尔（Virgil）的《埃涅阿斯记》（The Aeneid）合订本标志着他的博学。同时在每个角落，我们都可以看到代表公爵个人、家庭和地区身份象征的座右铭和图案。

像乌尔比诺公爵这样的书房在当时非比寻常，但在随后的几个世纪里，人们对这种"思考室"的需求变得越来越普遍。这种时尚迅速在欧洲流行开来，不断向北传播，很多有钱人在家中也增设了这样的房间。就像乌尔比诺公爵的书房一样，这些空间通常用来展示有特殊意义或宗教意义的物品，如图书、科学仪器、乐器、宗教遗物等。它们开辟了一片不受干扰的安静的空间，让深刻、新颖的思考成为可能。

对16世纪最具原创性的思想家之一蒙田而言，这项研究是他所珍视的思想自由的核心隐喻。有必要提一下，蒙田不仅是一位文人，还是波尔多市的市长。蒙田在他的短文《论孤独》（On Solitude）中写道，在熙熙攘攘的社会经济生活中，"有必要保留一个只属于我们自己的、自由的密室，在那里安置真正的自由、排遣孤独"。蒙田称这个房间为"arrière-boutique"，其字面意思为"商店里间"。这说明忙碌的入世和安静的出世之间有着种种联系。在这个房间里，蒙田补充说，"我们必须在很大程度上自娱自乐"。

对大部分人来说，这种空间现在也已不复存在。从 20 世纪中叶开始，几百年前建起的墙壁开始倒塌。在每一种建筑中，不管是家庭、学校，还是办公室，曾经作为独立或专用空间的守护者而受到欢迎的墙壁现在被贬为现代社会所期望的"开放性"的掣肘。现在，一个开放的有潜力的空间要优于一个封闭的被严格定义的空间。这尤其体现在办公空间的变化发展上，到 21 世纪初，有 70%～80% 的美国白领在开放式的办公室内工作。

为什么无墙的工作空间战胜了私人办公室？一方面，因为它更便宜。因为开放式办公空间占地面积更小，内部的建筑成本要比传统的私人办公室低 50%。另一方面，这种对开放式办公空间的狂热也有一个理论上的原因：拆除墙壁，将每个人聚集在一个大房间里，沟通就会顺畅，以此激发更多的协作和创造。

让不同的观点在共享空间中碰撞，这一观念有着悠久的历史。正如作家史蒂文·约翰逊（Steven Johnson）[1] 在他那本极具影响力的有关"想法从何而来"的著作中告诉我们的那样，咖啡馆是现代世界得以诞生的舞台。约翰逊写道，这些热闹的聚集地，"孕育了无数启蒙时代的创新：从电学到保险业，再到民主本身，应有尽有"。他认为，新想法源于"不同专业领域在共享的物理或智力空间中融合时发生的碰撞"。

例如，1764—1775 年，本杰明·富兰克林在伦敦生活，他经常在圣保罗大教堂附近的一家咖啡馆中消遣时光。约翰逊在《助燃创新的人》（The Invention of Air）一书中，讲述了富兰克林如何在那里与一群"自由思想家"——科学家、数学家、哲学家等打成一片，通过对话相互激励和启发。约翰逊指出，"应该用一块牌匾来纪念那家咖啡馆，这真的是一个非常有活

---

[1] 约翰逊被誉为"科技界达尔文"，是被美国前总统克林顿和英国前首相克莱尔赞誉有加的媒体理论家，其经典著作《伟大创意的诞生》《助燃创新的人》《极速传染》的中文简体字版已由湛庐引进。——编者注

力的空间"。今天的领导者和管理者非常重视这一观点：让人们的思想相互"碰撞"，不断进行思考，奇迹就会发生。说到促进碰撞，还有什么能比消除阻碍观点碰撞的物理障碍更好的方法呢？

THE EXTENDED MIND
超越大脑的思考革命 ————————————

事实上，在一起工作的人更有可能进行交流和协作。40 余年前，麻省理工学院教授托马斯·艾伦（Thomas Allen）首次证明了这一发现，并绘制出了"艾伦曲线"。该曲线描述了物理距离和交流频率之间的关系：人们的交流频率随着他们工作空间之间距离的增加呈指数级下降。相距 1.8 米的人相互交流的可能性是相距 20 米的人的 4 倍。艾伦还发现，50 米是相互交流的临界点，超出了这个距离，日常交流便会停止。彼此靠近的人更有可能相遇，正是这些相遇激发了跨学科的思想交流，形成了硕果累累的合作。

艾伦进一步观察到，所有人每天至少可以经过一次的共享空间能够非常有效地促进彼此的相遇。他以麻省理工学院的"无尽长廊"为例，这条 250 米长的走廊，穿过数座主要建筑物，从校园的一侧延伸到另一侧。它比两个足球场还长，尽管麻省理工学院的学生对足球的兴趣远远不及对其他任何事物的兴趣。本科生们每个学年都会庆祝太阳恰好穿过走廊的那一刻，他们称之为 MIThenge[①]。最近的研究证实了艾伦最初的发现：在如今这个短信、电子邮件和社交办公软件盛行的时代，艾伦曲线仍然适用。这也表明，线上交流难以取代线下进行的面对面随意交流。

————————————————————

① MIThenge 这一命名方式与曼哈顿悬日（Manhattanhenge）、英国巨石阵（Stone-henge）相同，henge 指一种史前圆形结构，通常由石头组成，有时也会包括木头。在一年中不同的特定时刻，这三处建筑因会与太阳处于同一直线而形成奇观。——编者注

壁垒筑得好，合作才能好

人们在空间上足够地接近有一定的益处，然而开放的、没有防护设施的空间并不利于集中注意力。

对时尚的现代人来说，咖啡馆是非常有吸引力的，但是如果要在那样的场所中进行复杂的、耗费精力的工作，那将是一件非常糟糕的事情。这是因为开放式工作场所的特点与人类一些无法改变的生物性相违背。进化过程会让大脑不断监测周围的环境，对附近的声音或者运动信号保持警觉，以及时发现潜在的危险，避免遭殃。这实际上是一种分心的过程，而环境中到处都是能轻易捕获注意力的分心刺激。

首先，人类对新奇事物尤其敏感，无论它是新颖的还是特别的。对新鲜事物保持兴趣是一种有效的进化，如果总是关注周围环境中一成不变的事物，那就是对时间和精力的浪费。但是，当我们在不断运动着、变化着的环境中工作时，这种对新鲜事物的选择性注意就带来了弊端。心理学家法布里斯·帕尔芒捷（Fabrice Parmentier）研究了听觉分心刺激的效应，他指出意外的声响"无可避免地突破了注意力的屏障"，并最终使知觉者分心，"不管声音的信息价值如何"，人们的注意力都会"不由自主地转向"那些突然出现的或意料之外的噪声。

其次，我们对说话的声音特别敏感，特别是当话语足够清晰的时候。任何环境噪声都能吸引我们的注意，而带有语义的声音刺激则更容易令人分心。因为无论是否想听，其语义都会被我们的大脑加工处理。更重要的是，对语义信息的自动化加工是由与智力活动相关的脑区负责的，就是那些在分析数据或写报告时会用到的脑区。如果在大脑加工别人讲话内容的同时，还试图完成与文字、抽象符号相关的任务，那么就要分割本来就有限的认知资源，导致我们在每项任务中"能用到的脑子更少"。

思考
实验室　　　2014 年，瑞典耶夫勒大学的研究人员进行了一项研究，被试
需要在 5 个不同的听觉分心条件下写一篇短文。这 5 种条件的背
景噪声的"语音传输指数"从 0.08 ～ 0.71 不等，即语音在模糊得
完全无法理解、部分可以理解、清晰得完全可以理解这一范围中变
化。研究人员发现，被试的写作流畅性在语音传输指数超过 0.23
时急剧下降。他们还指出，这种强度指数的噪声在开放式办公环境
中并不少见。

　　再次，我们对社会互动的细微差别特别敏感，总是不断留意着别人的交
谈内容和他们将要说的话。为了掌握人际关系网，我们需要不断地预测周围
将会发生的社会互动。这种预测在对话信息不完整的情况下很难实现，比
如当附近的人在打电话时，如果我们只能听到一半的对话，预测就变得很
困难。

思考
实验室　　　普林斯顿大学心理学助理教授劳伦·恩伯森（Lauren Emberson）
的研究发现，我们听这种"半对话"的时候，会比听双方直接谈话
的时候更容易分心，认知表现也会下降。而且，我们也更难预测讲
话的人何时暂停、何时继续，以及他将会对他的同伴说什么。恩伯
森于 2010 年发表了一项研究报告，他在实验中要求被试完成语言
和运动任务，结果发现被试刚开始听半对话，就在任务中出错了。

　　那么戴上耳机会怎么样呢？这就不是环境的因素了，而是"耳朵里"的
因素。就像自动化加工别人的话语一样，歌词也会与阅读和写作这样的语言
类认知任务争夺认知资源。**研究发现，音乐对那些困难或复杂的任务、需要
创造力的任务都会造成不利的影响。**而且，这并不仅是歌词的问题，持续的
节拍和朗朗上口的旋律，都能轻易地、持续地抓住我们的注意力。研究表
明，强度高、节奏快和变化频繁的音乐比音调低、悠闲的音乐更容易分散注

意力。研究人员发现，学生边听像嘻哈音乐这样的高强度音乐边学习，就会出现"注意力流失效应"。音乐对年轻人造成的认知干扰效应，在成年人中也同样存在。但最令人遗憾的地方也许是，我们在听自己喜欢的音乐时的智力表现，比在听不喜欢的音乐时明显更差。

最后，视觉与听觉的情况是相似的。我们无法忽视已经进入视野的东西，也无法阻止视线转移到新异的或运动的刺激来源上。就像听到别人说话时，我们的耳朵就会"竖起来"一样，眼睛也会被与人类相关的视觉刺激所吸引，比如人类面孔。

即使努力地将注意力集中到书本上或屏幕上，大脑还是会自动化地、优先地加工人脸。而来自他人的注视就更厉害了，我们能灵敏地感觉到自己正在被他人观察。一旦发现别人的目光停留在自己身上，大脑就会把当前的任务先撂下，对眼神接触进行优先级最高的加工。而且，被注视还会提高生理唤醒程度，导致皮肤电导水平的飙升。要知道，当神经系统唤醒程度增加时，我们会开始不知不觉地冒汗，这层薄汗可以瞬间提高皮肤电导水平。当呈现面孔刺激时，如果对方的眼睛闭着或看向其他地方，皮肤电导水平不会发生变化；但如果对方的眼睛朝我们这边看，在同样的测量条件下，皮肤电导水平就会上升。

人类对视觉信息的监测和处理都耗费了大量的精力，这会导致能用于工作的资源大大减少。**当我们闭上眼睛时，思考能力会大幅提升**。研究人员发现，闭眼"有助于人们脱离环境刺激，从而提高认知加工的效率"。暂时摆脱外在刺激后，人们的认知负荷得到了缓解，从而能更好地在大脑中进行具象化的操作。而且，当烦人的"舌尖现象"①出现时，闭眼还有助于人们记起那些模糊的信息，并且能让我们对视听细节有更好的回忆。一项研究表

---

① 指说话者暂时不能提取出某个词，但认为自己肯定知道该词的意思，有一种话到嘴边却说不出来的感觉。——译者注

明，在被试刚看完电影后，让他们闭上眼睛来回答与电影相关的问题，其正确率较不闭眼的对照组提升了23%。

当然，我们不可能闭着眼睛工作或学习，所以必须依靠物理空间的元素来减少分心，即通过"减少感官刺激"来提高注意、记忆和认知水平。诗人罗伯特·弗罗斯特（Robert Frost）写道："好篱笆结交好邻居。"同样，我们可以说：壁垒筑得好，合作才能好。

主场优势，引爆创造力与工作效率

墙壁以及它所创造出来的安全空间，能让我们免受干扰。但墙壁还有更多用处，它能为我们提供隐私空间，而隐私空间所提供的清净状态程度与创造力之间有着惊人的相关性。

现在流行的开放式咖啡馆以表现为导向，有一种展示自己、出风头的意思。就像富兰克林和他的同伴们在圣保罗大教堂附近的咖啡馆里的辩论。这种自我展示会消耗认知资源，导致可用于工作的资源减少。自我展示对某些群体来说尤其耗费精力。在最近的一项研究中，研究人员把英国政府机关的封闭式办公室改成了开放式的，结果发现开放的环境会增加个体自我展示的需求，尤其是女性会更注重自身外表，因而这种改变对她们的影响也更大。

神经科学家摩西·巴尔（Moshe Bar）发现，一旦人们摆脱了环境带来的认知负荷，就会立即变得更有创造力。巴尔是以色列巴伊兰大学贡达多学科脑研究中心的负责人，他发现当被试受到针对认知资源的损耗操纵后，他们在创造性思维测验中的表现会更平庸，即他们想出来的词更多的是"在统计学上常见的"，即常规和普遍的。巴尔指出，"认知负荷的操纵会对个体的原创性和创新性造成损害"。**他的解释是，当大脑被占用时，我们只会倾向于走捷径，利用固有的观念、熟悉的假设以及老套的方法来完成思考。一**

个想法越容易出现在脑海中，提取它所消耗的精力就越少。而如果想要越过这些俗套的、条件反射式的想法，去寻找更新鲜、更有创意的想法，就需要耗费大量的认知资源。

隐私空间也可以通过另一种途径促进创造力：为人们提供不受监视的、可以进行自由尝试的机会。在工作中，如果需要考虑别人的看法和利益，我们就通常不太会去尝试那些可能会失败的、看上去马马虎虎的新想法。

思考实验室　　哈佛商学院的副教授伊桑·伯恩斯坦（Ethan Bernstein）在某国的一家手机工厂考察了隐私空间和创新性之间的关系。该研究成果于 2012 年发表，结果显示，如果获得更大的隐私空间，比如用布帘遮挡为他们提供自由活动的空间，工人会表现出更高的创新性和生产力。当工作过程被遮蔽时，他们发明了更快、更有效的工作方法。

伯恩斯坦说，白领中也普遍存在这种情况，虽然他们所受到的监视可能是数字化性质的。当意识到有一只电子眼正在记录自己的每一个按键时，员工可能不太敢尝试那些新点子、新方法。除了担心老板可能会责怪自己瞎搞或破坏规则之外，阻碍他们的还有一种无能为力的挫败感。长时间处于一种被监视的状态，会让人觉得自己弱小无力，从而阻碍探索和创新。与此相反，许多研究表明，不受监视、有隐私感会让人觉得自己更有力量，从而促进创造力的提升。

隐私对于同事间的沟通也有很多益处。有效的合作往往需要给予双方一定的自由度，但是在众目睽睽的开放式办公室中，这是很难实现的。研究显示，员工在开放式空间中谈及工作的概率会更小，即使谈到也是一些非常流于表面和浅显的内容，因为他们担心在公开场合讨论一些敏感或机密的事情会导致不好的结果。

在一项研究中，本·瓦贝尔（Ben Waber）的组织分析公司 Humanyze 通过可穿戴传感器记录了员工的活动。研究结果表明，当公司从封闭式办公室搬到开放式办公室后，员工之间的互动频率有了显著的下降。瓦贝尔解释道，"这可能是因为他们戴上了耳机，或是因为附近的几十个人都能听得见他们谈话的内容，导致他们有所顾忌"。其他研究也显示，随着工作场所的开放程度增加，同事之间的信任和合作程度都会有所下降。开放式办公室似乎并不能促进"开放"的行为。

　　如果不给员工指定固定的工位，上述的负面影响会更加明显。然而非固定性的工位安排似乎正变得越来越普遍。"办公桌轮用"（hot-desking）或"旅馆式办公"（hoteling）的弊端在于，它会妨碍我们利用空间对思维进行延展的能力。当拥有工作空间的所有权时，也就是感觉这是一个属于自己的空间，一系列心理甚至生理上的变化就会随之而来。这一效应最初体现在"主场优势"的相关研究中，这些研究无一例外地表明，**当运动员的比赛场地是在自己的主场时，不管是田径场、球场还是体育馆，他们的赢面往往更大。**在自己的地盘中，队伍整体都会表现得更加进取，他们的与社会支配表达相关的睾丸激素水平也会更高。

　　主场优势并不仅仅体现在体育运动中。研究人员发现这种效应非常普遍：当人们认为自己所处的空间是属于自己的时候，就会变得更有信心、更有能力、更有效率以及更加专注。他们也会以更猛的势头、更有效的方式，为自己争取优势。心理学家格雷厄姆·布朗（Graham Brown）和马库斯·贝尔（Markus Baer）的一项研究表明，在谈判时，主场的一方可以比来访的一方多获利 60% ～ 160%。

　　俄亥俄州凯尼恩学院的心理学助理教授本杰明·马尔（Benjamin Meagher）提出了一个有趣的理论，可以解释以上结果。这个理论认为，当身处一个熟悉的空间时，我们的行为方式、思考方式，甚至感知世界的方式都会有所不同，因为这个空间是通过我们的选择塑造出来的，它浸染着我们学习和工作的痕迹。

马尔发现，当我们在主场时，心理和知觉过程都可以更有效地运作，并且需要花费在自我控制上的资源也会更少。之所以会这样，是因为在主场时，大脑不再需要包揽所有工作，它可以从日积月累形成的环境结构中得到帮助。这种结构可以帮助我们调取有用的信息，与日常习惯交融，还有助于抑制无益的冲动。他认为，当身处熟悉的空间时，"我们的认知过程弥散于整个环境中"，这个空间本身就在帮助我们思考。

有了所有权就会有控制权。对自身所处空间的控制感，即对它的外观和功能的掌控，也可以提高工作效率。

**思考
实验室**　　心理学家克雷格·奈特（Craig Knight）和亚历克斯·哈斯拉姆（Alex Haslam）的一项研究证明了这一点。在这项研究中，被试需要完成一系列任务，分别在以下 4 种环境条件中进行：空旷且不杂乱的精简的办公室、用海报和盆栽装饰的复杂的办公室、被试可以随心所欲地布置房间的授权办公室和被试看着研究人员重新布置房间并无权干涉的无授权办公室。

奈特和哈斯拉姆发现，在精简的办公室里，被试在任务中的投入程度很低，他们无精打采、缺乏活力。在无授权的办公室中，被试的投入程度也是如此，他们甚至会很不高兴。在完成任务后的访谈中，一位被试向研究人员坦露，当看着"他的"办公室被随意布置时，他心里想的是："我想打人。"在复杂的办公室中，被试表现得更加努力，工作效率也更高。而在授权办公室中，被试表现最好，他们所完成的工作量比精简条件下的被试多 30%，比复杂条件下的被试多 15%。这一效应足以让管理者一座皆惊：在授权办公室中 3 个人就能完成的工作量，在精简办公室却需要 4 个人。

　　人们对空间的控制感中最为重要的一环可能是控制进出，但这一点总是被忽略，尤其是对于那些认为工作空间就应该像咖啡厅一样热闹的人而言。缩小距离确实有助于更轻松地交流，但如果在必要时无法及时终止互动，那这种互动的价值就不存在了。不妨从这个角度再想一下圣保罗大教堂的咖啡馆的客人们，他们可能会在家里的私人书房里独自思考，以及那些时常穿过麻省理工学院的"无尽长廊"，去静谧的办公室中看书的教授。

　　确实，在现今社会中，很多工作都需要我们与他人协商与合作。但我们可能没有意识到，持续不断的交流协商不一定会产生最好的结果。在组织管理学中有一个术语叫作"间歇性合作"。间歇性合作的研究基础是这样的：解决复杂问题可以分为两个阶段，在第一阶段，人们需要收集各种相关事实材料，以弄清楚待解决问题的性质，并开始草拟解决方案。在这个阶段，沟通与协作是必不可少的。第二个阶段，人们则需要罗列各种可能的方案，对其进行优化完善，并从中找出最佳方案。研究表明，在第二个阶段的协商强度过高实际上是有害的。

　　究其原因，人类作为群居物种，对社会压力很敏感，而且会趋向于认同和服从他人。如果人们在合作中一直交流、协商，最终的方案往往看起来好像还不错，但其实并不怎么亮眼。

THE EXTENDED MIND
超越大脑的思考革命

　　研究表明，那些工作人员长期保持沟通的项目最后得出的方案总是很平庸，虽然差强人意，但也没有太多可取之处。然而，如果在第二阶段大家可以独立地构思方案，那么就有可能出现真正卓越的方案，虽然也有可能会出现失败的案例。只有在交流互通和专注独处之间循环切换，才能收获最优的解决方案。正如需要壁垒来抵抗分心一样，我们也需要它来抵御社会压力的影响。

"间歇性合作"空间，减少工作中的"情绪疲惫"

要怎样布置空间才能更有助于思维和工作呢？非常让人意外，我们在索尔克和路易斯·康采用的模式中找到了一个很合适的方案——修道院。在大家的想象中，僧侣都是孤独的、像隐士一样的人。但在历史上，他们其实也和其他人一样生活在市井中，在独自研学沉思和外出进行社会互动之间做平衡。剑桥大学的人类学家理查德·欧文（Richard Irvine）在他的一项人类学研究中探讨了这种平衡。他的研究在位于英格兰萨默塞特的唐德赛本笃会修道院（Downside Abbey）进行。几个世纪以来，那里的生活方式几乎一成不变。

在观察并尝试描述修道院内建筑的过程中，欧文注意到，这些建筑反映了居住者日常生活中的热情社交和安然静处的两相结合。建筑包含图书馆、食堂、工作室和庭院等公共空间，当然也包含了僧侣们的单独隔间。修道院甚至也有自己的"无尽长廊"——一条长长的回形走廊。欧文指出，这一通道是"修道院建筑中的关键连接元素"。"大家每天都来回经过回廊，所以会在回廊中频繁碰面。僧侣们每天都通过它到达公共区域，比如修道院教堂，他们每天在那里进行 6 次公共服务，比如食堂，他们在那里一起安静地享受一日三餐。"欧文说。

尽管组织心理学家最近才认识到间歇性合作的价值，但唐德赛修道院的僧侣们已经在这种合作模式中生活了 400 多年。欧文解释说："虽然修道院是一个频繁进行人际交往的地方，但独处也非常受重视，根据安排好的时间表，僧侣们每天要私下进行两次祷告，以及每天结束时要进行'大静默'（summum silentium，指完全静默）。这种静默限制了社交，为僧侣们提供了独处的机会。"他指出，修道院成员有另一种促成间歇性互动的方法：他们可以拉起法衣的罩子，"从而遮住耳朵和部分视线，使他们在一定程度上隔绝了外界的信息"。

古代修道院的这种空间布局与今天的"以活动为基础的工作空间"有一些相似之处，后者通过区分各种专用区域，为人们的社交和独处提供了所需的场所，如咖啡馆模式的会议室和带隔音效果的学习室。然而，这样还是不够，仍然无法最有效地延展人们的思维。人们需要一个可以持续使用的、熟悉的、能获得所有权和控制感的私人空间。这样的空间可以带来其他的好处，它们可以满足人类另外两个不容忽视的需求：身份认同和群体归属感。而要想实现这种通过物理空间拓展思维的结果，没有什么比书房更有效了。

回忆一下乌尔比诺公爵书房里那些装饰华丽的墙壁。它们通过视觉信息时刻提醒房主他自己是谁：一个唯美主义者，一个战士，一个学者。墙上挂着鲁特琴和竖琴、狼牙棒和马刺，还有维吉尔著作的合订本。同样被展示出来的还有他的身份象征，代表他是某个重要团体的成员，即一种家族徽章。徽章被镶嵌在错综复杂的镶板上，上面画着一只鸵鸟，嘴里衔着一支箭。在鸟的下面刻着一句神气十足的德文格言，是由公爵的祖父最初提出来的："吾可食钢铁。"这也是公爵的座右铭。墙上还刻有嘉德勋章的标志，这是英国的最高骑士勋章，由爱德华四世国王授予公爵。

这些以自我为参照的图像和信息其实不仅仅是装饰品，无论它们是被镶嵌在公爵豪华别墅的镶板上，还是被钉在办公室职员小隔间的墙上。**研究表明，在存在身份和归属线索的情况下，人们可以表现得更好，会更有动力，行为也更加高效。**在这些线索中，占比最大的就是一些用来支持自我概念的实体标志和信号，比如，我们喜欢猫、喜欢攀岩或喜欢卡通作品《远方》（*Far Side*）。我们利用所处的空间来展示自己的爱好，炫耀奖项和荣誉，表达出人意料的创意或古怪的幽默感。这样的展示有时可能是为了告诉别人我们是谁，或者想成为谁，但通常是为了更亲密的观众：我们自己。

**思考
实验室**　　　发表在《美国管理学学会期刊》(*Academy of Management Journal*) 上的一项研究调研了各种工作者的办公空间，从工程师到活动策划人，从创意总监到房地产经纪人。调研人员发现，这些专业人士在工作场所放置的个人标识物中，仅有约 1/3 放在对所有人可见的位置上。那些可以用于时刻提醒"主人自己的目标和价值观"的物品，70% 被放在别人看不到的位置。

为什么需要这样的提醒呢？因为我们的自我意识不是稳定的或坚实的，而是流动的，依赖于外部结构。我们在国外旅行时就可以感受到这一点：周围的一切都是陌生的，会让人产生一种眩晕的混乱感。当我们在远方度假时，这种迷失可能是令人愉快的，尽管也会让人疲惫。**但在日常生活中，为了有效地工作，我们需要培养一种稳定的身份感。**那么，放在身边的物品就可以帮助我们保持相对坚定的自我概念。正如心理学家米哈里·希斯赞特米哈伊 (Mihaly Csiksentmihalyi)① 所写的那样，我们经常会关注某些物品是因为，"它们会揭示一些我们所需要了解的关于自己的事情，避免自我概念分崩离析"。

此外，我们还需要身边有一些能突出我们某种特定身份的提示线索。我们每个人都有多重身份。我们可能是工人、学生、配偶、父母和朋友，不同的环境可以唤起不同的身份。南加州大学的心理学家达夫纳·奥瑟曼 (Daphna Oyserman) 指出，环境中的信号会唤起某个身份，进而影响我们的思想和行为。她在文章中写道："在某些时刻，凸显的身份会影响我们的注意力和选择。"一项关于美国亚裔女孩的研究表明，种族线索能提高她们在数学考试中的表现，而性别线索则会削弱她们的表现。对所有人来说，这些每天关注的物品，可能会强化人们在某个地点担任某个角色时的感知。

———————————
① 希斯赞特米哈伊在他的经典之作《创造力：心流与创新心理学》中，分析了包括 10 多位诺贝尔奖得主在内的 90 多名创新者的人格特征及他们在创新过程中的心流体验，为人们提出了非常实用的生活建议。该书中文简体字版已由湛庐引进。——编者注

不管在学校还是工作中，我们的生活总是起起落落，而这些有意义物品的"稳定性"可以帮助我们管理情绪和情感。当进行这种"环境的自我调节"时，依靠外界的暗示可以使我们维持内心的平衡，从而帮助我们实现目标。密歇根大学弗林特分校的管理学教授格雷戈里·劳伦斯（Gregory Laurence）在一项针对中层专业人士的研究中发现，**将个人物品纳入工作空间，有助于缓解工作压力所带来的"情绪疲惫"**。劳伦斯和他的合著者写道，对员工来说，尤其是那些没有在办公环境中获得足够私人空间的员工，让自己的工作区域更加个性化，比如贴一些照片、海报、连环画或使用喜欢的马克杯等，可以帮助他们"开辟一片属于自己的空间，并赋予其个人意义，从而在工作中创造一个庇护所"。

劳伦斯并不是唯一一个发现人们对待个人空间的方式受到他们的精神需求影响的研究人员。

在一项对日本日立科技公司美国总部研发专业人士的人种学研究中，作者今井良子和班正秀指出，他们的研究对象"在舒适和独立的小隔间里进行精读、写作、思考……那里通常存放着令其感到舒适的物品、熟悉的参考资料和喜爱的工具，一个专用的私人空间是一个神圣的空间，可以让人养精蓄锐"。在这些现代化的工作站和小隔间里，我们可以看到修道院和早期书房的影子——这是人类需要赋予个人空间以意义和重要性的证据。

然而，许多公司并不鼓励甚至禁止员工在工作场所展示私人物品。他们认为，这会干扰手头的工作，且无法实现一种干净、简洁的审美理念。这种审美理念是被已故的苹果公司创始人史蒂夫·乔布斯所高度推崇的。对心理学家奈特和哈斯拉姆来说，这种禁令让他们想到了另一个人：弗雷德里克·温斯洛·泰勒（Frederick Winslow Taylor），一位20世纪初的工程师，将"科学管理"引入了美国公司。泰勒明确禁止工人将私人物品带进他所设计的工厂，以实现最高的效率和最低的浪费。他坚持认为，剥去员工的个性后，他们就会像工业机器上的齿轮一样完美高效地工作。

奈特和哈斯拉姆比较了"精简"与"复杂"、"有自主权"与"无自主权"的工作环境对员工行为的影响，他们认为泰勒的观点是错误的，尤其是在这样一个时代，人们不再期望员工是一个普通的齿轮，而是期望他们成为具有批判性和创造性的思考者。

THE EXTENDED MIND
超越大脑的思考革命

奈特和哈斯拉姆的研究结果表明，在一个精简、单调的办公室里，人们的工作效率会更低。哈斯拉姆说："这种空间会让人们觉得自己来错了地方，他们不属于这里，这种感觉会严重降低工作绩效。"尽管经理和行政人员总是担心个人标记的存在会降低组织的凝聚力和忠诚度，但研究结果恰恰与此相反：当员工可以在公司中看到自己的印记时，他们会对公司更忠诚。所有权意识会从个人延伸到组织，并贯穿于整个实体空间。

"心理包容性设计"空间，让团队成员更具归属感

空间的安排方式可以展示我们的个性，对动机和绩效都有积极的影响。同时，它也可以决定我们对组织的归属感。有过被排斥、被边缘化或被歧视经历的群体成员，在进入新环境时，会对一些跟归属与否相关的空间信号很敏感。尽管这些信号很少成为我们讨论偏见时的焦点，但它们无处不在，而且非常强大。

印第安纳大学布卢明顿分校的心理学和脑科学教授玛丽·墨菲（Mary

Murphy）说："当我们想到偏见时，大多数人认为这是一个关于人的问题。"
但是，她指出，经历和结果的不平等也是由"组织环境"的一些特征造成的，
而建筑环境则是其中的重要组成部分。墨菲和她的同事提出了一种"偏见场
所"理论，他们将其定义为"对某些群体的情绪、生理、认知功能和表现施
加不平等压力"的场所。

当我们仅仅将偏见视为存在于头脑中的个人属性时，就无法全面了解偏
见在组织中的影响，从而错过反击它的机会。根据墨菲的"偏见场所"理论，
识别并根除少数持有种族主义或性别歧视的人，无法根除系统性的不平等。
事实上，在这些"偏见场所"中，即使人们都努力地以平等的方式行事，偏
见也可能会延续下去。正是因为物理空间对在其中工作和学习的人的行为产
生了深远的影响，改变这些空间或许才是减少偏见最有效的途径。否则，仅
仅强行改变人们的观念可能会激起反抗或怨恨。研究一再表明，传统的多元
化研讨会和培训课程的效果并不理想。

"偏见场所"很适合描述萨普纳·切尔扬（Sapna Cheryan）在 2001 年
夏天遇到的情景。那时，刚从大学毕业的切尔扬正在参加加利福尼亚州旧金
山湾区科技公司的实习面试。其中有一家公司的办公区看起来就像科技极客
的地下室，"动作人偶、孩之宝公司的热火牌（Nerf）枪、叠放成金门大桥
模型的汽水罐"，切尔扬回忆道。该公司坚持的这种特殊审美似乎表明了其
对于理想员工的理念，一种切尔扬身为年轻的有色人种并不喜欢甚至想远离
的理念。而切尔扬之后面试的奥多比（Adobe）软件公司的环境则与之截然
不同，那里的工作空间明亮且吸引人。最终她选择了奥多比公司，并在那里
工作了 5 年。后来，她进入斯坦福大学攻读心理学博士学位，研究主题是物
理环境中的线索如何影响人们的思维方式。

**思考
实验室**　　　在切尔扬研究生时期所做的一项实验中，她利用斯坦福大学盖
茨计算机科学大楼的空间，创建了一个她称为"刻板"的教室和一

个 "非刻板" 的教室。刻板教室里摆满了易拉罐、科幻小说、《星际迷航》和《星球大战》的海报。非刻板教室里则有自然海报、纯文学小说和瓶装水。在每个房间都待上一段时间后，参与实验的本科生们表达了他们对计算机科学的兴趣程度以及评价了他们在这门学科上的表现。

　　研究结果显示，在刻板的房间里待了几分钟后，男生说他们对学习计算机科学非常感兴趣，女生传达出的兴趣则要少得多。但当女生在非刻板的房间里待上一段时间后，她们对计算机科学的兴趣显著增加，甚至超过了男生。切尔扬在随后的研究中发现，在非刻板教室里学习的女生，更有可能预测自己在计算机科学课程中表现出色；而对男生来说，无论在哪个教室学习，他们都会预测自己有出色的表现。切尔扬认为这种预测至关重要，因为 "之前的心理学研究表明，你的期望会决定你的实际表现"。

　　切尔扬将她的研究中的这种现象称为 "环境归属感"，并将其定义为个体与物理环境的契合感，"以及与想象中的环境占有者的契合感"。她提出，人们对周围环境的这种归属感 "可以很快确定，哪怕只是匆匆瞥了一眼其中的几个物体"。

THE EXTENDED MIND
超越大脑的思考革命 ————————————

　　切尔扬在她后来的研究中探索了如何使更多人觉得自己属于其所在的环境。她说，关键不在于消除刻板印象，而在于使其多样化，即传递一种 "来自不同背景的人都可以在特定的环境中茁壮成长" 的信息。华盛顿大学就做了这样的尝试。现在，切尔扬是该校的一名教授。华盛顿大学翻新了它的计算机科学实验室，重新粉刷了墙壁，悬挂了新的艺术品，并安排了座位以鼓励更多的社交互动。5 年后，在华盛顿大学获得计算机科学本科学位的女性比例达到 32%，高于美国其他任何一所一流公立大学。

切尔扬和其他研究人员现在正在探索如何在网络"空间"中创造一种环境归属感，这是一个将技术延伸到现实世界中的例子。正如"现实生活"中的情况一样，研究发现，那些曾经属于受歧视群体的成员，对出现在网络课程等数字平台上的排斥暗示尤为敏感。就像在非数字化的领域一样，这些信号时时刻刻彰显着"你不属于这里"，会对他们在计算机科学等学科上的兴趣水平和成功预期产生负面影响，也会降低他们参与这些话题的积极性。

**思考
实验室**　　勒内·克齐尔切克（René Kizilcec）是康奈尔大学的信息科学助理教授，他研究了在 Facebook 上的一门线上计算机科学课程的广告中添加特定的提示所产生的效果。这些信息包括一些与"性别包容"相关的图像和文字，图像是 8 名不同年龄和种族的女性，配的文字是："计算机编程的历史就是女性的历史。你可以加入这段史诗般的旅程。"结果表明，相比于其他没有这类提示的广告，女性点击有这类提示的广告的比例要高出 26%。当类似的标记出现在课程注册页面上时，女性注册的可能性增加了 18%。

　　克齐尔切克负责的另一项研究表明，在科学、技术、工程和数学在线课程的网页上加入多样化声明，能提高社会经济地位较低的学生的入学率。这类学生是在 STEM① 领域经常被忽视的另一个群体。声明中写道："这是一个机会平等的课程，可以为你提供具有支持性和包容性的学习空间。""每个人，无论什么年龄、性别或国籍，都可以在这门课程中获得成功。这里有很多和你一样的人，他们来自世界各地。我们非常重视这种多样性。"克齐尔切克称之为"心理包容性设计"，旨在通过"在环境中策略性地放置内容和设

---

① STEM 即科学（science）、技术（technology）、工程（engineering）、数学（mathematics）这 4 个学科的英文单词首字母缩写。——译者注

计线索"来减少人们的参与障碍，这种设计在网络世界和物质世界
中同样重要。

神经建筑学，拓宽思维的新视角

　　将实证研究与建筑环境经验相结合的做法是最近才兴起的。几个世纪以
来，建筑师和施工人员一直依赖惯例和直觉工作。例如，建筑师路易斯·康
在设计时就有意识地借鉴了以往建筑的形式和风格，同时也依赖于自身对物
质世界的触觉，以及依赖于场地或结构的要求。路易斯·康在他标志性的格
言式评论中，描述了自己与建筑材料之间的"交流"——"你对砖头说：'你
想要什么，砖头？'砖头会对你说：'我喜欢拱门。'如果你接着对砖头说：'拱
门很贵，我想在开口上方用混凝土横梁。你觉得怎么样，砖头？'砖头会继
续说：'我喜欢拱门。'"

　　索尔克认为路易斯·康具有"艺术家的视野、哲学家的理解"和"形
而上学者的知识"。未来，建筑师可能需要补充一些"神经科学家的专业知
识"。新兴的神经建筑学已经开始探索大脑如何对我们遇到的建筑环境进行
反应，例如，待在具有高屋顶的建筑内会使我们的想法更广阔、更抽象。当
你想象一下巴黎国家图书馆阅览室里的圆得像一个气球般的穹顶天花板，或
者曼哈顿纽约公共图书馆玫瑰主阅览室里那缥缈、布满云朵的天花板时，你
就很容易相信这一点了。

　　此外，对称的形状会给我们一种有力和稳固的感觉。比如泰姬陵，它是
由 17 世纪莫卧儿王朝的皇帝沙·贾汗（Shah Jahan）在印度城市阿格拉用白
色大理石建造的。泰姬陵是完全对称的，无论是两侧排列的一对尖塔，还是
地板上镶嵌的瓷砖。值得注意的是，索尔克研究所也是对称的，有人会把它
与泰姬陵进行对比。

作为一种高度社会化的生物，我们会对与人脸类似的建筑设计做出积极的反应，比如，备受喜爱的圆厅别墅，一座在意大利文艺复兴时期由建筑师安德烈亚·帕拉第奥（Andrea Palladio）设计的别墅。人们发现，弯曲的形状会给人一种安逸舒适的感觉，比如，只有一周大的婴儿更喜欢看弯曲而非锋利的物体。这种吸引力如此之深，跨越了世代、文化，甚至物种。

以英国艺术家亨利·摩尔（Henry Moore）于 1971—1972 年创作的起伏型雕塑《羊片》（*Sheep Piece*）为例，一项研究扫描了恒河猴的大脑后发现，当它们看到这个雕塑时，大脑中与奖励和快乐体验相关的区域会被激活。人类也同样喜欢柔和的曲线，比如弗兰克·盖里（Frank Gehry）为西班牙毕尔巴鄂的古根海姆博物馆设计的那些标志性建筑。就连著名建筑师菲利普·约翰逊（Philip Johnson）第一次看到它时，都感动得流下了眼泪。

尽管这种见解具有启发性，但神经建筑学还远不是一门成熟的学科。现在，当设计和建造一座建筑时，仍然需要依靠传统形式，但必须在这些传统形式中谨慎地选择，因为我们意识到环境会深刻地塑造思维和行为方式。例如，我们已经意识到咖啡馆的模式完全主导了我们如何安排工作场所的理念。这种模式拒绝有限的空间和封闭的社交圈，支持透明和开放，是典型的现代主义。但是这种模式既有优点，也有缺点。它很符合我们当前的喜好，却可能使我们无法看到其他模式的优点，比如修道院和早期书房这种前现代形式，尽管这些形式甚至在咖啡馆出现之前就已经存在了。

但是，相比那些可能对思维不利的空间，更令人担忧的是那些根本无法塑造思维的空间。苏格兰爱丁堡大学的建筑计算学教授理查德·科因（Richard Coyne）曾哀叹"非场所①的认知缺失"，这些缺乏线索或联想的空

---

① 法国人类学家马克·奥吉（Marc Augé）在《非场所：超现代人类学入门》一书中指出，当下社会已经进入一种"超现代性"（supermodernity）的社会形态，催生了大量"非场所"，它包括人对空间缺乏认同感、人在空间中无法产生人际联系、空间不具有历史性三个特征，机场、高速路、超市等都属于"非场所"。——译者注

间在现代世界中太常见了。回想一下巴克的研究：物理空间对思维和行为所造成的影响，远远超过个性或者其他因素。这不难理解，正如科因所写的那样，物理空间从"风俗、历史和意义"等层面给大脑提供了太多可供处理的东西。"在教堂或寺庙的前厅里，'在此等候'的标志显得很多余，因为恰当的行为早就铭刻在这些地方的建筑和仪式中了。在这些地方，我们也不需要诸如'思考上帝'或'思考你的有限性'等文字。因为身处圣地时，我们就已经陷入了这样的思考之中。"科因写道。

"非场所"恰恰缺少这些意义。一个毫无特色的连锁商店，一个普通的酒店大堂，或者许多摩天大楼周围荒凉的城市"广场"，能传达出什么意义或信息呢？一排米色的小隔间或没有窗户的教室，会激发出什么样的思想和情感呢？我们在这样的空间中漂泊，漫无目的，互相疏离。这不仅是一个美学问题，其更深层的问题在于我们怎么想、怎么做，以及我们是谁。

路易斯·康明白物理空间对人类心灵的塑造作用。他深谙建筑史，曾发现古罗马公共浴场设计所带来的巨大影响。路易斯·康说："人人都知道，在 2.4 米高的天花板下洗澡和在 45 米高的天花板下洗澡没什么区别。"但是，他接着说道，"如果你了解一下卡拉卡拉浴场，你就会发现 45 米高的天花板可以改变一个人。"

第 6 章

为什么记忆冠军能记下 72 个词中的 71 个，
我们只能记住 29 个

- 普利策奖得主如何在一面墙上绘制错综复杂的写作大纲从而完成了厚达 4 000 页的历史巨著？

- 生物学家如何通过记下航海时遇到的每一个事件、每一个引人注目的景象，将内心活动投射到日志的物理空间上，从而写出《物种起源》这部旷世奇作？

- 诺贝尔奖得主如何通过操作自制的纸板模型发现 DNA 的双螺旋结构？

英国雷迪奇镇的本·普利德摩尔（Ben Pridmore）因其记忆力惊人而闻名。作为世界记忆力锦标赛（World Memory Championships）的三届总冠军得主，普利德摩尔曾经完成多项壮举。例如，他在 5 分钟的短暂记忆后准确无误地背诵了近 100 个虚拟历史事件，正确回忆出了 1 400 多张被随机打乱的扑克牌的顺序，以及能记住圆周率 π 的小数点后数千位的数字。记者乔舒亚·福尔（Joshua Foer）在 2011 年出版的畅销书《与爱因斯坦月球漫步》（*Moonwalking with Einstein*）中，曾经隆重介绍过普利德摩尔，详细描述了这位记忆天才所取得的成就。

然而，记忆天才普利德摩尔却记不住自己的"幸运帽"—— 一顶在记忆比赛中能给他带来好运的黑色软呢帽。他最终把这顶帽子落在了火车上。作为一名会计，普利德摩尔有时会忘记带上公文包或重要的文件去上班，并且对要记住朋友的生日这件事感到十分绝望。"我在记忆别人的名字和样貌方面是出了名的差。"他承认道。之所以能成为著名的记忆冠军，完全是因为他运用了所谓的"位置记忆法"（method of loci），这是一种可以利用人类共有的强大位置联想能力的心理策略。

位置记忆法，将物理位置与记忆关联起来

THE EXTENDED MIND
超越大脑的思考革命

位置记忆法是一种古老的记忆方法，由古希腊人发明，20 多个世纪以来一直被教育家和演说家们广泛使用。它的原理是，将需要记忆的每一件物品与某个熟悉地点中的特定位置联系起来，例如一个人的童年住所或现在正居住的街区。

对普利德摩尔来说，这个地点是他幼年时就读的伊丽莎白女王文法学校，这所学校位于英国的霍恩卡斯尔。在准备回忆一副被随机打乱的扑克牌的顺序时，他开始想象将每张牌按顺序放置在他在母校漫步时会经过的一系列物理位置：先穿过前门和走廊，之后经过六年级的公共休息室，然后进入数学课教室。位置记忆法，也被称为"记忆宫殿"策略，或者用普利德摩尔的话来说就是"旅行法"，是非常有效的。像扑克牌上显示的数字或花色这样的数据信息，靠单独记忆的话很快就会被遗忘。但当它们与我们熟知的物理位置联系起来时，同样的信息就可以持久地保留在记忆中。

普利德摩尔并不是唯一一个使用位置记忆法的记忆冠军。事实上，对许多其他记忆比赛获胜者进行的研究表明，将新的信息与他们对原有物理空间的记忆联系起来的策略，是许多"记忆运动员"取得非凡成绩的关键。

英国伦敦大学学院的认知神经科学教授埃莉诺·马圭尔（Eleanor Maguire）曾开展过一项研究，她和合作者表示："通过神经心理学的测量方法，以及结构性和功能性的大脑成像技术，我们发现，超凡的记忆力并不是由特殊的

智力或大脑结构差异造成的；相反，优秀的记忆者使用的是一种空间学习策略，利用了像海马这种对记忆尤其是空间记忆至关重要的大脑区域。"马圭尔发现，"优秀记忆者"和普通人之间的区别在于，在两组人进行回忆时，前者大脑的某些区域会变得更加活跃。**在记忆冠军的大脑中，与空间记忆和导航相关的脑区高度活跃，而普通人的这些脑区则没有那么活跃。**

因此，记忆冠军的与众不同之处在于，他们有意识地培养了一种每个人都与生俱来的能力，比如找到周围的路，并且记住去过哪里。研究表明，所有人似乎都在使用大脑内置的导航系统来构建心理地图，这种地图不仅包含物理位置，还包括概念和数据这些更抽象的信息——思维空间。

这种重新利用我们的物理空间的位置感，通过纯粹的心理结构来导航的方式，其实在日常言语中就有所反映，比如我们说未来在"前方"，而过去在"后面"；我们努力保持"纵观全局"（stay on top of things），而不是让事情变得"深不可测"（out of our depth）；我们努力"达到"（reach）一个崇高的目标，而不是因自甘"堕落"（stoop），做出不光彩的行为。这些表达不仅仅是修辞手法，还揭示了我们如何习惯性地去理解周围的世界并与之互动。特沃斯基指出："与抽象思维相比，我们更擅长空间思维。抽象思维本身可能很难被运用，但幸运的是，它通常能够以某种方式映射到空间思维上。这样，空间思维就可以代入抽象思维，并为我们理解抽象思维提供支撑。"

研究人员很早就认识到，大脑的海马区域对我们在物理空间中的导航能力起着关键作用。最近，研究人员发现，这个脑区可以更广泛地参与思维和记忆的组织过程，它既能映射抽象空间，也能映射具体空间。

思考实验室　　在 2016 年发表的一项研究中，荷兰唐德斯大脑、认知与行为研究所的神经学家布兰卡·米利沃耶维奇（Branka Milivojevic）

扫描了一组被试在观看 1998 年上映的电影《滑动门》(*Sliding Doors*) 时的大脑激活情况。在这部浪漫喜剧中，由格温妮丝·帕特洛 (Gwyneth Paltrow) 饰演的主角海伦经历了两种不同的命运。在其中一段故事情节中，她及时登上火车并回到家，却发现她的男朋友正和另一个女人在床上。在另一段平行世界的故事情节中，她错过了火车，未能得知她男朋友的不忠。

米利沃耶维奇和她的合作者们观察到，在被试观看电影时，他们的海马区域的活动与那些在大脑里对物理空间路径进行追踪的人的活动模式相同。米利沃耶维奇指出，被试在电影情节中进行了有效的导航，沿着分支情节线找到事件发展的方向，并在前进的过程中构建出了电影世界的地图。她还补充道，在处理亲身体验时，我们采用的也是同样的方式。

一些研究人员甚至提出，这种用空间感帮助组织认知资源的方式，可以解释令人费解的"婴儿期遗忘"这一现象，即我们难以回忆起自己婴儿期发生的事情。

这一理论认为，由于婴儿无法仅凭自身在空间中行动，因而他们可能缺少一个承载记忆的支架。只有当孩子们能够自主地走动时，他们经历的事件才变得足够有条理，从而能够被记住。

作为成年人，对一段经历发生时所在的物理位置的感觉可以标记我们的记忆。例如，当重新听到一些播客或有声读物时，我们可能会自发地回忆起第一次听到这些语句是在什么地方。大脑自动保存位置的能力之所以在进化过程中得以传承，是因为它具有清晰的生存价值——对我们的祖先来说，记住在哪里找到过食物或安全住所，以及在哪里遇到了捕食者和其他危险都至关重要。这些事物的方位所具有的重要性也意味着，附在空间位置记忆上的心理标签通常带有情绪，无论是积极的还是消极的，这就使关于位置的信息更加令人难忘。

　　每个人都拥有这种强大的、基于空间位置的记忆系统，这是人类的一种天性。但有些人，比如普利德摩尔和其他记忆冠军们，则能更好地利用这一系统。

思考实验室　　由荷兰拉德堡德大学的神经学家马丁·德雷斯勒（Martin Dresler）主持的一项研究表明，普通人通过学习也可以变得像记忆冠军一样。德雷斯勒和他的合作者，包括鲍里斯·尼古拉·康拉德（Boris Nikolai Konrad）这位出色的记忆选手，对 20 多名世界记忆冠军进行了测验，将他们在单词记忆任务中的表现与一组普通人进行了比较。

　　不出所料，记忆冠军们的表现十分优异。平均而言，他们能够正确地回忆出 72 个单词中的 71 个，其中一些人还获得了满分。而普通人则平均只能记住 29 个单词。然而，在使用位置记忆法进行了 6 周的训练之后，这些之前并不出众的普通人的表现有了令人震惊的改善，他们的记忆量比之前增加了一倍多。

　　将需要学习的信息与对物理空间的位置感知联系起来，也可以帮助人们在现实生活中更好地记忆。无论是一个高中生在记忆动词的词形变化时，还是一个医学生在学习一系列的疾病及其症状时，抑或是一个伴郎在为彩排晚宴练习演讲时，这一点都成立。在北佐治亚大学政治学教授查尔斯·威尔逊（Charles Wilson）开设的有关公民自由的课程中，本科生们必须学习和记忆大量新的事实和观点。威尔逊教授帮助学生做到了这点。他向学生展示了如何将单个信息与他们很熟悉的空间——校园里的自助餐厅，俗称"饭堂"（Chow Hall）里的特定位置联系起来。

　　例如，对于难以想起《权利法案》条款的学生，威尔逊鼓励他们想象自己正在走近"饭堂"的汤碗处：汤被放在最前面，因此可以与《美国宪法第一修正案》联系在一起。然后，前往放有切片面包的位置。在这里，威尔逊建议学生想象一堆被切断的动物的四肢，这个场景可以唤起他们对《美国宪法第二修正案》及其确立的"携带武器"权利的回忆。

这个画面或许有点儿恐怖，但威尔逊和他的学生发现，越是花哨或古怪的画面越容易唤起回忆。按照这一原则，威尔逊的学生们将"麦当劳起诉芝加哥市"这一具有里程碑意义的案件与快餐店小丑罗纳德·麦当劳（Ronald McDonald）的形象联系起来，想象麦当劳正穿着芝加哥公牛队的球衣，在沙拉台前把沙拉装满自己的盘子。以此类推，《权利法案》剩下的 8 项修正案中的每一项都可以与一个想象中的"饭堂"美食场景联系起来。威尔逊的学生很享受这种训练，他们认为这对记忆课程材料有很大的帮助。许多学生还告诉威尔逊，他们也开始在学习其他课程时使用位置记忆法。

THE EXTENDED MIND
超越大脑的思考革命 ————————————

人类的大脑并不擅长记忆大量的抽象信息，但它能完美地回忆起与已知地点有关的细节。通过利用这种对物理空间记忆的天然优势，我们可以将有效记忆容量提高一倍以上，正如德雷斯勒所展示的那样。有效地利用物理空间除了可以提高记忆力，还可以延展思维。空间认知能力可以帮助我们有效地思考和推理，洞察事物和解决问题，以及提出创造性的想法。如同位置记忆法那样，当被应用于真实世界的事物，也就是我们的思维和身体习惯于穿梭其中的那个有形的三维空间，而非想象空间时，这种空间认知能力尤其有效。

我们的文化总是更重视脑力活动：我们敬佩精于心算的数学家，以及能够在脑海中规划接下来一连串走子的国际象棋大师。当然，还有记忆冠军，他们可以在没有外部提示的情况下记住海量的信息。但是人类真正的天赋在于，我们能够将事实和概念从脑海中取出，在物理空间中铺展这些信息，通过进行组织和排列，从而重新对其进行审视。我们用来构建这个过程的思维空间有很多种形式，比如可以是一排计算机屏幕，一页用于记录田野调查情况的笔记本纸，或者是工作台的桌面，甚至正如一位著名作家所展示的那样，还可以是一大片办公室墙壁。

概念映射法，把你的思维"地图"画在墙上

"杰出的"、"出色的"和"伟大的"，这些词经常被人们用来描述历史学家卡罗的作品。他曾凭借《成为官僚》（*The Power Broker*）一书获得了普利策奖，这本书影响深远，是城市规划师罗伯特·摩西（Robert Moses）的传记。这本书是许多大学课程列出的必读书目，销量超过 40 万册，自 1974 年出版以来，每个版本一上市就会很快售罄。后来，卡罗又开始撰写 20 世纪中叶的杰出政治家林登·约翰逊（Lyndon Johnson）的传记。这套书共 4 卷，其中包括另一部普利策奖获奖作品《参议院院长》（*Master of the Senate*）和《进阶之梯》（*Means of Ascent*）。在其广受赞誉的职业生涯中，他总共写了 4 000 多页精美翔实的作品。

但一开始，卡罗难以在大脑中记住他所要撰写的内容。在研究和创作《成为官僚》时，他几乎被收集到的大量信息淹没了。"实在太多、太复杂了，"卡罗说道，"我不知道该怎么去处理这些资料。"卡罗的书太宏大了，让人根本无法完全记住其中的内容，对作者来说也是如此。打字机的纸张不足以囊括他的全部故事。卡罗并未使用计算机。为了完成这些大工程，卡罗必须将他的思维延展到物理空间中。他在曼哈顿上西区的办公室有一整面墙，是用 1.2 米高、3 米宽的软木板搭起来的。这块木板上涵盖了卡罗当前工作进展的详细大纲，标有从开始到结束的规划。卡罗思维十分缜密，他甚至在刚开始写一本书的第一行时就已经计划好了最后一句话的内容。

正如他所写的那样，这面墙带来的思维延展已经成为他思维的另一个维度。"除非我已经把一本书构思好，并且能够在脑海中完整呈现出来，不

然我不会动笔，"卡罗曾告诉一位来到他办公室的拜访者，"所以，在正式写作之前，我会把这本书浓缩成三段、两段甚至一段内容——此时这本书的规划已经尽收眼底。这个过程可能需要几周时间，然后我会把这些段落变成这本书的大纲。这就是你现在能在我这面墙上看到的内容。"在另外一次采访中，卡罗解释了这面大纲墙是如何帮助他保持创作激情的。"我在写作的时候不想停下来，所以我必须知道所有东西都在哪儿。"他还补充道，"如果我不得不费劲去寻找一些文档，我就很难保持对于正在创作的章节的热情。"

出于写作需要，卡罗找到了一种新的思考和工作的方式。如果没有这种方式，而是试图把大量资料都完全存在头脑中，这根本不可能实现。特沃斯基观察到，"一旦头脑中充满了想法，大脑就会开始利用周围的世界"。在认识到这种可能性以后，我们就可以有意识地塑造学习和工作的物理世界，以促进思维延展，用加州大学圣迭戈分校教授戴维·基尔希（David Kirsh）的话来说，就是增强"空间的认知同质性"。

为了理解这个过程，让我们仔细看看卡罗的墙对他的思维意味着什么。首要的一点是，卡罗利用这个物理空间来承载事实和想法。他不必时刻记着这些信息或者其中蕴含的复杂结构，而是通过他构建的大纲让这些信息随时可提取，因此他有更多的认知资源去思考更多类似的资料。**在头脑中保有一个想法的同时，做与之相关的事情，是一项很耗费认知精力的活动。**通过将对信息的表征置于物理空间，我们可以减轻一些心理负担，比如可以选择写下一个电话号码，而不是不断地通过低声重复来加深对它的心理印象。

卡罗的墙把他著作的思维"地图"变成了一个稳定的外部人造物。这是办公室的软木板墙延展他的思维的第二种方式：通过观看这面墙，他现在可以比仅在脑海中构建"地图"时更加清晰、具体地看到，他的各种想法是如何互相联系，他所采取的各条叙事路线是如何迂回曲折、分叉和汇合的。尽管卡罗调整长期以来的工作方法是为了适应他自己独特的工作风格，但他所提出的策略与一种已经得到大量心理学实证研究支持的方法类似，这一方法被称为概念映射，即将事实和想法以及它们之间的关系进行可视化表示。它可以通过采用一个详细大纲的形式来思考与工作，就像卡罗的例子那样。不过概念映射通常是以图形和示意图的形式出现的。

THE EXTENDED MIND
超越大脑的思考革命 ————————————

　　研究表明，创建概念映射的行为本身就能产生许多认知上的益处。它促使我们对已知的信息进行反思，并将其组织成一个连贯的结构。当我们构建概念映射时，可能会显露自己之前没有意识到的理解偏差。而且，在经历了概念映射创建过程后，我们对知识的记忆会更好，因为我们已经深入思考过它的含义。一旦概念映射完成，这些原本存储在大脑中的知识就会变得可视化。通过审视这个概念图，我们能够更直观地看到全局，避免被个别细节分散注意力，也更容易理解一个复杂整体的不同部分之间如何相互联系。

　　约瑟夫·诺瓦克（Joseph Novak）如今是康奈尔大学生物学和科学教育专业荣誉退休教授，他在 20 世纪 70 年代研究儿童学习科学的方法时，率先提出了概念映射法。虽然这种方法起源于教育领域，但诺瓦克指出，它正被越来越多地应用于工作领域。正如他所说，在工作领域，"人们理解和解决问题所必需的知识结构的复杂程度，往往比学术环境中所要求的要高一个数量级"。从简单的图表到包含数百个交互元素的详细计划，概念映射的规模和复杂性各不相同。

　　例如，卡罗的概念映射就很庞大，大到你可以站在它的前方审视，可以在其周围来回走动，可以侧身倚靠，也可以后退几步查看。他的大纲的高度延展性，不仅能帮他将推理和分析等纯粹的认知能力带进工作中，还可以发挥他更本能的导航和寻路能力。一些研究人员现在正在努力寻找证据，证明这些由进化得来的古老能力可以帮助我们更好地思考抽象概念。而这种洞察力最先出现在一部未来主义动作片中，我们接下来就一起看看。

选择更大、更多的显示器

2002 年上映的电影《少数派报告》（*Minority Report*）中的一幕非常有名，因为这一幕实在太酷了：汤姆·克鲁斯（Tom Cruise）扮演的犯罪预防中心主任约翰·安德顿（John Anderton）站在一排巨大的计算机屏幕前。他正在审查一项尚未犯下的罪行的证据，但这并不是传统的智力测验，他与面前的信息交互的方式是主动的，而且几乎全是触觉的。他伸出双手抓取和移动图像，仿佛它们是真实的物理对象；他转过头去，观察在他的周围视野中展开的一幕；他又向前走了一步，想要更仔细地检查另外一幅场景。克鲁斯饰演的安德顿此时正在调查文件中进行物理导航，就像他在现实三维场景中会做的一样。

这部电影根据菲利普·迪克（Philip Dick）的短篇小说改编而成。故事发生在 2054 年，小说的特色是书中有很多现实世界中还没有的技术，但安德顿对界面的使用方式是完全合理的，甚至对他来说也很平常。加州州立理工大学的科学、技术和社会领域的教授戴维·柯比（David Kirby）认为，这是让观众暂时停止怀疑的关键原因。"最成功的电影技术被电影中的角色视为理所当然，"他写道，"因此，这种理所当然向观众传达了这样的信息：这些都不是异乎寻常的技术，而是日常生活中就存在的。"

《少数派报告》的导演史蒂文·斯皮尔伯格（Steven Spielberg）在排练这一幕时，利用了一项十分重要又寻常的技术。影片主角所使用的技术依赖于一种人类的基本能力，而这种能力几乎是人类"每天都在使用的"，或者可以说是"理所当然使用的"，即在空间中移动的能力。麻省理工学院的研究人员之一约翰·昂德科夫勒（John Underkoffler）说，为了增加逼真度，斯皮尔伯格还邀请了麻省理工学院计算机科学领域的专家来共同制作这部电影，并鼓励他们"把设计工作视为一项研发工作"。昂德科夫勒还透露，在某种程度上，这使得电影上映后有"无数"投资者和首席执行官找到他，这些人都想知道："那是真的吗？如果它不是真的，我们可以投资你来开发这种技术吗？"

在那以后，研究人员成功地开发了一些类似于克鲁斯在电影中所使用的那种令人眼花缭乱的技术。昂德科夫勒现在是欧布朗公司的首席执行官，该公司开发了《少数派报告》式的用户界面，他称之为"空间操作环境"。更重要的是，研究人员已经开始研究这项技术对于认知的影响，他们发现它让科幻小说中的承诺成真了，即帮助人们更聪明地思考。

超大屏幕这种特殊的工具已经成为实证研究的宠儿，这是一种超大的屏幕，用户可以将一些现实世界中会用到的导航能力应用到这种设备上。想象一排宽 1 米、长 2.7 米的计算机屏幕，呈现到眼中的像素数量约为 3 150 万，要知道计算机屏幕的平均像素不足 80 万。

思考实验室　　犹他州韦伯州立大学的计算机科学助理教授罗伯特·鲍尔（Robert Ball）开展了大量的研究，以比较人们在使用超大屏幕与传统屏幕时的不同表现。

超大屏幕的使用给认知能力带来了惊人的改善。鲍尔和他的同事表示，在进行基本的可视化任务时，超大屏幕将完成任务的平均速度提高了 10 倍以上。在执行更有挑战性的任务，比如寻找图案任务时，使用超大屏幕的被试的完成速度提高了 200% ～ 300%。在使用更小的屏幕时，被试会采用效率更低、更简单的策略，对研究人员提出的问题也会给出更少、更有局限性的解决方案。当使用超大屏幕时，他们则会进行更高层次的思考，获得更多的发现，提出更广泛、综合性更强的观点。鲍尔强调，这种收获并非由个人差异或偏好导致，因为每个使用更大屏幕的人都会发现他们的思维得以拓宽。

为什么会这样呢？鲍尔回答说，超大屏幕允许用户部署他们的"身体资源"，"而使用小型屏幕，身体的很多内置功能都被浪费了"。这些身体资源是非常丰富的，其中包括周边视觉（peripheral vision）这种在眼睛直接聚焦区域以外看到物体和运动的能力。鲍尔和其他人的研究表明，这种通过周边视觉获取信息的能力，能使我们同时收集更多的信息，加深对环境的了解，并对周围环境有更丰富的感觉。这一"从眼角之外看到"的能力也让我们能更高效地找到所需信息，并帮助我们在思考当下的挑战时记住更多的信息。然而，更小的屏幕则会让视野变得狭窄，导致思维更加受限。正如鲍尔所说，更多可用的屏幕像素允许我们使用更多"大脑像素"来理解和解决问题。

我们的身体资源还包括空间记忆，位置记忆法就是利用我们强大的空间记忆能力来记住事物所在的位置。然而正如鲍尔所说，这种能力经常被传统的计算机技术所浪费：在小型屏幕上，信息呈现在不同窗口中，这些窗口必然会相互堆叠或不得不在屏幕上移动，干扰我们根据信息所在位置与该信息形成关联的能力。相比之下，大屏幕或多个屏幕提供了足够的空间来放置所有的数据，随着时间的推移，这些数据仍然持续存在，这样我们就可以在浏览这些信息时利用自己的空间记忆。

弗吉尼亚大学和卡内基梅隆大学的研究人员称，相比只能在单个屏幕上看到信息，被试在多个屏幕上看到信息时能多记住 56% 的内容。多屏幕的设置，使被试将自己的身体朝向他们所寻找的信息——移动躯体以及转动头部，产生关于信息空间位置的心理标签，从而增强记忆。值得注意的是，研究人员指出，这些线索是"无须努力"就能产生的。自动记录位置信息是人类信手拈来的一件事，既能丰富我们的记忆，又不消耗宝贵的认知资源。

　　大型屏幕使用的身体资源还包括本体感觉，即我们对身体在某一特定时刻的移动方式和位置的感知，以及对于"光流"的体验，即在现实环境中移动时感知到的眼睛所接收的连续信息流。当一动不动地坐在小屏幕前时，这两个繁忙的输入源就会变得无所事事，我们原本可以用来增强记忆和加深理解的多维度数据输入功能被剥夺了。

　　使用小型屏幕也会消耗我们的脑力。屏幕的小尺寸意味着我们构建的概念映射必须保存于大脑中，而不是呈现在屏幕上。我们必须将有限的认知容量的一部分用于在头脑中维护这个映射，更重要的是，大脑中的映射可能难以与真实数据保持完全一致，它会随着时间的推移变得不那么准确，甚至发生扭曲。此外，小屏幕使我们不得不参与信息的虚拟导航——滚动、缩放、点击，而不是用身体进行更直观的、毫不费力的物理导航。鲍尔说，随着屏幕尺寸的增大，虚拟导航活动会减少，与此同时，执行任务所需的时间也会减少。他发现，大型屏幕需要的"窗口管理"活动会比小型屏幕少 90%。

**思考
实验室**　　当然，很少有人会在家里或者办公室里安装一个 3 平方米左右大小的屏幕，尽管大型互动屏幕在工业场所、学术界和企业界越来越常见。但鲍尔指出，只要让工作和学习环境发生微小的改变，就可以获得在思维空间中进行实际导航的巨大好处。

　　他说，关键不是要选择那些本身更快、更强大的技术，而是要选择能更好地利用人类自身能力的工具，而传统技术往往无法做到这一点。他建议，与其投资于快速处理器，不如把钱花在更大的屏幕，或者多台屏幕上，这些屏幕可以安装在一起并同时使用。他写道，做出这一决定的计算机用户"很可能会更有效率，因为他在计算机系统中加入了人的元素。他的屏幕上可以同时显示更多的信息，这使他能够更好地利用交互的另一方，也就是人类自身的能力"。

把思考和想法写下来，而不是停留在头脑中

允许我们探索思维空间的"技术"并不一定都是数字化的。有时候，最具生产力的工具可能也是最简单的：一支铅笔，一个笔记本以及一双用来观察的眼睛。对于年轻的查尔斯·达尔文（Charles Darwin）来说，这种简陋的装备组合是他创造出足以改变世界的理论的关键。1831 年，达尔文 22 岁，刚从剑桥大学基督学院毕业，还不确定是要从事一份传统的职业——去当一名医生或牧师，还是遵从他那正在萌发的对自然史的兴趣。同年 8 月，他在剑桥大学的导师写来一封信，信中询问他是否有兴趣作为一名博物学家，随行参加英国皇家海军"贝格尔"号为期两年的考察。达尔文接受了，并于同年 12 月开始了他的海上学徒生涯，成为罗伯特·菲茨罗伊（Robert FitzRoy）船长的学徒。

年轻的达尔文仔细观察并认真模仿着这位经验丰富的船长。例如，在登上"贝格尔"号之前，达尔文从来没有写过日记，但在菲茨罗伊的影响下，他开始写日记。菲茨罗伊的海军训练教会他精确地记录船上发生的每一件事，以及周围海洋环境中的每一个细节。

每天，达尔文都会和菲茨罗伊共用午餐；餐后，菲茨罗伊会开始写作，包括正式的航海日志和最近的私人日记。达尔文则紧随其后，不断更新自己的一系列文章，其中有他的野外笔记，用于记录他的实时观察，通常以素描和草图的形式呈现；有他的科学日志，将他在野外笔记中的观察与更综合的理论思考结合起来；还有他的私人日记。即使有一段时期，达尔文下船在南美洲附近的陆地上旅行，他也努力保持着航海时的习惯，记下他遇到的每一个事件，以及每一个引人注目的景象。

科学历史学家、哈佛大学教授珍妮特·布朗（Janet Browne）如此评论达尔文这一举动的意义："在这种丰富的记录中，他学会了如何轻松写下关于自然和自己的内容。像菲茨罗伊一样，他学会了仔细观察周围的环境，学

会做笔记和测量，并在脑海中列出应该记录的特征，而完全不依赖于自己的记忆。此外，他总是在事件发生后立即写报告进行记录。"她接着补充道，"尽管这在海军事务中是一种常见的做法，但对达尔文来说，这是一门重要的基础课程，可以帮他清晰地整理自己的思想，为他后续进行逻辑缜密的科学论证做了极好的准备，使他在以后的许多年里都受益匪浅。"

不过，达尔文详细的笔记并不仅仅帮助他学会了"清晰地整理自己的思想"以及"进行逻辑缜密的科学论证"，更重要的是，他的内心活动投射到日志的物理空间上，从而创造了一个概念映射，使他可以一直遵循他的进化论路线前进。在他具有划时代意义的著作《物种起源》出版前 25 年左右，达尔文在探险过程中记录在日记上的条目推动了他的思想一步一步地向前发展。

例如，1833 年 10 月 10 日，达尔文在阿根廷东北部的里约热内卢巴拉那河岸上发现了一颗马的牙齿化石。在这颗牙齿旁边，他还发现了大地獭的骨骼化石。达尔文在他的日记中说，他对这一现象感到困惑：尽管这些化石残骸明显是在同一时代，但马如今仍然大量生活在地球上，而大地獭这一物种却早已灭绝。

18 个月后，也就是 1835 年 4 月 1 日，达尔文在安第斯山脉的高处发现了一片"化石森林"，他在写给剑桥大学导师的信中将其描述为"一片由石化树木组成的小树林"。他在日记中再次思考了这一发现的意义，指出这片森林的存在可能是因为很久以前的"下沉"，也就是地面下沉直至被海洋淹没，使那里的树木被海洋沉积物钙化了。达尔文知道，如此剧烈的地形变化——向下、然后向上，才使这片化石森林所在的山区得以诞生，而这种观点在当时并不被认可。因为当时的主流观点认为，自地球诞生以来，地质就一直是稳定的。"然而，我必须承认，我并不能完全摒弃地质下沉的想法，尽管这种变化所需的移动幅度确实很大。"他在日记中吐露道。

如此精确而又开放的观察，帮助达尔文走上了一条稳健的道路，朝着如今看来似乎无可置疑，在当时却令人难以接受的结论前进。1849 年，达尔文 40 岁，此时他的"贝格尔"号航行已经结束，但是《物种起源》尚未出版。达尔文在这一年为那些追随他脚步的人提供建议："养成写大量笔记的习惯，不是为了发表，而是为了将其作为自己的前进指南。博物学家必须采取预防措施以保证精确性，因为在同时处理大量不同维度的信息和面对几乎无限的时间跨度时，想象力很容易失控。"

当思维压垮了大脑，大脑就会开始利用周围的世界。研究人员发布了一些有趣的结论，关于为什么大脑对物理的、空间的世界的利用会对思维产生益处。和创建概念映射一样，在物理空间中做笔记的过程——无论是在销售大厅、会议室，还是高中化学实验室，本身就会带来认知上的奖励。只是单纯地看或听时，我们可以吸收所有的内容，但只会对经过眼睛和耳朵的刺激信息稍作区分。然而，一旦开始做笔记，我们就会被迫去区分、判断和选择这些刺激。这种更投入的心理活动使我们能更深入地处理观察到的信息。它也可以引导我们产生新的想法：笔记已经搭好了一系列上升的阶梯，帮助我们考察一些新的情景。

蒙大拿大学的生态学和进化生物学教授埃里克·格林（Erick Greene）在其漫长的职业生涯中一直依赖于他的野外笔记。他那一堆堆螺旋式装订的笔记本里，记录了鹦鹉和金刚鹦鹉在黄昏时分飞到秘鲁的棕榈沼泽中栖息的情景；以及在博茨瓦纳的奥卡万戈三角洲，橄榄色狒狒为了警告狮子不要靠近，发出"哇哈"的警报声；还有在新西兰附近的深海海沟里，年轻的雄性抹香鲸卷起尾巴，开始它们长达一小时的潜水，到深水区去捕捉巨型乌贼。但是，他的笔记并不仅仅是对他观察和经历的记录。格林说，它们也是"把我的研究引向新方向的主要思想来源"。

为了让他的学生对这一过程更有感触，格林在他给蒙大拿大学本科生开授的高级生态学课上设计了一个野外笔记训练。他让学生各自"挑选一个对象"，然后整个学期都对其进行仔细观察；这个研究对象可以是一棵树，一个喂鸟器，一个海狸水坝，或者是学生自己的花园。他在课堂上强调，这不是一种死记硬背式的记录练习，而是一种极具生动性的研究活动，是科学发现的起点。"我主要想让学生明白的一件事情是，科学最难的部分之一就是提出新问题，"格林说，"新想法从何而来？仔细观察自然是一个很好的起点。"除了随着时间的推移对他们选择的对象进行观察，学生还被要求根据他们所看到的东西提出至少 10 个研究问题。

正如格林的学生们所发现的那样，**注意和选择感兴趣的点并将其写在纸上这一行为本身就能引发更深层的心理过程**。然而，当我们停下来回顾自己所写的内容时，事情就变得有趣起来了。大脑中的表征和书本上的表征似乎大致相同，但实际上它们在心理学家所说的"启示性"，即我们能够利用它们做什么这一方面存在显著差异。例如，外部表征通常比内部表征更"明确"。

哲学家丹尼尔·丹尼特（Daniel Dennett）[1]在一个经典的思维实验中提出，想象一只老虎：想象一下它的眼睛、鼻子、爪子、尾巴。经过几分钟的想象，我们可能会觉得已经构建出一个相当完整的形象。那么现在，请回答这个问题：这只老虎有多少条条纹？突然间，脑海中原本看起来那么可靠的画面变得模糊得令人恼怒。而如果我们把老虎画在纸上，数出它的条纹数量就是一项非常简单的任务。

这就是外部表征的独特启发性之一：我们可以将一种或多种物理感官应用于它。正如想象老虎的例子所示，在脑海中"看到"一个图像与在页面上

---

[1] 丹尼特是享誉世界的认知科学家、哲学泰斗，他在《丹尼尔·丹尼特讲心智》一书中用一种烧脑和令人信服的方式帮助读者了解"心智"，在《直觉泵和其他思考工具》一书中则倾囊相授其至今所搜集的各种好用的思考工具，影响深远。这两本书的中文简体字版已由湛庐引进，分别由天津科学技术出版社、浙江教育出版社出版。——编者注

看到它是不一样的。俄勒冈州里德学院的心理学荣誉退休教授丹尼尔·赖斯伯格（Daniel Reisberg）将这种视角上的转变称为"超脱收益"，即与思想内容保持一定距离时，我们从距离中获得的认知收益。当我们这样做时，可以更清楚地看到事物的组成部分，比如，老虎身上有多少条条纹。这种空间上的举措可以激活我们的识别能力。每当写下两种或更多种某个单词的拼写时，我们就会利用这些能力来寻找"看起来正确"的那个。这种常见做法的奇怪之处在于，我们确实能够立即知道哪个拼写看起来是正确的。这表明，虽然这是我们已经拥有的知识，但只有在将其外化后才能利用它。

思考实验室　　研究科学学习的学者也揭示了类似的现象。在 2016 年发表的一项研究中，研究人员要求八年级学生用图画说明机械系统，即自行车打气筒，以及化学系统，即原子成键形成分子的结构。对这些系统如何工作进行视觉表征，能够引导学生获得更深层次的理解。

　　研究人员指出，在没有任何额外指导的情况下，被试能够把他们的图画作为"对完整性和连贯性的检查，以及进行后续推理的基础"。将心理表征转化为纸上的图形和线条，可以促使学生加深认识，帮助他们更充分地阐明对这些科学系统的理解。与此同时，他们所画图画的清晰性，即"明确性"，会无情而严谨地揭示他们自己还不知道或不理解的内容，从而引导他们积极弥补所暴露出的不足。

　　因此，外部表征比内部表征更明确。然而，在另一种意义上，外部表征也是一种更有用的"模糊"。当一种表征留在头脑中，它的含义并无神秘感可言：这是我们的想法，所以我们"既不会对它有所怀疑，也不会感觉模棱两可"。赖斯伯格如此认为。然而，一旦把它放到纸面上，我们就可以在它现有的基础上即兴发挥，将它带向新的方向，好似从未产生过它一般。事实上，研究人员在观察艺术家、建筑师和设计师创作时发现，他们经常在自己的作品中"发现"他们并未"放置在那里"的元素，至少他们当时并不是有意这样设计的。

以色列理工学院建筑学荣誉退休教授加布丽拉·戈尔德施密特（Gabriela Goldschmidt）解释了上述现象是如何发生的："人们能从草图上读出的信息比在创作时投入的还要多。因为当我们在纸上画好点、线和其他标记时，这些元素之间的新组合和关系也被创造出来了，这是最初无法预料或计划到的。当这些新组合产生后，我们就可以在草图中发现它们。"建筑师、艺术家和设计师经常谈到眼睛和手之间的"对话"，而当戈尔德施密特提到"自绘草图的回话"时，她清楚表达了这种对话的双向性质。

戈尔德施密特等人的研究表明，擅长绘画的人在管理这种"生动的对话"方面更有优势。例如，这些研究显示，专业的建筑师比履历尚浅的建筑师更擅长在现有的草图中识别出有前景的可行性方案。研究人员深入分析了一位经验丰富的建筑师的创作方法后，发现他 80% 的新想法都来自对他旧草图的重新发现。同样，相较新手而言，专业建筑师更少地执着于没有产出的概念，他们更擅长将草图中不同的元素重新组合成新的有用的形式。

THE EXTENDED MIND
超越大脑的思考革命

从这些专家的观察中，我们可以得出一些有用的建议。比如，当开始形成新的想法时，应该从总体的计划或目标开始；在这个过程的初始阶段，模糊和歧义比明确或清晰更具有创造性。不要用线性的方式来思考这个任务，即沿着一条直线从 A 点到 B 点，而要通过一个循环：思考，画，看，再思考，再画。同样，不要预设大脑应该告诉铅笔要做什么；相反，让对话在眼睛和手之间展开，让一方告诉另一方接下来的行动。最后，应该尽可能地推迟判断，这样感知和行动之间的交互就可以持续下去，而不会被先入为主的观念或批判性的自我怀疑所抑制。

放眼望去，每个领域的专家得以脱颖而出都是因为他们能够熟练地使用外化这一工具。这正如认知科学家基尔希用来描述电子游戏高手的那句话："更好的玩家能够更好地利用世界。"熟练的艺术家、科学家、设计师和建筑师不会局限于纸面的二维空间，而是经常使用具备额外优势的三维模型，比如用户可以操纵模型的各种元素，从多个角度观察模型，并在模型中使用身体的定位能力，从而利用全部的身体资源来思考任务及其带来的挑战。

建筑师在设计建筑物时经常使用实物模型，基尔希仔细观察了建筑师的这种行为。他认为，当建筑师与自己构建的模型互动时，"实际上是在用这些物体思考"。他说，在三维空间中进行的互动，"促成了以其他方式难以实现的思维的呈现"。基尔希将其称为通过物理空间移动具体物体所产生的"额外认知"，这是一种思维红利，让一位科学家能够在看似无法解决的问题上有所作为。

让思维和外部事物进行互动

在 1953 年 2 月一个沉闷的日子里，詹姆斯·沃森的情绪十分低落。他和合作伙伴弗朗西斯·克里克（Francis Crick）都是英国剑桥大学卡文迪许实验室的年轻科学家，几个月来一直在研究 DNA 的结构。DNA 是一种包含生物遗传密码的分子。那天早上，一位同事劝他"不要再在这个草率的方案上浪费时间了"，沃森后来在他的自传中回忆道。为了证明他提出的构成 DNA 的 4 种化学碱基——腺嘌呤、鸟嘌呤、胞嘧啶和胸腺嘧啶的排列方式是真实可行的，他请卡文迪许的机械师用锡焊接出一个碱基的模型。然而，这些模型要花很长时间才能完成，沃森觉得自己好像"撞上了南墙"。最后，"在绝望中"，他开始自己做，花了一个下午的时间用硬纸板做出一个模型。

沃森继续说："第二天早上，当我到达空着的办公室时，我迅速地把桌上的文件清理干净，这样我就有了一个大而平的台面，可以在上面放好由氢键连接在一起的成对的碱基模型。"一开始，他按照对 DNA 结构排列的思考结果试着把纸板底座组装在一起，但是，沃森说："我看得很清楚，这种方式几乎不可能。"于是，他"开始尝试碱基的各种其他配对的可能性"。

之后沃森突然恍然大悟："我突然意识到，由两个氢键连接在一起形成的腺嘌呤—胸腺嘧啶对和由至少两个氢键连接在一起的鸟嘌呤—胞嘧啶对在形状上是相同的。"沃森一边移动纸板模型的碎片，一边设想如何把这种组合的化学基嵌入双螺旋结构中。"所有氢键的形成似乎都如此自然，"他指出，"不需要任何修改，这两种碱基对在形状上完全相同。"他回忆说，自己当时"士气高涨"，那些碎片真的在他眼前拼凑起来。就在这时，他的搭档克里克出现了，沃森立刻宣布了这一突破。"弗朗西斯来了，他还没跨过门槛，我就宣布一切答案都在我们手中。"沃森说。

沃森和克里克漫长探索之旅的最后一步证明了心理学家所说的"交互性"的价值，即通过对可触摸物体的物理操作来帮助解决抽象问题。沃森亲自制作模型的事实说明了这一点。在建筑师的工作室和幼儿园的教室之外，交互并没有得到广泛的应用。我们假设大脑像计算机一样运作，这让我们相信，只需要输入必要的信息，就能产生正确的解决方案。但是，英国金斯顿大学的一位心理学教授弗雷德里克·瓦利－图朗格（Frédéric Vallée-Tourangeau）观察到，人类的思维并非如此。

计算机这个类比意味着"人们思考时在头脑中模拟出一种情况，与思考时正生活于这种情况下是等同的"。图朗格写道："我们的研究强有力地挑战了这一假设。与之相反，我们展示了人们的想法、选择和见解可以通过与事物的物理互动而改变。换句话说，单纯用大脑思考，就像计算机所做的那样，并不等同于同时用大脑、眼睛和手去思考。"

瓦利－图朗格和同事进行的一系列研究都遵循类似的模式。研究人员首先提出一个问题，第一组被试被允许与问题的性质进行物理交互，而第二组被试则必须仅靠头脑仔细思考这个问题。

他说，互动"势不可当地改善了被试的表现"。这适用于各种类型的问题——从基本的算术到复杂的推理，再到对未来事件的规划，以及解决创造性的"洞察力"问题。那些被允许摆弄与问题相关的实物的被试承受的认知负荷更少，工作记忆更丰富；他们学得更多，也能更好地将所学知识应用到新环境中；他们不太可能进行"符号驱动"，即在不理解的情况下移动数字和文字；他们更有动力，更加投入，感受到的焦虑也更少；他们甚至能更快地得出正确答案，正如瓦利－图朗格的一项研究的标题所说，"在客观世界中进行的思考比在头脑中思考更快"。

既然交互性的好处已经得到了证实，为什么还有那么多人继续仅凭头脑来解决问题呢？这要归咎于我们根深蒂固的文化偏见，即人们认为唯一重要的活动是纯粹的脑力活动。为了解决智力问题而操控现实世界的物体被认为是幼稚或笨拙的，真正的天才都是在大脑中思考。

这种文化偏见有时会让那些认识到外化和交互性价值的人焦躁不安。例如，有一个关于理论物理学家理查德·费曼（Richard Feynman）的经典故事，费曼和两名同事获得了 1965 年的诺贝尔物理学奖，而他写的畅销书《别开玩笑了，费曼先生！》（*Surely You're Joking, Mr. Feynman*）的知名度丝毫不亚于他获得诺贝尔奖。在获得诺贝尔奖后，历史学家查尔斯·韦纳（Charles Weiner）采访了费曼，韦纳在采访中提到了费曼的一批原始笔记和草图，认为这些材料是这位物理学家"日常工作的记录"。

"我实际上在纸上做了很多工作。"他说。

"好的，"韦纳答道，"工作在你的头脑中已经完成了，但它的记录还在纸上。"

费曼对此难以认同，他表示："不，这不是记录，真的不是。这就是工作。你必须在纸上工作，而这些就是纸。你理解了吗？"

费曼这番话并非随性之言。他是在捍卫一种关于创造行为的观点，这种观点在 40 年后被收录到克拉克的延展思维理论中。在写这个故事的时候，克拉克认为，的确，"费曼实际上就是在纸张上思考，笔和纸的循环是某种物理机制的一部分，这种机制让想法和观点源源不断地形成。然而，我们仍然会认为这是理查德·费曼独特的思想和想法"。我们经常忽略这些循环，而更倾向于关注大脑中发生的事情，但这种不完整的观点会导致我们误解自己的头脑。克拉克写道："因为我们根深蒂固地认为思维活动是完全内在的，所以才发展出了这种在本质上并不充分的有关思维的科学和想象。"

克拉克告诫我们，只有认识到物质实体在思维中的作用时，我们才会"开始正确地认识自己"。只有纠正这种囿于大脑的观点的错误和疏漏之处时，我们才能真正地"把大脑、身体和世界重新组合在一起"。

第三部分

把"他人"的智慧纳入
"自己"的思维

分布式认知

THE
EXTENDED
MIND

第 7 章

"学徒"式模仿：像化学家一样写作，像物理学家一样思考

- 医学教授如何通过让学生模仿患者的病症，帮助学生在学习知识的同时，逐渐减轻面对患者症状时的不适感？

- 浪漫主义诗人和艺术家如何通过角色的自我投射，创造出浮雕蚀刻这一技术发明？

- 医院如何通过模仿驾驶舱静默规则，将用药失误率降低47%？

作为欧洲的经济强国，德国有许多先进之处，其中的学徒制尤为亮眼。在德国，每年大约有 50 万年轻人高中毕业后直接进入各家公司，加入精心设计的学徒计划。他们会学习各项技术，比如焊接、机械加工、电气工程等。几十年来，成熟的学徒制度体系使得德国的制造业蓬勃发展。但是，与其他西方国家一样，工业在德国经济中的主导地位逐渐被信息产业取代，这一转变增加了对计算机编程等技能的需求，给学生和老师都带来了新的挑战。

波茨坦大学位于柏林郊外，拥有约 20 000 名学生。对该校未来想在技术领域工作的本科生来说，理论计算机科学是一门非常关键的校内课程。然而，这门课程的挂科率却达到惊人的 60%。居高不下的挂科率与高度抽象的课程内容有关。仅通过听课，学生们难以理解解析算法（parsing algorithms）、闭包性质（closure properties）和线性有界自动机等概念的含义。后来，计算机科学领域的教授们提出了一个具有德国特点的解决方案：在克里斯托夫·克雷兹（Christoph Kreitz）教授的带领下，教授们将这门课程的教学方法重新设计为一种特殊的学徒制。新的课程教学"可视化"了计算机科学家们的内部思维过程，将其展现得像木匠装配构件或裁缝裁布一样清晰有序。

美国西北大学教育学荣誉教授艾伦·柯林斯（Allan Collins）将上述方案称为认知学徒制（cognitive apprenticeship）。在 1991 年与约翰·西利·布朗（John Seely Brown）和安·霍勒姆（Ann Holum）共同发表的一篇文章中，柯林斯指出了传统学徒制与现代教育模式之间的关键差异：前者意味着"学生可以看到工作的过程"，后者意味着"思考过程对于学生和老师来说往往都是不可见的"。柯林斯等人认为，学徒制有 4 个适用于知识工作需求的特点：示范（modeling），即一边演示任务一边解释；搭建脚手架（scaffolding），即组织安排相关的任务，为学生提供亲自上手的机会；撤除脚手架（fading），即随着学生变得愈发熟练，逐渐撤除辅助手段；指导（coaching），即帮助学生克服学习中遇到的困难。

克雷兹和同事将传统学徒制的特点纳入课程设计。他们减少了学生花在听课上的时间，增加了导师带领小组学习的时长和频次。在小组学习中，学生不是听老师讲计算机科学的概念，也不必讨论计算机科学家的工作成果，而是在导师的密切指导下，亲自上手操作。新的课程设计成效颇丰：挂科率从 60% 降至不到 10%。

在未来，很多人可能也会面临和波茨坦大学一样的问题。在世界各地，每个部门和专业的工作和教学中的具体任务执行越来越少，而内部思维过程越来越多。但是，正如柯林斯所指出的，新手和专家都难以触及内部思维过程：新手对相关材料的了解还不够深入，而专家早已驾轻就熟，思维过程变成一种自然而然的行为。这意味着，如果我们要用别人的专业知识来扩展自己的思维，就必须找到更好的方法，来保证知识在头脑之间传输的准确性。认知学徒制就是符合这一要求的方法之一，在本章中，我们还将探讨另外几种方法，接下来先讲一种历史悠久、科学基础日益坚实，但略让人不安的方法。

刻意模仿他人有利于理解对方说的话

在巴黎皮提耶－萨尔佩特里厄尔大学医院，一名年轻男性正茫然地望着天花板，嘴角不停地抽搐，身体像触电一般颤抖。旁边，另一名年轻男性在其他人的帮助下从椅子上站了起来。他的右臂弯曲成一个奇怪的角度，右腿被僵硬地拖在身后。在房间的另一边，一名年轻女性被问及是否能用食指去触摸自己的鼻子。她试了一下，但手指没有摸向鼻子，反而落在了自己的脸颊上。

神经系统疾病的特殊症状在这一天被生动地演绎了出来。这些人并不是患者，而是受训中的医学生。在老师的指导下，他们模仿出需要被诊治的疾病症状。老师会向学生展示如何牵动面部肌肉、如何移动手臂、如何坐立和行走。同时，老师指导另一批学生身穿白大褂，扮演医生。在充足的练习后，"患者"和"医生"将会登上医院的剧场舞台，为其他同学表演一系列的临床小故事。

19 世纪著名的神经病学之父让－马丁·沙可（Jean-Martin Charcot），就曾在这所机构里担任医生和教授。沙可在授课的时候会把患者带到讲台上，让学生亲眼看到神经系统疾病的多种症状。2015 年，伊曼纽尔·罗泽（Emmanuel Roze）在皮提耶－萨尔佩特里厄尔大学医院提出使用"基于模仿的角色扮演培训计划"。他认为，用自己的脸和身体来模仿病症是一种更有效的学习手段。罗泽是医院的神经学顾问和索邦大学的神经学教授，他认为传统的教学模式不利于学生习得知识，也不能消除学生面对神经疾病时的恐惧。他还提倡学生主动模仿疾病的特有症状，比如帕金森病的震颤、舞蹈症的抽搐、小脑综合征的言语不清。这样可以帮助学生在学习知识的同时，逐渐减轻面对患者症状时的不适感。

事实上，罗泽和同事共同完成的一项研究表明，在为时两年半的神经科轮转结束后，参加过模仿计划的学生对疾病的体征和症状的记忆，要远远优于那些只接受以听课为主的传统教学的学生。参与模仿计划的学生还表示，模仿的过程加深了他们对神经系统疾病的理解，提高了学习的积极性。

本书第 1 章提到了对他人的自动且无意识的模仿有助于更好地理解他人，比如帮助我们感知他人的情绪。实际上，刻意模仿也是如此。**有研究证明，刻意模仿他人的口音有利于理解对方说的话**。这一发现可应用于第二语言学习。当模仿对方的口音时，我们可以更好地预测情势和理解对方。就像皮提耶－萨尔佩特里厄尔大学医院的模仿计划一样，这是一个将他人的特征纳入自己的内部思维，从而理解对方的过程。

模仿行为本身就可以让模仿者对模仿对象产生更积极的感受。这种效应广泛适用，罗泽在模仿计划中也发现了这种效应——模仿患者的年轻医生更富有同情心，也能更加自如地应对各种病症。模仿不仅可以让我们将自身的感受推及他人，成为主动的参与者而非被动的观察者，还可以让我们把扮演时获得的见解延用于他人。这一策略适用于多种情况，在教育、工作和自学中有着很高的应用潜力。

然而，模仿即使有其益处，也仍然存在问题。公众可能会对模仿提出质疑，认为其幼稚、不光彩甚至不道德。罗泽对公众的这些反应早已了然。尽管基于模仿的角色扮演显著提升了教学效果，但医院里仍有许多教授和其他同事对这种做法感到担忧，还有部分学生也在课程开始前表示对这一课程设计感到些许不安。罗泽郑重地指出，模仿绝对不是为了嘲弄或取笑患者，实际上，模仿的出发点是尊重：这一过程赋予患者最高权威，视他们为自身病情的专家。

传统的认知观点主张，变聪明的唯一途径就是锻炼大脑。模仿其他人的思维会被指责缺乏独创性，甚至会被指控为剽窃者，这种指控可能会终结作家的职业生涯或学生的学业。但是也有例外，希腊和罗马的思想家们认为模仿本身就是一种艺术，而且是一种值得热烈追求的艺术。在古典教育中，模仿是一种不可或缺的学习途径。但这并不是在鼓励抄袭，而是主张通过效仿大师来追求卓越。

在罗马高度系统化的教育体系中，学生会通过朗读和分析范文开展学习。在学生接受教育的初期，选用的范文可能是简单的伊索寓言；随后，可能是更为复杂的名人演讲，比如西塞罗（Cicero）或德摩斯梯尼（Demosthenes）的演讲。学生需要记住并背诵范文。然后，为了提升对相关作品的熟悉程度，他们将进行一系列练习，旨在尽可能地提升对相关作品的熟悉程度。他们需要用自己的话来转述范文；把范文从希腊文翻译成拉丁文，或从拉丁文翻译成希腊文；从拉丁文散文转写成拉丁文诗，甚至从拉丁文散文翻译成希腊文诗；缩写或扩写范文；将平实的描述转写成华丽的文辞，或反过来转写；最后，学生将仿照作家的风格来创作自己的作品。在对范文进行各层面的充分模仿后，学生再模仿下一篇更具挑战性的范文，重复上述的练习。

我们对古罗马教育体系的了解主要来自"罗马名师"——马库斯·法比尤斯·昆体良（Marcus Fabius Quintilianus）。昆体良大约出生于公元35年，是一所修辞学校的负责人。他的学生都来自城里那些最显赫的家庭，包括皇帝图密善（Domitian）的两个继承人。

在其代表作《雄辩术原理》（Institutio Oratoria，副标题为"演说家的教育十二册"）中，昆体良直截了当地指出了模仿的价值。他写道，从"值得我们学习"的作者那里，"我们应该汲取养分以增加自己的文字储备、人物形象储备和创作方法储备"，以便"在卓越榜样的基础之上形成自己的思想"。他还说："毫无疑问，有不少艺术方面的相关工作的首要任务在于模仿。尽管创作是最重要也是首要的，但模仿成功的作品也是一种恰当的行为。而且，在生活中，模仿他人身上我们所钦慕之处，也是一件再正常不过的事情。"

这种以模仿为基础的教育体系持续了几个世纪，并在欧洲和其他地区广泛流行。在昆体良之后 1 500 年，英国都铎王朝的孩子们仍在接受这种形式的教育。学者兼老师胡安·路易斯·维维斯（Juan Luis Vives）阐释了模仿的必要性。虽然一些基本能力，比如讲母语的能力，似乎对人类来说是天生的，但"在大多数情况下，大自然在塑造人类的过程中，对'艺术'有着奇怪的敌意"，"因为我们生来就对所有的艺术一无所知且极其缺乏相关技能，所以需要模仿"。后来认知科学的实验证实了维维斯的观点：人类文明中的许多成就并不是"天生的"，而是经过艰苦奋斗才获得的。维维斯那个时代的人们认为，模仿就是掌握这些技能最有效的方式。

18 世纪末，浪漫主义逐渐兴起，诗人、画家和音乐家崇尚原创性，追求真实性。他们拒绝一切陈旧的、熟悉的和过时的事物，推崇有创造性的、有想象力的和发自内心的作品。他们对原创性的坚持反映了那个时代的两个重大发展。

第一个重大发展是工业化。随着工厂一砖一瓦地堆砌林立，一场审美运动也随之展开：流水线上的机器只能生产一模一样的复制品，只有人类才能产生独一无二的创意。而工业化带来了印刷机，使书本得以大量生产，这就促成了第二个重大发展，即早于那一时代的著作首次得以广泛传播。沉浸在前辈们的文字海洋中，浪漫主义时代的思想家们迫切地想要创造出一些前所未有的作品。如文学评论家沃尔特·杰克逊·贝特（Walter Jackson Bate）所说，他们所承受的"来自过去的负担"甚于之前的任何一代人。

出生于 1757 年的英国诗人和艺术家威廉·布莱克（William Blake）是最早的、最有激情的原创浪漫主义者之一。他在创作《天真与经验之歌》（*Songs of Innocence and of Experience*）和《阿尔比恩女儿们的梦幻》（*Visions of the Daughters of Albion*）等作品时，运用了他自己发明的一种技术——浮雕蚀刻，即用耐酸的化学物质在铜板上做处理，然后用酸来腐蚀掉未处理的部分。说句题外话，思想具有神秘色彩的布莱克声称，这种技术是在一次幻觉中他已故的弟弟罗伯特告诉他的。布莱克还设计过将文字和图画结合起来的精制插图书，这些书由他本人亲自蚀刻、印刷和上色，没有任何两本书是完全相同的。它们的内容也是独一无二的，布莱克会在每部作品中精心编造一个新的宇宙，以寓言式的人物为主角，如代表理性的尤里曾（Urizen）、代表想象力的罗斯（Los）。在他的书《耶路撒冷》（*Jerusalem*）中，角色罗斯即布莱克的自我投射，宣称"我必须自己创造一个系统，否则就会被别人的系统所奴役"。这句话与浪漫主义者的观点完全契合，可以作为他们的座右铭。

在浪漫主义思潮的影响下，模仿不仅仅是其受欢迎程度有所下降这么简单了，还开始受到人们自发的蔑视和贬低，这种态度一直延续了几十年。19世纪末的博物学家将模仿视为儿童、妇女和"野蛮人"才会有的行为，并将原创表达视为欧洲男人专有的权利。创新因此登上了文化价值体系的顶端，而模仿则落入了一个异于常理的低谷。

而当下，现代人对原创性的狂热崇拜，尤甚于以往任何时候，全社会都赞颂先锋和开拓者。例如已故的苹果公司创始人乔布斯，他在新品发布会舞台上的展示总是让人赞叹。苹果公司的广告歌颂打破常规的人，而不是那些墨守成规的人。"为那些疯狂的家伙干杯，他们特立独行，他们桀骜不驯，他们惹是生非，他们格格不入，他们用与众不同的眼光看待事物，他们不喜欢墨守成规，他们也不愿安于现状。"1997 年苹果公司播出的广告的画外音如是说。

"不同凡响"，是苹果公司当时的广告标语。但是现在，以相同的方式思考——模仿，至少在某些地方又逐渐开始受到重视。

赢家一直在模仿

《科学》杂志刊登了一张凯文·莱兰（Kevin Laland）修剪草坪的照片，这是他职业生涯中"最自豪的时刻"。

　　照片中，莱兰3岁的儿子跟在他身后，正专注地推着玩具割草机。这张照片生动地展示了莱兰本人的研究：模仿在人类文化中的重要性。莱兰是英国圣安德鲁斯大学的生物学教授，他在该期《科学》杂志中展示了他和合作者创办的计算机比赛的结果。比赛有多个轮次，参赛者是被设置以特定策略运行的机器人，比赛胜利者会获得一笔奖金。来自世界各地的100个参赛者都按照以下三种策略中的一种或几种的组合来运行，即采取创新性的行动、利用试错的经验、模仿他人的行动。

　　哪种策略最为有效？结果毫无争议，模仿他人的行动是最成功的。获胜的途径就在于模仿他人，而非创新。相比之下，完全依赖创新的机器人在比赛中仅获得了第95名。这个结果让莱兰和合作者卢克·伦德尔（Luke Rendell）感到惊讶。"我们期待有人能想出一个聪明的办法，告诉我们在哪些条件下应该去模仿，而在哪些条件下应该靠自己去学习，"伦德尔说，"然而赢家一直都在模仿。"

　　莱兰承认，大众对模仿行为的评价的确很不好。但他表示，从生物学、经济学、心理学到政治学，各领域中像他这样的研究人员都发现模仿对于学习新技能和进行决策来说，是一种非常有价值的方法。来自不同领域的研究人员正在尝试使用建模和仿真的方法、历史分析以及真实案例研究的手段，去证明模仿是获得成功最有效的途径。他们还通过列举业界的例子来生动阐述该现象背后的原因。

　　第一，在模仿的过程中，模仿者可以把其他人当作过滤器，从备选方案中筛选出有效的方案。

思考
实验室　　金融学教授杰拉德·马丁（Gerald Martin）和约翰·普滕普拉克巴尔（John Puthenpurackal）研究了以下问题：如果一个投资者仅模仿知名投资者沃伦·巴菲特（Warren Buffett）的操作，而不进行其他操作，会发生什么呢？巴菲特提交给美国证券交易委员会的定期报告会公开披露其投资操作，所以这一研究不难实现。研究人员发现，跟着巴菲特的操作来投资的人，投资回报率比市场平均收益率高出 10% 以上。

当然，虽然投资者早就知道巴菲特是一位非常厉害的投资专家，也知道他的具体投资操作，但即便如此，他们还是与近在眼前的收益擦肩而过。马丁认为，投资者总是在做自己不占优势的交易，他们总是认为自己能够创造出绝妙的策略，抑或是能发现那些被忽视的潜力股。马丁指出，虽然我们做投资规划的自我感觉很好，但只要模仿那些经验和学识更为丰富的人，就可以取得更高的收益。

第二，模仿者可以从各种各样的解决方案中汲取经验，而不是被束缚在某一个解决方案中。他们可以选择当下最为有效的策略，并根据不断变化的条件进行快速调整。这就是 Zara 的商业模式，这是一家总部位于西班牙工业城市阿尔泰修的全球连锁服装店。

在其母公司印地纺集团（Inditex）的总部，Zara 的设计师们围坐在桌子旁，桌上摆放着从时尚杂志中撕下的页面，各种在街头和机场拍摄到的时尚人士的照片以及其他设计师刚发布的服装的解构素材。西班牙记者恩里克·巴迪亚（Enrique Badía）曾写过大量关于该公司的文章，他说："Zara 的设计师一直在寻求灵感，这些灵感对他们来说无所不在，无处不有。"Zara 甚至模仿自己的顾客。数百家 Zara 分店的店员会与设计师保持联系，把在门店发现的前卫顾客的新颖造型发送给设计师。

乔治城大学运营和信息管理学教授卡斯拉·费尔多斯（Kasra Ferdows）指出，Zara 对模仿的极致运用使印地纺集团一度成为世界上最大的时尚服装零售商。费尔多斯和两位合著者在《哈佛商业评论》中谈到："Zara 的成功取决于供应链的每个部分始终在不断地交换信息，从顾客到商店经理，从商店经理到市场专家和设计师，从设计师到生产人员。"至关重要的是，这些灵活流动的"信息"并不是什么创新的点子，而是足够好的、可以用于模仿的构思。

第三，模仿者可以避免重复前人犯过的错误，创新者却没有这样的避错指南。这里举一个典型的例子：对于习惯给婴儿使用一次性尿布的父母来说，帮宝适（Pampers）几乎是一个家喻户晓的名字。相反，乔丝（Chux）这个品牌则不太为人所知，实际上，乔丝是第一个出现在市场上的尿布品牌，创立于 1935 年。

然而乔丝的价格昂贵，每片尿布的成本约为 8.5 美分，当时清洗布尿布的成本是每片 1.5 美分。因此，家长们往往只有在旅途中才会为了方便而去使用这种产品。乔丝在整个尿布市场的占有率仅为 1%。于是，宝洁公司从中看到了商机。宝洁模仿乔丝，沿用了它的基本理念，并在此基础上解决了价格过高这一问题，做到了每片尿布只需 3 美分。1966 年，宝洁的帮宝适在美国全境一经推出，就广受欢迎。

市场营销学教授杰拉德·特利斯（Gerard Tellis）和彼得·戈尔德（Peter Golder）曾对 50 种消费品类别进行了历史分析。其中就包括尿布，帮宝适与乔丝的例子便来源于他们。结果显示，"市场先驱"的失败率达到了惊人的 47%，并且他们获得的平均市场份额只有 10%。特利斯和戈尔德总结说，做所谓的"快老二"，即灵活的模仿者，比做先驱要好得多。他们发现，那些利用他人创新成果的公司"失败率极低"，"平均市场份额几乎是市场先驱者的 3 倍"。类似的公司还包括天美时（Timex）、吉列（Gillette）和福特（Ford），而且，人们经常会误以为这些公司才是其领域的先驱。

第四，模仿能够防止我们受欺骗或被蒙蔽。通过模仿别人的做法，模仿者可以直接执行别人所得出来的最优策略。竞争者做决策总是务求利益最大化，这个过程会放出社会学家所谓的"诚实信号"①。此时我们模仿竞争者的做法是非常有效的，这一规律适用于所有比赛，比如美洲杯这样的备受瞩目的帆船比赛。

思考
实验室
　　英国帝国理工学院的商学院教授简－迈克尔·罗斯（Jan-Michael Ross）和德米特里·沙拉波夫（Dmitry Sharapov）研究了美洲杯比赛过程中，两艘赛艇一对一竞争时的互动情况。结果发现，选手们经常"照搬"或模仿对手的动作，特别是当他们处于领先位置时。走在最前面的选手会模仿那些落后的选手，这一结果有些出人意料。

　　但罗斯指出，这种模仿是有道理的，只要领先的选手模仿他们身后的对手，他们就能一直锁定领先的优势。罗斯说："研究结果与大家原来的观念背道而驰，我们通常会觉得只有落后的人，也就是失败者，才会去模仿。"

　　第五，也许这是最重要的一点，模仿者可以节省寻求原创解决方案的时间、精力和资源。研究表明，模仿者的成本通常是创新者的 60% ～ 75%，然而模仿者却能一直获得收益的绝大部分。

THE EXTENDED MIND
超越大脑的思考革命

　　这些来自各个领域的研究都汇集为一个结论：如果我们能够克服对模仿的厌恶，它所带来的机会往往能远超自己原创带来的机会。通过有效的模仿，我们能用别人的大脑思考，就像直接"下载"别人的知识和

---

① 诚实信号是指可以预测人类行为的非刻意为之的信号，能帮助人们了解他人的意愿、目标和价值观。全球大数据专家、"可穿戴设备之父"、麻省理工学院教授阿莱克斯·彭特兰（Alex Pentland）的著作《诚实的信号》正是对这一问题的研究。该书简体中文字版已由湛庐引进、浙江教育出版社出版。——编者注

经验一样。但是，与人们所认为的模仿即懒惰正好相反，良好的模仿很少来自自动或无意识的复制，其实并不容易实现。

　　事实上，模仿需要精心破译模仿对象，解决社会科学家所说的"相符性问题"，也就是说需要想方设法，使通过模仿得来的解决方案能够适用于当前情况。解决相符性问题需要将观察到的方案分解成若干组成部分，然后以不同的方式重新组装。这需要我们透过表象来分析该方案之所以成功的原因，并把总结出来的规律应用在当前的环境中。说到底，良好的模仿其实对创造力有一定的要求。虽然这听起来很矛盾，但事实正是如此。

成功的模仿者就是创新者

　　1999 年，护理专业研究生特丝·佩普（Tess Pape）陷入相符性问题的困境。佩普深知由于医生和护士用药失误，医院里一部分患者受到了伤害。在那一年，美国国家医学院发布了一份关于患者安全的里程碑报告《人人皆会犯错》（*To Err Is Human*）。该报告指出，每年有多达 98 000 名美国人在医院里死于原本可预防的医疗事故，这个数字比死于车祸、工伤或乳腺癌的人还要多。用药失误是导致这些悲剧的主要原因之一。

　　但是，当佩普研究如何解决用药失误的危机时，她并没有绞尽脑汁地去寻找创新的解决方案，而是试图借鉴航空行业的管理办法。就像人的健康依赖于医疗保健一样，航空安全依赖于专业人士的精准操作。在阅读航空安全方面的资料时，佩普了解到飞机起飞和降落时，即飞机高度在 3 000 米以下时，是最危险的。她发现医疗领域中的情况是类似的：对医院中需要用药的患者来说，最危险的时刻是医护人员在备药和给药的时候。

　　在深入研究后，佩普发现，其他机组成员对飞行员的干扰和打断是航空公司"事故"发生的主要原因。她在医疗行业也看到了类似的情况：医护人员被干扰也是用药失误的重要原因。研究人员在医院观察时记录到一个惊人的数字：一名护士给一名患者分发仅仅一种药物的过程就足足被打断了 17次。佩普发现，航空专家针对飞行员被干扰的问题设计了一个解决方案：驾驶舱静默规则。美国联邦航空管理局在 1981 年制定了这一规则，在飞机低于 3 000 米时，禁止飞行员进行与当前飞行业务无关的谈话。

佩普在她的学位论文，以及随后发表在医学杂志上的一系列文章中，阐明了模仿驾驶舱静默规则的合理性。佩普在 2003 年的医疗护理杂志《外科医学护理》（*MEDSURG Nursing*）上写道："防止用药失误的关键在于采用其他同样注重安全的行业的做法。例如，航空公司会采取方案帮助飞行员提高注意力，并在危险时刻提供安全保障。"她认为，这些方法也适用于医院，比如可以在备药区周围建立"禁入区"，可以让正在给药的护士穿上特殊的背心或戴上特殊的腰带，表明他们正在工作，闲人勿近。佩普补充道："药物管理应与驾驶飞机一样审慎，因为患者将他们的生命交到了医护人员的手中。"

虽然一开始佩普并不确定她的同行们是否会同意她的说法，但最后她的建议还是被采纳了。医院开始效仿航空公司的做法，而且这一举措带来了巨大的变化。例如，根据美国政府医疗保健研究和质量管理处的报告，2006年凯撒医疗的南旧金山中心引入了静默规则，"护士穿上特定的背心后，工作被打断的可能性实实在在地降低了"。在 6 个月里，该医院的用药失误下降了 47%。在这之后的近 20 年里，佩普这一套通过模仿得出来的方案已经传遍了整个美国甚至全世界，保护了更多患者。

佩普靠自己解决了医疗行业和航空行业之间的相符性问题。但是，如果有人教她如何模仿的话是否会更好？良好的模仿需要技巧，奥代德·申卡（Oded Shenkar）认为我们应该有意识地去培养这种技巧。申卡是俄亥俄州立大学人力资源管理专业的教授，他研究的问题是公司如何通过模仿来获得市场的战略优势。他认为，我们正生活在一个黄金的"模仿时代"。在这个时代，我们遇到问题的时候，可以查找别人在相似境遇下的处理方法，也就是说可以了解并复刻有效的解决方案。申卡希望商学院学生和其他专业的研究生都去学习如何进行有效模仿。他畅想着公司开设"模仿部门"，致力于识别可以被模仿的、有前景的项目。他期待着有一天，成功的模仿者会像现在的创新者一样受到赞扬和钦佩。

申卡指出，至少医疗保健行业已经在朝着他所预想的方向发展。医院迫切地需要减少医疗事故，并已经为此模仿了许多其他行业的做法，包括军事、铁路、化工制造、核电，当然还有航空。除了佩普借鉴的驾驶舱静默规则，医疗保健行业人员还效仿了飞行员在飞机上使用的所谓的"检查单"——一份标准化的任务清单。这一模仿也大获成功。2009 年，来自哈佛大学公共卫生学院和世界卫生组织的研究团队在报告中指出，自从外科医生开始使用一份有 19 个条目的检查单后，患者的平均死亡率下降了 40% 以上，并发症的发生率减少了约 1/3。

医疗行业还采用了核电行业普遍使用的"同行评估技术"。一家医院的代表去另一家医院，对被审查医院的安全和工作质量进行"系统性的、保密的和非惩罚性的检查"。由于没有来自监管机构的制裁威胁，同行在评估的过程中可以尽可能地提出问题和有针对性的解决方法。这一技术促进了组织之间的建设性模仿。

然而，即使在医疗保健行业，模仿的做法也还是有很大的改进空间。从航空行业应用到医疗行业，检查单适应性的改良花了 70 年，驾驶舱静默规则花了 20 年。如果能有意识地去使用更为有效的模仿技巧，这个过程花费的时间就可以大大缩减。申卡认为，为了提高模仿的社会价值，我们不仅需要促进新的模仿，而且更应该认识到，模仿已经造就了许多成功的个人和组织，这其中就包括著名的创新先锋乔布斯。

1979 年苹果公司刚成立时，乔布斯和同事们正苦恼于如何将当时粗笨的计算机变成轻便甚至有趣的个人电脑。同年 12 月，他在访问施乐帕洛阿尔托研究中心（Xerox PARC）时瞥见了可行的解决方案。该研究中心是一所位于加利福尼亚州帕洛阿尔托市，由复印机巨头施乐公司经营的研究机构。乔布斯在那里看到了一系列可以应用于自己项目中的技术创新：允许计算机相互连接和通信的网络平台，美观且友好的屏幕图形，以及用于指向和点击的鼠标。"就是它了！"当车辆驶离施乐帕洛阿尔托研究中心时，乔布斯对苹果公司的一位同事喊道，"我们必须这样做！"

在申卡所设想的关于模仿的学术课程中，苹果公司会是一个很好的案例。他很有可能会向学生指出，解决至关重要的相符性问题需要三个步骤，乔布斯在这里完成了第一步。根据申卡的说法，第一步是明确自己的问题，并找到一个类似的并已经成功被解决的问题。第二步是严谨地分析别人的解决方案成功的原因。从施乐帕洛阿尔托研究中心回来后，乔布斯马上和加利福尼亚州库比蒂诺苹果公司总部的工程师着手分析他们在该研究中心见识到的技术创新。很快，他们就进入了第三步，也是最具挑战性的一步，即确定自己的情况和别人有何不同，然后再想办法使该解决方案适用于自己。施乐公司已经向市场推出了计算机，但这些计算机是针对企业的需求设计的，并非为普通消费者设计的，所以使用起来不方便，用户体验感差，而且价格非常昂贵，其单价超过 16 000 美元。

施乐公司先于苹果公司设计出了新型计算机，但乔布斯调整了这些设计，使其迎合个人电脑的潜在市场。比如，他认为施乐帕洛阿尔托研究中心的设备是有缺点的，三个键的鼠标设计显得过于烦琐，即使在光滑的表面，也不容易滑动，而且价格高达 300 美元。乔布斯与当地的一家设计公司合作，生产了一个可以在任何表面上操作的单键鼠标，它甚至可以在乔布斯的蓝色牛仔裤上滑动自如，而价格只要 15 美元。

接下来的故事就是苹果公司的光辉历史了，这是一个孤独的天才的故事，一个用与众不同的眼光看待事物的人的故事。这个案例告诉我们，功成名就的背后有熟练的模仿，而不仅仅是出色的创新。

模仿是人类在众多物种中脱颖而出的关键

模仿甚至是人类在各物种中脱颖而出的关键。发展心理学家愈发相信，婴儿和儿童之所以能够这么迅速地汲取知识，正是因为他们有很强的模仿能力。事实上，模仿是一种十分有效的学习方法。机器人专家也正在研究婴儿，试图弄清楚他们是如何观察并模仿成年人的。

想象一下，如果机器人也会模仿，它们就能够观察人类的动作，比如把硅芯片接到电路板上，对太空舱进行维修，等等，然后自行重复这些动作。对此，机器人的"一眼模仿学习"研究正在开展，特斯拉（Tesla）和太空探索技术公司（SpaceX）的创始人埃隆·马斯克（Elon Musk）投资了该项目。但是，正如加州大学伯克利分校的心理学家艾莉森·高普尼克（Alison Gopnik）[①] 所指出的那样，即使是最复杂的人工智能，也"仍远远不能解决人类 4 岁儿童就能轻松应对的问题"。

虽然模仿曾一度被认为是一种低级的、"原始的"本能，但研究人员逐渐意识到模仿是一种复杂的、精细的能力，至少在人类的实践中是这样的，包括儿童和婴儿。尽管其他动物也会模仿，但它们的模仿与人类的模仿大有不同。例如，年轻人类的模仿是独特的，因为他们会筛选要模仿的对象。即使是学龄前的儿童也会倾向于模仿那些有知识、有能力的人。研究表明，虽然婴儿会模仿他们的母亲，不会模仿他们刚认识的人，但随着年龄的增长，

[①] 高普尼克是国际公认的儿童学习与发展研究泰斗级专家，其著作《孩子如何思考》及与华盛顿大学心理学家安德鲁·梅尔佐夫（Andrew Meltzoff）的合著作品《孩子如何学习》的中文简体字版已由湛庐引进。——编者注

如果陌生人看起来有特殊的专长，他们也会愿意去模仿陌生人。当孩子长到7 岁时，妈妈在他们眼里就不再是最博学的人了。

但与模仿对象的可选择性不一样的是，儿童对模仿的内容是没有选择性的，这是人类模仿行为区别于动物模仿行为之处。**人类是"高保真"的模仿者，人类孩子严格地模仿成年人，其他动物的模仿则是蜻蜓点水式的。**这种"高保真"让人类看起来还不如猿类、猴子和小狗聪明。

比如，在一项研究中，人类和其他动物都要观察学习一系列的动作：用额头碰一下盒子、撬开一个盒子并拿出里面的食物，猩猩和犬类都会跳过开头那些多余的动作，直接去拿盒子里面的东西。然而，人类儿童会老老实实地模仿每一个步骤。

这种看似不合逻辑的行为背后自有其道理。人类"过度模仿"的倾向，即重现他人行为中不必要的部分，可能是想先尽可能记住更多的信息，后面再慢慢理解。毕竟，新手很难知悉这些看似无用的步骤是否有其道理。而且人类的许多工具和实践模式都是"在认知上不透明的"，即从表面看并不能一目了然其背后的逻辑。虽然人类的行为不一定有实际的效用，但对于这样一个高度社会化的物种来说，模仿自己的文化习俗是明智的。

已经有研究证明，4 岁的孩子比 2 岁的孩子更有可能过度模仿。这表明随着年龄的增长，人类对社会线索的敏感性会愈发提升。在从出生到成年的过程中，人类过度模仿的倾向会持续地增加。因为很多人类文化的体现形式是随意的，比如要在表演结束时鼓掌、在生日聚会上吃蛋糕、把结婚戒指戴在左手无名指上等。这些文化形式都需要通过模仿来延续。模仿是社会和文化生活的根源，确切地说，它是人之所以为人的原因。

有证据表明，人类天生就有模仿的倾向。

梅尔佐夫的研究表明，几天甚至几小时大的婴儿就能够模仿张嘴或伸出舌头的面部表情。模仿和观察学习的能力是可以培养的。现今的某些文化还会刻意培养这种能力，其成果让人印象深刻。在一项比较欧美和危地马拉玛雅儿童的研究中，心理学家玛丽塞拉·科雷亚－查维斯（Maricela Correa-Chávez）和芭芭拉·罗格夫（Barbara Rogoff）让一名成年人为一名儿童示范如何做某种形状的折纸，要求两种文化背景的儿童坐在一旁等待。玛雅儿童对示范的注意时间更长，因此学到的也更多，而美国儿童则经常分心。科雷亚－查维斯和罗格夫指出，在玛雅家庭里，孩子们在很小的时候就被教导要仔细观察年长的家庭成员，以学习怎样做家务。

　　由于美国的文化不鼓励模仿，美国儿童既没有类似的机会来展示他们的模仿能力，也没有接触过具有启发性的例子或"榜样"，所以他们不知道自己在这个年龄能够完成什么样的工作。教育家罗恩·伯杰（Ron Berger）注意到了这个问题。几十年来，他一直在一个行李箱里面装满各种各样的作品，包括儿童创作的素描、诗歌和散文，多达数百件。

　　伯杰将这些作品拿到全美各地的学校去和老师以及学生们分享交流。其中一幅画描绘了一只优雅的燕尾蝶，是他最喜欢的作品之一。这幅画为爱达荷州博伊西市的一名叫奥斯汀的一年级学生所作，被伯杰称为"奥斯汀的蝴蝶"。他展示这幅画时，学生们经常会震惊得赞叹不已。伯杰的目的是用同龄人的优秀作品来激励学生，同时也会给他们展示这种作品是如何完成的。他逐一向学生们展示奥斯汀在创作过程中产生的6份草稿，并向他们讲述奥斯汀在每个阶段从同学那里得到的建设性意见。

　　伯杰将行李箱里的作品上传到了互联网，但他发现许多老师和家长都反对树立这种典范，他们担心这会降低学生的创造力和破坏作品的原创性。伯杰说，实际的情况恰恰相反，他在成为非营利组织远征教育（Expeditionary

Learning Education）的首席学术官之前，曾在学校里当过 28 年的老师。在看到出色的作品时，学生们会备受鼓舞，觉得自己也有可能做出那样的作品。他问道："如果学生都不知道一流的作品是什么样的，又怎么能创作出一流的作品呢？"

作文与修辞学曾经是美国学校课程的核心内容，该课程的任课老师早就认识到榜样能够提升而不是降低学生的创造力。文学学者爱德华·科比特（Edward Corbett）撰写了该课程的一本教科书，他一直秉持着这样的观念：模仿大师的作品是发展自己独特风格的第一步。科比特呼吁："模仿，让你与众不同！"尽管在英语文学教学中，范例教育已经普遍消失，但在某些写作教学中，它正在复兴。在"学术写作"教学中，老师会训练学生使用某种文体进行写作，尤其是当学生既要处理新的概念和词语，又要保证文章的主题连贯时，模仿范例文本进行写作能够减少认知负荷。通过模仿老师提供的范例原型，学生可以更深入地理解要学习的体裁。

北亚利桑那大学的化学教授玛琳·鲁滨逊（Marin Robinson）开设了一门本科课程，旨在教导学生"像化学家一样写作"。选修这门课的学生需要根据该学科的 4 种核心写作形式进行练习：期刊文章、会议摘要、海报和研究提案。对于每一种形式，学生都要遵循老师所给的范文中的科学和言语惯例。这些范文都是真实的期刊文章、会议摘要、海报和研究提案。鲁滨逊指出，这种做法减轻了学生的心理负担，因为模仿范文可以帮学生省去一些麻烦，让他们能够将主要的认知资源用于构思文章内容。鲁滨逊和英语教授费雷德丽卡·斯托勒（Fredricka Stoller）合编了教科书《像化学家一样写作》（*Write Like a Chemist*），被美国多所大学采用。

相似的情况也出现在法律文书写作的教学中。在学习一种陌生的写作体裁时，学生需要努力吸收大量的新术语和新概念。俄亥俄州立大学法学院教授兼院长蒙特·史密斯（Monte Smith）感到非常困惑的是，在教导数百名一年级学生的过程中，他发现那些聪明又勤奋的学生既无法理解法律思维里的基本原则，也无法将其应用于文书写作。他觉得兴许是教学方式给学生带来的认知负荷超过了承受范围。学生需要在使用完全陌生的词语和概念的同时，还要以一种不熟悉的风格来写作。这种认知负荷太重了，导致他们没有足够的精力去学习实际的内容。

史密斯的解决方案是，在课程开始时，为学生提供几篇法律备忘录的范文，这些范文和职业律师所写的没什么差别。在指导语和一系列有针对性问题的指引下，学生们详细地阐述他们对备忘录各方面的领悟。这样一来，学生的负担减轻了不少。他们不用在还不知道备忘录是什么的时候，就要自己写备忘录了。只有在进行过几次这样的学习后，史密斯才要求学生自己着手撰写备忘录。

史密斯指出，模仿范文本来就是法律写作标准教学流程中的一环，后来慢慢不受青睐，是由于老师们担心这种做法不利于培养学生独立思考的能力。但是基于对学生实际学习过程仔细观察的结果，以及受认知负荷所限，模仿范文的教学方式可能会重新流行起来。

拆分与放大，更好地模仿专家

当然，最丰富、最深刻且可能最有用的模型是人。然而，越是专业的人往往越难以分享他们的知识。经过多年的练习，专家的许多知识和技能已经"自动化"了，对自己的专业知识早已烂熟于胸，以至于他们总是不假思索。这种自动化使专家工作起来更加高效，但也导致他们无法详细地向别人解释他们是如何做到的。

卡内基梅隆大学教授、匹兹堡学习科学中心主任肯尼思·科丁格（Kenneth Koedinger）认为，专家大概只能阐述他们所掌握内容的30%。得出这一结论的研究还有其他例子，比如当要求创伤外科医生描述如何将分流管插入股动脉这一大腿上较大的血管时，他们忽略了手术过程中近 70% 的操作；当要求实验心理学专家描述如何设计实验以及分析数据时，平均有 75% 的步骤被遗漏或缺乏准确描述；当要求计算机程序员描述如何调试程序时，他们列举出的操作步骤还不到实际操作的一半。

学术教育和工作培训系统都离不开专家对新手的指导，但我们没有考虑到专家和新手的巨大差异所带来的盲区。在知识工作时代，不仅学生和新手需要更努力地去模仿，老师和专家也需要树立更清晰的范例。这可以通过哲学家卡斯滕·斯塔博（Karsten Stueber）所说的"再现共情"来实现：通过再现自己初学时的情景，来理解新手所面临的挑战。

哈佛商学院的工商管理助理教授张婷使用了一个巧妙的方法，可以让音乐家实现上文所说的共情。她招募了一批经验丰富的吉他手，要求其中一半的吉他手像平时一样演奏，而另一半要在演奏的时候把乐器颠倒过来，并使用非惯用手演奏。接下来，所有吉他手都要观看一名吉他初学者尝试弹奏基本和弦的视频，并对他的弹奏提出建议。那些方才以别扭方式来演奏、体会过初学者的艰难的吉他手所提的建议，比对照组的吉他手的建议更为有用。

THE EXTENDED MIND
超越大脑的思考革命

现实中，要让专家体会到新手的感受并不需要如此生硬。专家们可以通过想象来对初学者产生共情，并据此相应地改变指导方式。比如，专家会习惯性地对任务进行"分块"，或将几个任务合并成一个单元。这样做可以减轻专家在工作记忆上的负担，但这往往会让新手感到困惑。因为每个步骤对新手来说都是陌生的、一知半解的。数学老师讲解"长除法"的过程可能是非常轻松、快速的，但他们可能意识不到在他们眼里如此简明的方法，在新手眼里是那么地难以捉摸。数学教育专家约翰·迈顿（John Mighton）提了一个建议：把过程分解成小步骤，然后对小步骤进行再分解，如果有必要，可以继续分解成更小的步骤。

迈顿虽然是数学博士，但在小时候也备受数学的折磨。当时他正是通过把学习目标拆分成多个步骤这种方法，取得一点点进步，并一步步走向成功。他是非营利性教育机构"未被发掘的青少年数学天才"（Junior Undiscovered Math Prodigies）的创始人，他倡导大家学习他的方法。通过这种方法，老师可以将专业知识变得清晰易懂。基于此，学生每次都能掌握一个步骤，随着一次次的积累和进步，最后就能构建稳固的知识基础，并在该过程中获得信心。

该教育机构通过这种方法让很多学生，包括那些本来连基本的数学概念都搞不懂的学生，都能熟练地掌握这一科目。多伦多大学和多伦多儿童医院的研究人员对该教育机构进行了研究和评估。在评估开展的第二年，该机构的三年级学生在解题方面取得了很大的进步，六年级学生在数学技能方面，如计算、数学应用熟练度、解应用题等方面，也比接受传统教学的学生取得了更大的进步。

相比于新手，专家还有一个优势，他们知道什么该注意，什么该忽略。在专业场景中，专家会立即关注到其中最突出的问题，初学者则会把时间浪费在不那么重要的内容上。**但研究表明，如果根据这些专家的经验去故意地夸大甚至扭曲相关信息，使其"凸显"出来，新手就能像专家一样注意到关键所在。**

伊蒂尔·德罗尔（Itiel Dror）现在是伦敦大学学院的高级研究员，多年前，美国空军曾向他征求关于训练方法的建议。为了防止友军误击自己的飞机，美国空军领导人希望能够提高飞行员迅速辨识各种飞机的能力。德罗尔观察到，受训飞行员迷失在海量的飞机细节中不得要领。他采取了一种新的方法，将飞行员要学习的飞机轮廓的样图在计算机上进行变形修改，把宽翼飞机改得更宽，把看起来有尖角的飞机改得更尖，把看起来扁平的飞机改得更圆。这些飞机之间的差异本来细微到让人难以注意，现在却跃然纸上。经过这一训练，即使面对恢复正常比例的飞机，飞行员也能够区分。

德罗尔的方法与心理学中的"漫画优势"现象（the caricature advantage）有关，即与写实人脸相比，人们更容易识别漫画脸。虽然漫画扭曲了现实中人物或事物的实际外形，但这种扭曲是一种合理的偏差，夸大了该主体的与众不同之处，从而使其更容易被识别。不妨想想小布什显眼的耳朵，比尔·克林顿浑圆的鼻头，或已故的鲁斯·巴德·金斯伯格（Ruth Bader Ginsburg）那过大的眼镜。专家可以利用漫画优势放大实体上最突出的特征，使新手能够慢慢区分出那些彼此极其相似的实体。

专家和新手之间的又一个区别在于他们对所见事物的分类方式。新手通常根据表面特征来对他们遇到的实体进行分类，专家则习惯于根据其深层功能来进行分类。在亚利桑那州立大学季清华（Michelene Chi）教授的一项经典实验中，8名专家（物理系的高年级博士生）和8名新手（只学了一学期物理的本科生），需要将20多个物理问题进行分类，问题都写在卡片上，他们要自己确定类别。两组学生所设计的分类方法大相径庭。本科生根据问题的表面特征进行分类：是否包含弹簧、滑轮或斜面。博士生则根据物理学基本原理对其进行分类：能量守恒、功能原理以及动量守恒。

专家使用的分类方法中蕴含着更多有用的信息。既然如此，为什么不向新手提供已经按功能组织好的信息呢？专业侍酒师兼企业家乔舒亚·韦森（Joshua Wesson）所创立的新型连锁葡萄酒专卖店——最佳酒窖（Best Cellars），正是这一理念的忠实践行者。韦森说："我经常听到类似这样的问题，'我怎样才能在不掌握所有细节的情况下成为葡萄酒行家？当我只想要一款能够搭配比萨饮用的葡萄酒时，应该依据什么去评价并做出选择？'"据他观察，在大多数销售葡萄酒的商店里，酒瓶是按葡萄品种（霞多丽、赤霞珠）或地区（美国加利福尼亚州、法国）陈列的。这样的分类对于缺乏相关背景知识的消费者来说，信息的效用很低。

葡萄酒专家当然了解葡萄品质和产地这些表面特征，但他们更看重葡萄酒的用途：味道甘美、果味芬芳的普通酒适合与辛辣的食物搭配；风味浓郁、酒体饱满的则可以用来搭配丰盛的大餐；起泡葡萄酒更适用于庆祝场合。事实上，"甘美"、"浓郁"和"起泡"是韦森为他的商店设计的 8 个分类的其中 3 个，其他几个分类是"柔和"、"清爽"、"多汁"、"顺滑"和"甜味"。韦森的分类方法为顾客提供了一条捷径，使他们也能以侍酒师的思维去看待葡萄酒。按照韦森的思路，专家可以通过分享他们组织信息的方式，降低别人模仿的难度，而且这些组织方式本身就饱含着专家丰富的经验和深刻的见解。

这些策略分解了原本交织纠缠在一起的步骤，放大了事物的突出特征，提供了基于功能的分类，一点点地撬开了专家的"黑箱"，即专家的知识和技能的自动化运作过程。当今先进的技术得以让我们更直接地探究专家的思维。例如，使用眼球追踪技术自动监测专家的眼动情况，如注视点、注视时间、注视持续时长等。研究表明，在各个学科中，专家的眼动模式都与新手不同，他们会更迅速、更全面地获取全局信息，同时关注到其中最重要的因素。他们较少受到视觉"噪声"的干扰，并且能更灵活地在各个视域之间来回切换，避免囿于某个局部。在外科医生、飞行员、程序员、建筑师以及高中老师等职业中，专家的注视模式都非常相似，而初学者的注视模式则大相径庭，各有不同。

然而，专家察觉不到自己的注视模式，因为他们的注视模式是一种无意识的过程。但眼动仪可以捕捉到专家的注视模式，并将其提供给新手进行学习，通过适当的线索引导学生的视觉注意。研究人员指出，这是一种"作弊"的方式，通过几小时的观察和练习，学习者就能获得捷径，提高学习效率，取得更好的效果。

研究人员还尝试通过"触觉"信息来帮助初学者模仿和学习专家。他们以专家的运动模式为模板，利用特殊的手套或其他工具触发的躯体感觉来引导新手的运动。囿于大脑的教育和培训方法几乎完全依赖视觉和听觉通道，而触觉技术提供了新的学习方式，它直接指向身体的引导和反馈。初步研究结果表明，使用触觉技术不仅可以减少认知负荷，还可以提高多种类型的学习表现，从初学小提琴的学生到初学腹腔镜手术的医生都能受益。

从某种意义上说，这些创新体现了几个世纪以来学徒制在教学技术上的改进，这几乎可以说是学徒制的 21 世纪版本——名师点拨。旧时代的学徒制通常是学徒通过体力劳动来换取关于某种手艺在"交易、艺术、奥秘"等方面的指导，在木工、锻铁和造船行业都是如此。在知识工作的时代，专业知识的"奥秘"被自动化的"黑箱"所掩盖，甚至比旧时代还要隐蔽。为了揭开这个"黑箱"，专家需要放弃传统的囿于大脑的教学方式，需要进行脑外思考，需要让自己的思维方式众目具瞻。

第 8 章

"独"思考，不如"众"思考

- 诺贝尔奖得主如何通过让学生围绕某个知识体系进行高强度的社交互动，让学生的思维变得敏捷而灵活？

- 心理学家如何通过把抽象的任务改编成社交性任务，从而使正确率提升 65%？

- 护士如何通过在与同事的业余闲聊中掌握大量的隐性知识，从而成为出色的从业者？

斯坦福大学物理学教授卡尔·威曼是一位解决复杂问题的专家。作为2001 年的诺贝尔物理学奖获得者，他与埃里克·康奈尔（Eric Cornell）共同发现了如何在实验室里制备物质的一种极端状态，即玻色 - 爱因斯坦凝聚态（Bose-Einstein condensate）。但威曼自己也坦言，他在实验室里展现的优异的专业水平并没有体现在课堂上。多年来，他一直在努力地尝试做好一项看似简单的工作：让本科生以他的方式来理解物理学。他努力地给学生详细讲解相关核心概念，用到了描述、解释甚至演示等手段，但都效果不佳。无论他如何积极地去表达，或是清晰地去解释，在他布置的作业中，学生们解决问题的表现仍然不尽如人意。

然而，不能"像物理学家一样思考"并非个例，甚至很常见。几十年来的研究表明，以课堂教学和讲解课本内容这类传统方式来学习物理学，高中生和大学生一般都不会对这个学科有深入的理解，对威曼和他的学生来说自然也是如此。威曼知道如何利用强大的激光器光束来冷却和捕获原子，在实验中发现了原子在零下 200 多摄氏度的超低温下如何相互作用。正如瑞典皇家科学院的诺贝尔颁奖词所述：他发现了如何使原子以相同的频率振荡，使它们"齐声歌唱"，然而他不清楚怎样做可以让如坠云雾的学生豁然开朗。

让人出乎意料的是，威曼最后在他的实验室而非课堂上领悟到了解决这一难题的关键。他注意到，那些博士生刚来实验室时，跟本科生差不多，知道很多物理学知识，思维却狭窄而僵化。然而，在短短的一两年内，他们的思维就会变得敏捷而灵活，成长为威曼理想中的学生典范。威曼回忆说："我很清楚，在实验室的研究活动中存在着某种智力过程，而这种过程在传统的教育中几乎是缺失的。"

他认为，导致这些博士生发生转变的一个主要因素是实验室的日常活动，即围绕某个知识体系进行高强度的社会互动，他们会花几个小时互相提供建议、辩论，讲述各自的逸事。2019 年发表在《美国国家科学院院刊》（*Proceedings of the National Academy of Sciences*）上的一项研究支持了威曼的猜想。该研究追踪了数百名理科研究生在 4 年中的智力进步，作者发现，关键技能的发展，如提出假设、设计实验和分析数据等，与学生跟实验室同门的接触密切相关，而与他们从导师那里得到的指导无关。

与他人一起思考时，思考的效果最佳

社会互动似乎是智力的一个重要促进因素，但威曼意识到，这种互动在传统的本科生课程中几乎没有。一直以来，他的学生都是坐在教室里听他讲课，彼此几乎不说一句话。因此，威曼开始着手改变这种状况，努力在他的课堂上创造一种"智力过程"，让本科生也可以像研究生那样受到包含社交过程的思维锻炼。此后，学生不再默默地坐成一排一排，而是成群结队地坐在一起，就威曼提出的具有挑战性的物理问题进行讨论，并商量解决方案。在讨论过程中，威曼和他的助教在房间里来回走动，听到错误的观点就给予纠正。等学生讨论得差不多时，威曼就会重新走到讲台上揭晓和解释正确答案，并对其他答案的错误之处进行解析。威曼在学生中发起"多个简短的小组讨论"，并要求他们大胆地做出判断，而这意味着持不同观点的同学需要互相辩论。威曼据此创造出了很好的条件，让本科生能像专业的物理学者那样思考。

威曼的这种课程形式促进了学生的"主动学习"。越来越多的 STEM 学科的教授跟威曼一样，将这种主动学习的方法引入课程中。研究表明，参与主动学习的学生对学习内容有更深刻的理解，在考试中得分更高，挂科或退选的可能性也更小。威曼在斯坦福大学的教育学院和物理系都有任职，他大部分精力都用于提高科学教育的质量。为了促进物理教育的发展，他还捐献了他的诺贝尔奖奖金这样"一大笔从天而降的钱"。威曼的愿望是让科学教育摆脱纯讲课式的枯燥，向更积极的、学生参与度更高的形式转变。

威曼正在努力让更多的人认识到一个经常被忽视的事实：智能思维的发展从根本上来说是一个社会化过程。当然，我们可以自己思考，对于某些特定问题或者某些特定项目而言，的确是需要独立思考，而且，独立思考本身也根植于我们终生的社交经验中。语言学家和认知科学家认为，我们在脑海中持续地自言自语，其实是一种内化的心理对话。经过进化，我们的大脑变得可以与他人一起思考，包括互相教导，彼此争论，分享彼此的经历。人类的思维对环境非常敏感，而环境中最为突出的信息便是其他人的存在。**当我们进行社交性思考，即与他人一起思考时，思考方式不同于且优于非社交性思考。**

举一个例子，大脑储存社会信息与储存非社会信息的方式是不同的。关于社会信息的记忆被编码在大脑中的一个独特区域。更重要的是，我们对社会信息的记忆更加准确，这种现象被心理学家称为"社会编码优势"。如果大家对此感到意外，那是因为我们的文化总是认为社交活动与智力无关。持这种态度的人认为，与他人的社会互动可能是愉悦的、具有娱乐性的，但这不过是一种消遣，是我们在学习或工作之余才会做的事情；而严肃的思考、真正的思考，是需要与他人隔绝、独自完成的。

科学总是无处不在地向我们强调这种观念。很多人都见过 fMRI 产生的图像，大脑的灰质被亮色标记的地方是正在参与当前加工的区域。fMRI 之类技术的应用正是我们的思维囿于大脑的体现。通常，个体在接受大脑扫描的时候并不与他人接触，大家对此也并不觉得奇怪。但 fMRI 产生的图像无处不在地宣扬着思维囿于大脑的观点，而这些生动的视觉图像就是证据，证明了一切值得观察的东西都发生在单个大脑中。致力于研究社会认知的科学家们不久前还受限于该技术——在引进 fMRI 技术之后的许多年里，研究人员几乎都是把单个被试推进 MRI 的单孔扫描仓进行扫描的，这其实不利于社会研究的开展。因此几十年来，神经科学对人类认知的研究一直局限于个体单独思考的情境。

现在，得益于人们对社会认知愈发浓厚的兴趣，以及脑电图和 fNIRS 等新一代技术的发展，这种情况逐渐得到了改善。这些技术的灵活性和适应性更强，使研究人员能在自然环境下，对互动中的多个被试进行大脑扫描。在实验中，被试可以进行交易、游戏或简单地交谈。通过这些技术，研究人员为"互动性脑假说"提供了有说服力的证据：在进行社会互动时，大脑的认知过程和神经活动与在进行独立思考和行动时是不一样的。

关于大脑如何理解和产生语言的研究，就是极具代表性的例子。早在19 世纪，两处灰质——布罗卡区和韦尼克区，就是公认的"经典"语言区域。这两个脑区分别是以保罗·布罗卡（Paul Broca）和卡尔·韦尼克（Carl Wernicke）两位科学家的名字命名的。他们通过对脑损伤患者的研究，包括患者去世后的尸检，发现了这些区域与语言功能有关。一个世纪后，此结论在 fMRI 实验中被进一步证实，布罗卡区和韦尼克区在被试阅读或听词时会被激活。然而，随着一系列新兴技术的出现，大脑功能的解剖学定位在新的研究中持续更新。

研究人员在实验中让被试与他人交谈，并记录他们的大脑活动，结果发现了第三种语言神经回路，这一回路在被试独自阅读或聆听材料的实验中从未被发现过。fNIRS 这种技术通过环绕头部的便捷设备对大脑进行扫描，使用该技术进行的研究表明，这个新发现的回路——中枢下区，会在实时对话中对言语做出预测和回应时被激活。越来越多的相关研究表明，参与实时对话所包含的认知过程比简单地识别无关联的词句要灵活得多，也细致得多。在交谈过程中，我们需要预测对方即将说的话，并且需要及时组织话语进行回应。

一项同样采用 fNIRS 的研究也得出了类似的结论。研究人员让实验的被试分别跟人类伙伴或计算机伙伴玩同样的扑克牌游戏，并记录他们的脑活动。结果显示，被试的"心理理论"相关区域，即推断他人心理状态的大脑区域，在跟人类玩时处于激活状态，但在跟计算机玩时却处于静息状态。从某种意义上说，这根本不是"同样的游戏"。与人类伙伴进行游戏时大脑产生了明显不同的激活模式，更多的区域被激活，而且这些区域表现出更高程度的功能连接。从神经学角度来讲，与另一个人类博弈时的心理体验要比与计算机博弈时丰富得多。其他研究也证实，与计算机相比，当与人类对手博弈时，大脑中与计划、预期共情相关的区域会更加活跃，尤其是当我们赢了的时候，与奖赏相关的脑区也会显示出更强的激活程度。

人们在这类研究中使用的技术是如此便捷，以至于它可以用于婴儿和儿童，让科学家得以探索社会互动如何在儿童成长过程中塑造他们的思维。脑电图技术就是科学家经常使用的技术之一，它通过佩戴在头上以及紧贴于头皮的脑电帽来跟踪和记录被试的脑电波模式。

**思考
实验室**　华盛顿大学心理学家帕特里西娅·库尔（Patricia Kuhl）与合作者运用脑电图技术，观察了 9 个月大的婴儿和老师的互动。这些婴儿来自英语语境家庭，而老师讲西班牙语。研究人员统计了在老师指向玩具并用西班牙语说出该玩具名称时，婴儿在老师和玩具之间来回注视的次数。库尔解释说，这种眼动可以作为指标，表明婴儿在学习新语言时在多大程度上发挥了他们的社会能力。

在进行了 12 次辅导后，研究人员获取了婴儿学习第二语言时的神经活动数据，他们用脑电图来呈现婴儿听到西班牙语时大脑的反应。社会互动最多的婴儿，即经常在老师和所指玩具之间来回看的婴儿，大脑对西班牙语的响应最为强烈，这表明他们学习的程度最深。这些神经科学研究与心理学和认知科学中的大量研究都指向了一个惊人的结论：在进行社交性思考时，思考效果最好。

然而，即使社会互动和智力活动之间联系密切的科学证据越来越多，我们的社会仍然陷于囿于大脑的认知。在学习和工作中，思考仍然被视为抽象符号在头脑中的运算。我们在没有人指导的情况下提出事实，如在测验或报告中；我们在没有人和自己争辩的时候进行论述，如写论文、备忘录；我们在没有人跟自己互动的时候输出信息，如书写知识管理系统的日志，同时接收信息，如阅读手册和说明。

也就是说，因为接收信息的一方总是抽象的，所以我们习惯性地通过抽象符号来表达，而这种做法忽略了我们自身的能力。**人类并不特别擅长思考概念，而思考人的能力却是一流的。**

**思考
实验室**　　　沃森选择任务（Wason Selection Task）是一个广泛应用于心理学实验的推理测验。该任务由心理学家彼得·沃森（Peter Wason）在 1966 年提出。任务十分简洁明了，有一个版本是这样的："请看这些卡片，每张卡片的一面是元音或辅音，另一面是偶数或奇数。你至少要翻开哪些卡片，才能验证'如果一张牌的一面是元音，另一面必定是偶数'这一说法？"任务中包含 4 张牌，可见的一面分别是"E""K""3""6"。

人们在这项任务中的表现非常糟糕。多年来，重复的研究一再表明，只有大约 10% 的被试能正确完成这项任务。即使将任务的问题改成人们熟悉的情景，比如"地铁乘客应该坐哪趟列车去目的地"，被试的表现依然非常糟糕。然而，通过修改任务的一个特定方面，被试的正确率就会飙升到 75%。这个修改是什么呢？就是使其成为社交任务。

在社交任务的版本中，研究人员是这般告知被试的："你在一家酒吧服务，必须执行一项规定，即年满 21 岁及以上的人才可以喝啤酒。假设有一桌坐了 4 个人，分别对应 4 张卡片。卡片的一面告诉你这个人在喝什么，另一面告诉你他的年龄。你必须翻开哪一张或哪几张牌，才能确定是否有人违规？"此时，这个曾经令人困惑的难题似乎变得容易了。

进化心理学家推测，人们之所以在社交任务版本的沃森选择任务中表现得如此出色，是因为自然选择的过程为人类大脑配备了专门的"违规检测器"，专门用于检测社会规则的违反者。但是，更关键的原因可能在于该任务的社会属性，而人类非常擅长思考社会关系，社会关系的存在使得该任务的推理过程变简单了。

事实上，科学家认为人类之所以进化出这么大的脑，就是为了处理社会群体的复杂性。加州大学洛杉矶分校的心理学家马修·利伯曼（Matthew Lieberman）[1] 指出，经过进化，人类个体有一个充满能量的专业的"社会脑"。利伯曼认为社会脑的"超能力"在儿童阶段的早期就开始发育，到青少年时期就会进入快速发展阶段。

---

[1] 利伯曼是知名社会心理学家、加州大学洛杉矶分校心理学教授，他在解读人类"社会脑"的权威之作《社交天性》一书中首次揭露了大脑天生爱社交的神经奥秘，影响深远。该书中文简体字版已由湛庐引进。——编者注

教别人可以提升自身的思维能力

"给你，这是能为你在北岸指路的地图。"

说着这句话的时候，贾妮斯·伊恩（Janis Ian）把一张地图塞到眼睛睁得大大的卡迪·赫伦（Cady Heron）手中。在 2004 年的电影《贱女孩》（*Mean Girls*）中，由琳赛·洛汉（Lindsay Lohan）饰演的赫伦是北岸高中的转校生。赫伦在那里遇到的第一个人是俏皮的伊恩——由莉齐·卡普兰（Lizzy Caplan）扮演。伊恩拿着自己绘制的详细的食堂地图，主动向赫伦展示学校的人群分布。

"现在，你坐的位置是食堂里的关键位置，"伊恩戳了戳赫伦手中的地图，解释道，"因为在这里你可以看到所有人。"镜头扫过围桌而坐的人群，伊恩以不太令人舒服的方式对他们进行分类。"你可以看到新生、储备军官训练队、大学预科生、资深运动员、很酷的亚洲人、校队运动员、肥胖女孩、厌食女孩、疯狂的跟屁虫、筋疲力尽的人、乐队里的性感家伙，"接着，伊恩用轻蔑的口吻说道，"小心那些'塑料女孩'。"她把那些穿戴讲究的女孩称作"塑料女孩"。

几乎每个青少年都有像伊恩的地图那样的心理流程图。青少年有可能不会计算分数的平方根，记不住元素周期表上的元素，但他们可以毫不费力地解释和分析学校中复杂的社会等级。从青春期起，他们就开始有强烈的与同龄人建立联系的欲望，并希望自己能在同龄人中有一席之地。这项活动需要对错综复杂的关系进行几乎痴迷的关注。这个过程是不能自已的，因为青少年大脑发生的结构性变化和荷尔蒙的变化不断地引导他们关注社会信息。

在青春期，人类的大脑对社会和情感线索变得更加敏感。例如，看到面孔图片时，青少年的大脑激活程度会比儿童或成年人更加强烈。因为在青春期与多巴胺相关的神经回路活动会有所增加，而多巴胺能让人感觉良好，所以青少年的大脑也就变得对奖励更加敏感。对青少年来说，最"甜蜜"的奖赏就是被同龄人接受和喜欢。为了适应一个新的、复杂而有价值的人际生态系统，青少年的社会脑几乎一直在"开动"。利伯曼说："大脑真正想做的，尤其在青春期，是探究并掌控整个社会。"

然而，正是在这一关键的发展阶段，长辈们总是告诫青少年，到了学校之后，要关闭社会脑，将注意力集中到那些没有社会意义的抽象的学习内容上。老师、家长和其他长辈都不喜欢学生关注社交生活而忽略当下真正重要的事情。因此，他们竭尽所能地吸引学生的注意力，引导他们努力。其结果是可想而知的：学生们无聊、分心、与课堂疏离，甚至出现违反纪律的行为。当然，我们也不能简单地让青少年整天沉浸在社交生活中，而应想办法让他们发展迅速的社交能力为学习所用。如何做到这一点？创建一种需要把学业任务放在首要位置的社交情景，让他们在学习的同时，也能参与高度社会化的关系。也就是说，让他们去教别人。

鉴于青少年对学校的矛盾态度，让他们当代理老师是不合适的。但这就是问题所在。虽然人类这个物种包括其年轻一代并没有进化到关心勾股定理或美国第二次独立战争的程度，但确实进化出了给他人讲解群体里的秘密的倾向。想想看，在食堂或休息室里，有多少青少年在用非正式"教学"方法要求他人遵守相关的社会规范。**人类是天生的老师，生来就会指导他人并向他人学习**。考古活动发现了几十万年前人类的教学证据，人们在世界各地的人类文化中也都能观察到教学行为，包括现今还存在的狩猎—采集部落，他们与人类祖先的生活方式非常相似。

像我们这样的现代人同样存在"教学本能"。在日常互动中，我们会无意识地暗示他人，比如视线接触、语气变化，这些暗示表明我们有指导他人的意图。这些暗示又会反过来让对方更容易接受我们所要传达的信息。人类一出生就会接收到这种类型的信号：婴儿一出生，父母就立即开始用"父母语"对婴儿说话，这是一种独特、高频、缓慢甚至夸张的说话方式。研究表明，听父母说话比听其他人说话更能帮助婴幼儿学习新词。用不了多久，儿童也开始当老师了，在三岁半的儿童中就可以观察到教学行为。

在整个生命过程中，与他人接触的过程能让我们获得新信息，但这种条件反射性的信息接收可能只有在与他人发生实际接触的时候才会发生。

**思考
实验室**　　　　耶鲁大学的一个研究团队使用 fNIRS 技术发现，当实验中的成年被试当面注视另一个人的眼睛时，与社交相关的一个脑区会被激活，但当他们注视视频中人物的眼睛时，该区域没有被激活。该研究的负责人、耶鲁大学神经科学家乔伊·赫希（Joy Hirsch）称："视线的接触就像一个'开关'，能触发互动个体的感知系统，实现信息交流。"还有一个"开关"是即时互动，个体需要基于同伴的表现来进行反馈，所以会触发对社会信息的学习。如果没有即时的互动，学习可能就不会发生。

有一项研究是很好的例证：不足两岁半的儿童在即时互动中，如果可以从大人那里得到实时的回应，其学习新词和动作的效果就会更好，但如果通过录制视频中的指令来学习的话，就几乎什么都学不到。研究人员将该现象称作"视频致呆"。

人们从其他活生生的人身上能学到很多。或者这样说会更令人惊讶：比起靠自己学习，人们在教导别人的过程中往往能学到更多。研究表明，头胎儿童的智商平均比他们的弟弟、妹妹们高 2.3 分。研究人员排除了其他可能的解释，如营养或父母教养等方面的差异，得出了一个简单的结论，即长子的高智商源于家庭生活中的长幼规律，即年长的孩子有时候会教导年幼的孩子。而在家庭环境之外进行的研究，包括实验室研究和在现实世界展开的研究，都一致表明让学生辅导他们的同学对大家都有好处，特别是对于提供辅导的人来说。为什么人们可以从教学行为中学习？**答案是：教学本身是一种社交性很强的行为，它能触发一系列强大的认知、注意和动机过程，这些过程能够改变教学者的思维方式。**

上述过程甚至在教学开始之前就已经被触发了：面对相同的学习内容，比起那些为了考试而学习的学生，那些为了辅导别人而学习的学生会掌握得更加全面和深入。

对于像我们这样的社会性生物来说，进行人际互动给我们带来的影响——包括可能由此造成的钦佩、尴尬等所有的感受，远比参加考试作答这种相对不动声色的活动更有价值。同样，与他人的社交互动可以改变我们的生理状态，让我们进入一种充满活力的警觉模式，注意力变得更加敏锐，记忆力有所加强，从而促进学习效果的提升。而为考试学习的学生则没有这样的生理唤醒，所以他们很容易觉得无聊，也很容易分心。这时候他们可能会开始听音乐或打开社交网站，给自己寻求人类情感和社会信息的刺激。

教导者在教学中会有更多的学习过程。在解释教学内容时，为了能讲清楚，教导者可能被迫要确认某些他原本忽略掉的细节。此时，教导者自身的知识漏洞就显现出来了。在指导学生学习课程中最重要的内容时，教导者要在各知识点之间建立联结，因此他自己就会对知识点进行更深层次的认知加工。在回答学生的问题和提出自己的问题时，教导者不得不对学习内容采取一种"元认知"模式，有意识地监测学生和自己分别知道哪些内容。研究表明，虽然学生有能力挑战相当难的知识点，但他们在自学时根本不会运用这些能力。然而，当学生进入教导者的角色时，就会被迫运用这些能力，从而为自己的学习带来前所未有的益处。

事实上，扮演老师的角色所带来的效应是如此强大，以至于即使"学生"不在场，也能达到相关的认知效果。

荷兰乌得勒支大学的教育学助理教授文森特·霍赫海德（Vincent Hoogerheide）进行了几项研究。他要求被试在镜头前解释所学习的内容，并想象有观众在听讲。在自行学习完材料之后，被试制作了一个简短的课程视频，例如，关于概率计算，关于逻辑推理，或者关于其他科目。这一过程没有观众在场，也没有教导者和学生之间的互动。

霍赫海德发现，视频教学的行为增强了被试的学习效果，提高了他们的考试成绩，并提升了他们将所学内容"迁移"到其他情境的能力。然而，如果只是一边想象要给学生讲课，一边写下知识讲解，就不能产生相同的效果。霍赫海德认为，在镜头前授课会真的让人有"社会存在感"，即感觉真的有人在看着、听着。他指出，在被拍摄的情况下进行讲解，会明显地提高被试的生理唤醒度，从而提高记忆力、注意力以及警觉性。

最理想的情境还是老师和学生之间进行现场互动，这种互动带来的益处也不局限于学习范畴。学生的教学行为可以对他们的身份认同和自我形象带来积极的影响。现实世界中的一些同伴辅导项目为此提供了证据，其中一个是名为"无价青年合伙人"（Valued Youth Partnership）的非营利机构。尽管人们通常会认为，应该从成绩最好的同学中挑选辅导老师，但无价青年合伙人的做法正好相反：故意招募学习困难的学生，并安排他们去教年龄更小的孩子。

无价青年合伙人的项目评估显示，相比于处于同一水平但没有参与教学的学生，参与了教学的学生的成绩更好，上学的出勤率更稳定，升学率也更高。这种结果一定程度上归功于心理学家所称的"创造力作用"的体验，即感觉自己的行为正在以一种有益的方式影响另一个人，为他人创造了价值。亲眼看见自己通过努力收获成果会让人感到特别满足。研究表明，当教导者有机会看到他们的学生运用所学知识来回答问题时，教导者会学习到更多知识并且获得更多动力。

教导他人的经验也可以帮助教导者更充分地融入学术或专业团体。加州大学欧文分校医学院开办的夏季医学预科项目，让非裔和拉丁裔医学生去给少数族裔本科生授课，而这些本科生则去以非裔和拉丁裔学生为主的公立高中授课。数据表明，从 2010 年起，该项目提高了上述三类学生的自信心和积极性。

这种成员既要教导别人，也要接受别人教导的"级联指导"模型，在许多场合都显示出应用前景，包括工作场所。就像学生在教导其他同学的过程中受益一样，专家也可以通过给同事提供建议来获益。在 2018 年发表的一项研究中，布鲁克林学院商业管理助理教授霍利·赵（Holly Chiu）指出，那些乐于与同事分享工作经验的员工能够在商谈中扩展他们的专业见闻。霍利·赵指出，通过"系统地浏览知识，研究它，理解它，整合它并展示它"，这些员工的知识深度和广度增加了，随后的工作表现也更好，收获的主管评价也更高。

社会互动并不是轻浮或不严肃的，它是智力活动的重要补给，可以激活人们未被利用的能力和才干。但是，囿于大脑的认知模式将信息仅视为信息，不管这些信息以何种方式呈现，在这种思考过程中，人们总是为了效率和便捷而忽略社会因素。随着技术在教育和工作场所的广泛使用，这种倾向愈发明显。学生需要看可汗学院（Khan Academy）的视频来学习数学运算，员工需要使用在线资源来进行自我培训。但是，我们可以用另一种方式来使用技术，即增加面对面的社会交流，以提升心智能力。

由非营利教育组织"为学习赋予力量"（PowerMyLearning）开发的一款名为家庭播放列表（Family Playlists）的教育软件就是一个很好的例子。放学回家后，学生需要将在学校学到的知识教给父母或其他亲属。家庭播放列表会以短信的方式向"家庭成员"发送一个链接。通过链接进入平台网页后，家庭成员会看到"合作学习活动"介绍。家庭成员通过该平台就孩子对课文的理解及复述的情况向老师提供反馈。现在美国已经有 100 多所学校在使用家庭播放列表。为学习赋予力量组织的首席执行官伊丽莎白·斯托克（Elisabeth Stock）指出，他们的一项内部研究显示，在数学这一科目上，学生使用该工具的收获相当于额外学习 4 个月的效果。她补充说，更重要的是老师发现自己与学生家长的关系得到了改善，而且学生对学习也变得更加投入以及更有热情。

教学是一种社会互动的模式，如果使用得当，它会使我们的思维更为明智。我们还可以利用另一种形式的社会交流来发挥这一优势——争辩，一种对人类来说几乎天生就会的交流形式。

辩论可以促成明智的决策

以下这项研究设计得非常巧妙。

思考实验室　首先，研究人员要求被试在实验中解决一系列的逻辑难题。"一家农产品商店出售各种水果和蔬菜，其中一些是有机的，一些不是。而这家商店出售的苹果不是有机的。关于这家店的商品，以下哪些说法是正确的？请说明理由。1）所有的水果都是有机的；2）所有的水果都不是有机的；3）有些水果是有机的；4）有些水果不是有机的；5）无法确定这家店的水果是不是有机的。"解题后，被试需要评估其他人的答案，即判断他们给出的理由是否合理。

实验的关键步骤是，在被试所评估的答案中，有一份不来自别人，而是他们自己的答案。一些被试认出了自己的答案，但还是有很多被试没认出来。接下来发生的事情就很有趣了。那些没认出来的被试，有一半以上不认同自己的答案。如果自己的答案有实际的逻辑错误，那么不认同的概率更高。换句话说，他们对自己认为的其他人的而非自己的论点进行了更严格的批判性分析，这提高了分析的准确性。

这项设计巧妙的研究背后有其深意。法国国家科学研究中心的认知科学家雨果·梅西耶（Hugo Mercier）与其合著者希望揭露人类理性的奇怪之处。正如上文所述，当人们被要求进行逻辑思考时，往往表现不佳。回顾一下之前提到的沃森选择任务，当人们参加标准版即非社会版本的沃森选择任务时，只有不到 10% 的人能够正确地完成任务。在其他标准化的推理测验中，如思维能力测评（Thinking Skills Assessment）和认知反应测验（Cognitive Reflection Test），人们同样也表现平平，即便是受过良好教育的群体，甚至专门受过论证和雄辩训练的群体也是如此。

学术领域在尽力地对那些干扰理性思维的认知偏差以及思维偏差进行分类。例如确认性偏差，许多研究表明，人们倾向于寻求并相信那些能支持先前观念的证据。确认性偏差最初是由沃森命名的，心理学家卡尼曼对其进行了进一步的阐释。卡尼曼在其著作《思考，快与慢》一书中指出："科学哲学家建议通过反驳假设的尝试来验证假设，其他人却相反，这通常包括科学家在内。他们总是寻求可能与自己目前持有的观念相一致的数据。"他感叹道，人类的头脑是"一台直奔结论的机器"。

为什么会这样呢？为什么地球上最聪明的生物会被这些内在的思维谬误所束缚呢？梅西耶认为，卡尼曼和其他研究人员在认知偏差这一问题上并没有给出令人信服的解释，他们认为人类的理性思维是一种"有缺陷的超能力"，既令人赞叹，又很容易莫名其妙地垮掉。在这些心理学家看来，人脑推理的这种差错是固有的且不可避免的。他们认为，人类能做的就是对认知偏差保持警惕，在它们出现时尽力地予以纠正。

　　梅西耶表示对此不敢苟同。他和他的合作者、同为法国国家科学研究中心认知科学家的丹·斯珀伯（Dan Sperber）提出了一个颇具争议性的观点——对认知偏差提出了不同的解释和不同的应对措施。他们指出，人类的进化并不是为了解决棘手的逻辑难题，因此人类不擅长逻辑思维，就像不擅长在水里呼吸一样，对此我们不必感到惊讶。**人类进化的目的是说服其他人相信自己的观点，并防止被他人误导。**换句话说，推理是一种社会活动，并且应该作为一种社会活动来实践。

　　在2017年出版的《理性之谜》（*The Enigma of Reason*）一书中，梅西耶和斯珀伯阐述了该观点的基石。他们梳理归纳了人类思维中各种令人困惑的现象：人们有能力对论点的合理性进行严格的评估，但是当自己提出论点时，却总是有失水准。这两种倾向都能很好地被作者的"推理的论证理论"解释。我们有各种动机去仔细地评估他人的论点，防止对方为了自身的利益而利用或操纵我们，但我们缺乏仔细评估自己论点的动机。毕竟，坚信自身的优点会使我们看起来更加可信。所以，当可以依靠队友来评审自己的论点时，我们就没有必要花费大量精力对自己吹毛求疵了。

　　这种辩论理论还详细预测了逻辑推理会在什么条件下发挥最大作用。例如，当脱离了让我们进化出推理能力的情境时，我们就容易暴露天生不善推理的弱点。这是一个喧闹的社会，我们在独自思考时很容易受到确认性偏差的影响。我们会为自己的观点构建出最强有力的理由，并在这个过程中自欺欺人。当然，在如今的文化背景下，独立思考是常见的思考方式，但也常伴随令人失望的结果。梅西耶和斯珀伯则提倡另一种方式：以得出真理为目的进行共同辩论。

　　布拉德·伯德和他的合作伙伴约翰·沃克（John Walker）已经把共同辩论转变成了一种艺术创造形式。伯德曾执导皮克斯电影《美食总动员》和《超人特工队》，并获得奥斯卡最佳导演奖，沃克则是以上及其他影片的制片人。两人"以公开争论而闻名"。伯德承认："这是因为他必须把事情做完，而我必须在事情结束之前尽可能地把它做好。"他们在创作《超人特工队》时的一些辩论十分精彩，还被放到了电影的彩蛋中。"听着，我只是想让我们过线。"沃克在镜头前说道。伯德则喊道："我想让我们过线的时候是第一名！"

在电影上映后的一次采访中，伯德在谈到他的制片人时表示，他希望沃克反驳他的论点："我不希望他告诉我，'伯德，你想怎么做都行'……我喜欢和约翰一起工作，因为他会当面告诉我坏消息。而这最终会让我们得到一个双赢的结果。如果你问皮克斯的内部员工，你就会发现我们是出了名的高效率团队。我们的电影并不廉价，它的价值已经全部体现在了大荧幕上，因为我们对冲突持开放态度。"

斯坦福大学商学院教授罗伯特·萨顿（Robert Sutton）[①] 对伯德进行了采访，他称伯德是"创意摩擦的有力践行者"。萨顿说，伯德的方法是正确的，"大量研究表明，在相互尊重的前提下辩论时，人们的工作效率和创造力会更高"。**研究结果一致显示，如果人们以正确的方式进行辩论，就会产生更深层次的学习效果、更合理的决策以及更有创意的解决方案，就更不用说更好的电影了。**

为什么辩论能帮助我们更好地思考呢？梅西耶和斯珀伯提出了自己的看法：参与积极的辩论可以使我们也站在评价他人观点的位置上进行思考，而不只是简单地构建并推广自己的观点。这种客观的分析不受利己的确认性偏差的影响，充分发挥了人类的辨别能力。但是，互相对立之所以能增强我们的认知，还有其他根植于人性深处的原因。

---

① 萨顿是知名管理学家、斯坦福大学管理学教授，他的合著作品《可复制的成功》揭示了如何将小范围的成功扩散到更大的组织范围，打造卓越组织，引起了强烈反响。该书中文简体字版已由湛庐引进、浙江教育出版社出版。——编者注

例如，冲突不可避免地会吸引我们的注意力，并激励我们学习。冲突可以是一个坚定的与逆境做斗争的英雄，也可以是两个被命运分开的恋人，还可以是一场可能被避免的近在咫尺的灾难。如果没有在早期引入冲突，小说或者电影就可能失去吸引力。冲突中固有的戏剧属性能促使我们阅读或观看。然而，我们却期望学生和员工关注那些没有冲突的、已经成为共识的信息。

明尼苏达大学的心理学家戴维·约翰逊（David Johnson）认为，几乎每一个话题都能以突出对立观点的方式呈现，而且人们也应该这样做。他写道："如果老师在开始上课的几分钟内没有创造出一种冲突情境，学生就不会投入课程学习中，这是教学的一条普遍规律。"约翰逊花了十几年的时间探索他称为"建设性争议"的用途，也就是对不同的观点进行开放性地探索。他发现，陷入学术争论的学生会阅读更多的书，复习更多的课堂材料，并从专家那里寻求更多信息。冲突产生不确定性，谁是错的？谁又是对的？这种模棱两可的问题需要通过获取更多的事实来解决。

认知冲突也会产生心理学家所说的"问责效应"。就像学生如果知道自己将要把学习材料教给别人，就会更加刻苦地准备一样，那些知道需要为自己的观点辩护的人，会给出更强有力的观点，并提供更多更有力的证据，而那些只希望通过书面形式表达自己观点的人，则不会这么做。辩论一旦开始，还会以另一种方式增强思考能力，即它可以有效地分配辩论者在议题中所负责的部分，从而减轻每个人的认知负荷。在独自推理时，推理者必须记住他思考的每个细节，但共同辩论时，个体可以将任务分配给其他辩手，让每个人都有一个特定的观点。这释放了独自辩论的压力，使人们有更多的资源来评估论点本身的价值。

身为父母的人都应该知道，孩子在很小的时候就有了辩论的能力。当两三岁的孩子与父母或兄弟姐妹发生争执时，他们可以提出理由并展开辩论。芝加哥大学研究辩论思维发展的心理学家南希·斯坦（Nancy Stein）指出，

"当孩子们掌握更多的语言知识、认知技能以及与规则和权利有关的社会知识后"，他们会更加积极地为自己的观点辩护。而批判性地评价他人论点的能力，即区分强论证和弱论证的能力，也在童年早期就出现了。

THE EXTENDED MIND
超越大脑的思考革命 ─────────

用梅西耶的话来说，我们都是"天生的辩论者"，很善于利用这种天生的能力去纠正错误，厘清思路，帮助我们做出正确的决策。辩论的关键不在于以付出任何代价来赢得胜利，而是通过充分的举例论证和评估反方论点来获得真理。当为自己的观点提供最佳论据并能认可相反的观点时，当积极地批评对方立场并对其潜在的优点持开放态度时，我们就充分利用了辩论的优势。萨顿认为，我们应该努力做到"观点鲜明，但不固执己见"，换句话说，"人们应该像自己是正确的那样争辩，像自己是错误的那样倾听"。

利用社会互动增强思维的另一种方式是分享故事，而这其中的核心是倾听和讲述。

借用故事，让沟通事半功倍

思考
实验室

2012 年开展的一项以七至八年级学生为对象的教育学方法的研究，要求所有被试学习有关放射性元素的科学知识。然而，他们学习这个主题的方式却截然不同。其中一组学生使用的是教科书式的枯燥乏味的资料："元素是独立的物质，它们相互结合，组成了我们周围看到的一切。我们在世界上看到和使用的大多数东西，比如空气和水，都不是由单一元素组成的。例如，钠和氯是两种不同的元素，它们构成了我们用来烹饪的盐……"资料上继续乏味地写着，"我们目前已知有 92 种元素是存在于地球的自然元素"。

　　第二组学生学的是同样的内容，但在呈现形式上与第一组有些差异。他们得到的材料是这样的："到 19 世纪末，科学家已经发现了大部分元素，但还有一些尚未被发现。当时，出生于波兰的玛丽·居里和她的法国丈夫皮埃尔·居里是生活在法国的化学家，他们试图找到地球上所有的自然元素。虽然这是非常困难的研究工作，但是玛丽和皮埃尔被元素的神秘性深深吸引。一天，一位名叫亨利·贝克勒尔（Henri Becquerel）的科学家向他们两人展示了一种叫作沥青铀矿的特殊岩石。当贝克勒尔把这块沥青铀矿石带进一间黑屋子时，玛丽看到它发出了一种浅蓝色的光芒。"

　　第二份材料继续写道："贝克勒尔解释说，沥青铀矿中含有大量的铀，他认为这些光就来自铀。当然，这是玛丽和皮埃尔见过的最奇怪的岩石之一，这也是为什么他们想要尽可能多地了解这种神秘的蓝光以及确认它是否来自铀。"第二组学生通过材料了解到玛丽和皮埃尔如何将岩石碾碎成小块，如何在不同温度下燃烧岩石，加入不同种类的酸后会发生何种反应。他们了解到这两位科学家是如何发现岩石中的铀在释放高能粒子的。这种特性后来被两位科学家命名为"放射性"。同时，学生也读到了，"当怀着兴奋和希望探究这种全新元素时，玛丽和皮埃尔也意识到他们开始感到疲倦和恶心"，而这正是长期接触放射性物质的后果。

　　该研究的负责人是加州大学圣巴巴拉分校教育学助理教授戴安娜·艾莉亚（Diana Arya）。她想知道不同的材料呈现方式是否会带来不同的学习效果。研究结果验证了她的猜想：当材料以故事的形式呈现时，学生能更透彻地理解材料，更准确地记忆材料，而那些能够捕捉隐藏在已经被公认的知识背后，与人类动机和选择有关的故事带来的学习效果更好。艾莉亚指出，第二版材料并没有人为地添加叙事剧情；相反，是传统教学材料舍弃了"最初激发探索的价值感和好奇心"。

令人感到遗憾的是，这种缺乏人类故事和情感的传统教材，是学生在学校里经常接触到的学习内容，也是员工在工作场所中经常接触到的信息。正如一位教育心理学家所说，这种"去个性化"的方法没有充分发挥叙事手法的作用。认知科学家将故事喻作一种"心理权贵"，这意味着它们会受到大脑的特殊优待。与其他信息形式相比，我们会更关注故事，并更容易理解和记住它们。**研究表明，我们从故事中回忆出的信息要比从说明文中获得的信息多出 50%。**

为什么故事会对我们产生这些影响？原因之一是故事组织信息的方式与大脑认知信息的方式相似。进化使人类的大脑有求证因果关系的倾向，即事出必有因。从本质上讲，故事都是有因果关系的；事件 A 导致事件 B，事件 B 又导致事件 C，以此类推。如果叙述者在讲述一个故事时，故事的第一部分与第二部分没有任何关系，听众就会有理由抗议说，根本无法理解这个"故事"。

但同时，故事也不会告诉我们所有的细节。如果一个讲故事的人要费力地把每个叙述点联系起来，听众会再次有理由反对：不要讲了，我们早就明白了！讲好一个故事，只需要突出其中的重点和脉络，然后让听众跟随故事线进行推理，从而赋予故事完整的意义。这样的推理需要花费一些脑力，使故事听起来和思考起来都很有趣。但正是因为我们必须通过思考才能理解故事，也就是说，必须维持一个贯穿开始、中间和结尾的故事线，我们才更有可能记住故事本身，而不是那些无关紧要的信息。

故事对我们产生的影响比非叙事形式的信息更深刻的另一个原因是，在听一个故事时，大脑会使我们以一种亲身经历的方式去体验故事中的情节。神经影像学研究表明，当听到故事中的角色有情绪时，大脑中与情绪相关的区域会被激活；当听到故事中的角色在运动时，大脑中与运动相关的区域会被激活。我们甚至会去记住故事中的角色记住的东西，忘记故事中的他们忘记的东西。

基于以上证据，研究人员得出结论，我们理解故事的方式是在大脑中对其进行模拟。因为故事本质上就是在描述角色的行为，所以在阅读故事时，大脑会产生一部以这些事件为情节的电影，而当我们阅读一系列事实信息或说明书时，大脑中则不会呈现这种想象出来的电影。这种模拟提供了一种替代性实践，虽然故事中的经历没有发生在自己身上，但聆听时我们会在大脑中进行模拟。因此，当它们真正发生时，我们会有更充分的准备。

克里斯托弗·迈尔斯（Christopher Myers）在进行一项特殊的学术研究时，曾目睹过这种现象。迈尔斯是约翰斯·霍普金斯大学凯瑞商学院管理与组织学的助理教授，他曾多次在空中飞行，观察医疗运输队的工作。这些护士和医务人员需要乘坐直升机，从事故现场或小型社区医院接患者到大型医院接受高级护理。在途中，他们为身患各种疾病的和受伤的患者提供治疗。在医疗运输队中，没有人敢保证自己对每一种需要提供护理的情况都有亲身经验，因此他们不得不依靠队友积累的专业知识。迈尔斯发现，他们分享这种知识的主要方式就是口述。

在长达几个月的飞行过程中，他发现这些飞行护士掌握的很多知识不是在正式的培训课程上获得的，也不是从指南或手册中获得的，而是在执行任务的间隙从私人的故事讲述中获得的。"我不想去书里找中毒性休克综合征。"一位护士对迈尔斯说。"给我讲讲你刚才坐过的那架飞机上的那个病例。患者有什么症状？他看上去怎么样？你为他做了什么？我们有临床试验方案，但如果你们加了方案里没有的东西呢？告诉我事情的来龙去脉吧。方案有效吗？"团队成员经常互相讲述他们在直升机上遇到的技术问题，以及他们从不同医院的工作人员手中接管患者护理时遇到的人际关系问题，当然，还会讨论他们用过或见过的医疗程序。

例如，有一个故事讲的是有人在婚礼上从阳台上摔下来，被婚礼歌手的麦克风支架刺伤，然后医疗运输队如何成功治疗该伤员的经过。几年后，一名飞行护士又遇到了这样的情况。当时，她所在的团队要去帮助一名身体被自行车把刺穿的骑手。护士告诉了迈尔斯自行车伤人的事情："我以前从来没有见过这种情况，但我听说过麦克风支架的故事，所以当我们出现在现场时，就是这样处理的——'好的，他们之前是这样处理那个患者的，所以从这里开始比较好……'"

正如迈尔斯指出的，这种替代性学习在任何行业都越来越有必要。一个人不可能亲身经历在某一特定时刻出现的各种意想不到的场景。在不熟悉的环境下，员工可能没有时间翻阅程序手册，甚至没有时间去上网寻找答案，而试错的方法既耗时又冒着巨大风险。但那些习惯与同事交流故事的专业人士有大量的替代性经验可供借鉴。迈尔斯研究的医疗运输队每年会执行1 600多次任务，一名护士通常只参与其中的一小部分任务，大概200次。其中一名组员告诉迈尔斯，听同事们的故事让他"每年可以积累1 400次我自己无法亲身体验的经历，而你对其他患者了解得越多，你就越能为下一个患者做好护理准备"。

故事总是会在与他人的交流中出现，而领导者和管理者的作用则在于为员工的故事叙述活动提供支持，并扫清阻碍。时间和空间是上级可以提供的最重要的两个支持。迈尔斯的研究表明，人们通常不会在紧张的工作时段分享故事。一名护士在访谈时告诉他："发生的事情太多了，不可能出现'嘿，听听这个故事'或'这里发生了一件事，还有这个……'，这似乎是一种当你们坐在一起分享战争故事时才会发生的更随意的事情。"

一些管理者可能会对这种"闲坐聊天"的做法持怀疑态度，但研究表明，这是值得花费时间的。例如，一项研究表明，为"自由的员工互动"留出时间，可能会暂时降低公司1%的效率，但长期来看会使团队绩效提高3倍。在这种互动中，员工似乎只是在聊八卦。"但什么是八卦呢？"计算科学家兼麻省理工学院教授彭特兰问道。他进行了许多研究，证明了人们在工作场所互动的好处。他自己的回答是："八卦就是关于发生了什么和你做了什么的故事。"他补充道："如果要建立一个健康的组织机构，人们就需要知道规则，知道是怎么做事情的，而这意味着他们不得不听故事。"

这种互动发生的地点也很重要。在迈尔斯研究的医疗运输队案例中，默认的讲故事地点是供应室门外直升机停机坪门边的一个 3 米 × 4.5 米的区域。慢慢地，这个不起眼的地方变成了一个私人的场所，供人们交换与工作相关的八卦。空间的私密性是其吸引力和价值的一部分。迈尔斯指出，还有另一个更正式的，可以让负责运输的护士分享故事的空间——每周由医生监督的被称为"病例研讨"的会议。他指出，在这些会议上提出的患者案例研究比在供应室门外叙述的故事更"清楚"、更聚焦和更简洁。但在润饰案例发言稿时，护士往往忽略了那些在将来遇到类似情况时对他们的同事来说最有用的细节。

这些重要细节构成了心理学家所说的"隐性知识"：关于事情如何完成、何时完成以及在何种情况下完成的信息。这是员工在正式会议和培训课程中学习时所遗漏的内容。这也是许多公司投资的"知识管理系统"出问题的地方：系统提供的信息没有背景，缺乏细节，因此几乎毫无用处。迈尔斯指出："能使员工学有所获并能在工作中茁壮成长的大部分知识，并不是那种被记录在网络知识库或知识管理系统中的正式的、成文的信息。相反，成功的关键往往是掌握组织机构的隐性知识，即那些复杂的、微妙的以及难以被捕捉或记录的知识。"

这种知识管理系统的失败案例让迈尔斯想起了他曾做的另一次访谈。访谈对象是一位就职于大型科技公司的专家。他所在的公司已经在一个复杂的知识管理系统上投资了数百万美元，目的是将公司员工头脑中的专业知识以书面形式记录并整理。"我一直在使用知识管理系统，"他向迈尔斯确认道，但不是以公司领导者希望的那种方式，"方式是将页面滚动到最下面，看看是谁写的，然后打电话给他们了解更多情况。"这位专家所寻求的是情境化的、充满细节的信息。简而言之，他想要的是一个故事。

第 9 章

相比一起看 Excel 报表，不如一起聚餐

- 管理者如何挣脱《乌合之众》带来的偏见，大大提升应对当今社会复杂性的能力？

- 索尼如何通过全体员工做广播体操来使后者高效地共同思考和协作，从而提升生产效率？

- 团队领导如何在讨论之初表达开放态度或保持沉默，从而得到成员更具创造性和更丰富的反馈？

　　在加利福尼亚州海岸进行了几天的军事演习后，美国的"帕劳"号开始返航。这艘大到足以运送 25 架直升机的航空母舰正轻快地驶进圣迭戈港。此时，在距离飞行甲板有两层楼那么远的驾驶室内，气氛非常轻松和欢快。船员很快就可以上岸，然后尽情享受假期。但是，当话题转到当天晚上要去哪里吃饭时，对讲机里突然传出了船舶工程师的声音。

　　"舰桥，主控制台！"他咆哮道，"汽包压力正在下降。目前没有发现是哪里出了问题。我正在关闭阀门！"

　　一位在领航员监督下工作的下级军官迅速走到对讲机前，确认道："对！关阀门！"领航员则转向坐在驾驶室左舷边的船长，汇报了一遍情况："船长，锅炉里没有蒸汽了，工程师也不知道是哪里出了问题。"

　　在场的每个人都知道这消息意味着情况很紧急。失去蒸汽压力意味着整条船将失去动力，而这一意外的后果很快就显现出来了。在工程师通报情况的 40 秒后，蒸汽包已经空了，所有的蒸汽操作系统都停止了运行。在一声尖锐的警报响了几秒钟后，驾驶室内变得异常安静，雷达和其他设备的电动机都停止了转动。

停电还不是唯一的紧急情况。缺乏蒸汽意味着船员无法降低船速，而船开得太快将导致无法抛锚。降低它的冲力的唯一办法，是反方向转动靠蒸汽操纵的螺旋桨。此外，这还将导致另一个惨痛的后果，即蒸汽的流失使船员的驾驶能力大打折扣。领航员焦急地凝视着船头，命令舵手把舵向右转10°。舵手转动了方向盘，但没有起作用。

"长官，我没有舵柄！"他喊道。

船舵还有一个手动的后备系统。可是，尽管有两个人在船尾的一个隔间里奋力地工作，用尽全力想把那笨重的舵挪动哪怕 1 英寸[①]，也无济于事。领航员依旧凝视着船头，低声说："来吧，摇晃起来吧！"但这艘 17 000 吨的船却朝着拥挤的圣迭戈港驶去，并偏离了原来的航线。

埃德温·哈钦斯（Edwin Hutchins）在实时观察着发生的一切。他是圣迭戈海军人事研究与发展中心的一名心理学家。为了开展一项研究，他以观察员的身份登上了"帕劳"号，在航行过程中记录观察笔记并录制访谈材料。现在，这艘船因陷入一场危机而变得混乱。用船员的行话来说，这是一场"生死之战"，而哈钦斯也被卷入其中。

哈钦斯站在驾驶室的角落里，观察着船长。他注意到，船长表现得很冷静，好像这一切都是很平常的事情。事实上，哈钦斯知道，"这种情况一点儿也不常见，在这个凉爽的春日下午，偶尔传来的颤抖声，喃喃的诅咒声，脱掉的夹克，露出的被汗水浸透的衬衫，都无一不透露出此时的真实情

---

① 1 英寸为 2.54 厘米。——编者注

况——"帕劳"号没有完全得到控制，船员们的职业生涯甚至生命都处于危险之中"。

哈钦斯利用他在船上的时间研究了一种他称为社会分布式认知的现象，即一种人们利用他人想法进行思考的方式。他后来写道，他的研究旨在"使认知分析单元的界限超越个人躯体，并将团队视为一个认知和计算系统"。哈钦斯补充说，这些系统"可能有自己独特的认知特性"。从这个角度来说，没有任何一个人能独立解决"帕劳"号当前面临的困境，现在是考验它的社会分布式认知的时候了。

蒸汽机故障还导致了"帕劳"号主要使用的电罗经[①]出现故障。没有电罗经，团队必须计算从岸上多个地标获得的方位间的关系，手动确定船的位置。由于"帕劳"号一直在移动，因此必须每分钟更新一次计算结果。这艘船的舵手叫理查兹，他最开始在领航室的海图桌上工作，但他很快就发现，一个人根本无法胜任这项工作。

哈钦斯注意到，刚开始时，理查兹想借助手边的工具来完成这项艰巨的任务。他低声重复着正在计算的数字，试图利用他的声音和听觉来扩大工作记忆容量。他把指尖放到被加起来的一列数字上，用手来辅助管理数字运算产生的大量信息。他用铅笔在导航图的空白处草草写下每一步计算出的和，用哈钦斯的话来说，这是一种"外部记忆"。然后他拿出一个计算器，以减轻大脑进行数学运算的负担。但是，独自奋斗的理查兹没多久就开始跟不上了，他叫来二级军需官西尔弗一起计算。然而，另一个大脑的加入带来了一个新的挑战，即如何在紧迫的情况下最有效地分配这种复杂和快节奏的任务。

与此同时，船一直在前进，这时出现了新的紧急情况："帕劳"号正在驶近一艘帆船，但船上的人还没有察觉到大船的可怕状况。哈钦斯说："正

———————————
① 电罗经又名陀螺罗经，是一种重要的船舶航海导航设备。——译者注

常情况下，"帕劳"号可以用它巨大的号角发出 5 声巨响。"但是"帕劳"号的号角是汽笛，没有蒸汽的压力，它是发不出声音的。虽然船上还有一个小型手动雾号，但哈钦斯说："它基本上就是一个带簧片和响铃的自行车打气筒。"尽管如此，一个负责航海日志的下级军官还是被派去寻找雾号，并带到船头向帆船发出警告。与此同时，船长抓住飞行甲板上公共广播系统的麦克风，对着帆船喊道："经过'帕劳'号船头的帆船！请注意！我们的船没有动力了！要想经过，后果自负！我们的船已经没有动力了！"

这时，那艘帆船已经消失在"帕劳"号的船头下。船员从驾驶室里只能看见它的帆尖，他们已经为即将到来的碰撞做好了准备。这时，负责航海日志的下级军官终于到了船头并吹出了 5 声微弱的喇叭声，可已经无济于事了。但是几秒钟后，帆船出现了，它从"帕劳"号的船首右舷方向经过，仍在航行中，这至少说明船员们避开了一场生死之战。

驾驶室里，理查兹和西尔弗还挤在海图桌上，努力完成给两人分配工作的任务。根据哈钦斯的细致观察，这两人在"一致的行动模式出现"之前尝试了 32 次，最终在两人之间建立了有效的劳动分工模式。在第 33 次尝试时，哈钦斯注意到，"他们第一次形成了稳定的分工模式"。

一旦这种模式成型，船员就会按照一定的节奏工作，获取新的方位数据，并批量生成新的位置运算。在他们和其他船员的共同努力下，这艘巨轮被引航到了安全的地方。哈钦斯报告说："事故发生 25 分钟后，'帕劳'号在距离失控点大概 3 千米远的地方抛锚，停泊在航道外广阔的水域里。"

"'帕劳'号能够安全地抵达抛锚地，很大程度上要归功于驾驶室船员们高超的航海技术。"他继续说，"但舰桥上没有一个人能单独控制这艘船并将它安全抛锚，无论是船长、领航员，还是舵手。"

一个寻找社会分布式认知的心理学家很难再找到一个比"帕劳"号更好

的例子了。我们经常察觉不到现实生活中的集体思维案例。美国的文化和制度倾向于关注个人，关注个人的唯一性、特殊性和独立性。在商业和教育领域中，在公共和私人生活中，人们都更强调个人竞争而不是互相合作。大家抵制自己所认为的从众行为，至少会抵制那些明显的从众行为，人们怀疑所谓的"群体思维"。

在某种程度上，这种谨慎或许是有道理的。不加批判的群体思维会导致愚蠢甚至是灾难性的决定，但过度的"认知个人主义"导致的问题也越来越明显。在这个信息如此丰富、专业知识如此深入以及问题如此复杂的世界里，个体认知根本不足以应对层出不穷的挑战。在这种环境下，一个独自思考的人在解决问题或产生新点子方面明显处于劣势。群体思维就是实现超越独自思考的途径。对人类来说，这是一种极其自然的状态，一种看起来很奇怪但又很神奇的状态。

激活群体思维是应对当今社会复杂性的唯一方法

一群大脑如何像一个大脑那样思考？这看上去很神秘和魔幻。事实上，西方科学对群体思维的研究之所以在一开始就令人怀疑，主要是因为一个相对较近的历史小事件，这一事件有助于解释为什么群体思维常令人不安。事件开始于 19 世纪晚期和 20 世纪早期，当时的文化长期推崇个人主义意识形态。这个时期的知识分子，比如法国医生古斯塔夫·勒庞（Gustave Le Bon）和英国心理学家威廉·麦克杜格尔（William McDougall），对群体似乎有自己的想法这一猜测产生了浓厚的兴趣。群体思维被认为是强大的，但也是危险的、原始的、非理性的和暴力的。值得注意的是，人们还假设了群体的智力低于个体。

在 1895 年首次出版的《乌合之众》一书中，勒庞断言，复杂的思想"只有在呈现出非常简单的形式后，才能被人群所理解"。他写道："尤其是当我们试图理解一些高深的哲学或科学思想时，我们会看到，为了将其降低到群体智力可以理解的水平，需要对其进行大刀阔斧的修改。"在 1920 年出版的《群体思维》（*The Group Mind*）一书中，麦克杜格尔也表达了类似的观点。他断言："无论是暴徒或普通人群，还是像陪审团、委员会、企业这样在一定程度上有组织的，被公认为是有义务做出判决、做出决定、制定规则或法律的团体，它们做出的许多判断显然是错误的、不明智的或有缺陷的，以至于任何一个人，甚至是相关群体中最不聪明的成员做出的决定，都可能比这些决定要好。"

这种有关群体思维的观念具有巨大的影响力。时至今日，我们仍普遍存在着对群体思维的不信任甚至是蔑视。但实际上，这一研究领域建立在不可靠的经验的基础上。在没有办法解释群体思维是如何运作的情况下，理论家们转向了模糊的、不科学的甚至是超自然的理论猜测。

勒庞猜测在人群中存在着一种"磁性影响"。麦克杜格尔则思索群体中存在"心灵感应交流"的可能性，甚至精神分析学家卡尔·荣格（Carl Jung）也加入了这一行列，提出了共享的、将一群人凝聚成一个整体的"遗传外质"（genetic ectoplasm）概念。最终，整个领域因其自身的不严密和不一致性而瓦解。一个观察者写道，群体思维"不光彩地进入了社会心理学的史册"。另一个观察者则说，它"被驱逐出了受人尊敬的科学话语范围"。社会科学家几乎把个人作为他们唯一的关注点，关注独立思考和个体行为。

但是，关于群体思维的正式研究正出人意料地卷土重来，其复兴正符合当前时代的要求。在这个时代，知识更丰富，专业技能更深入，涌现的问题也更复杂。而适应这些发展的唯一办法就是激活群体思维，因为在群体思维中，知识、专业技能和脑力劳动分散在多个个体上。随着群体思维变得越来越重要，人们开始思考如何才能更好地利用它。与此同时，重新构想的理论和新颖的研究方法使研究人员对群体思维有了新的认识，并将该领域的研究置于真正的科学理论的基础上。群体思维既不是无意义的，也不是超自然的，它是一种基于一些基础机制的复杂的人类能力。我们将从"同步"（synchrony）这个基础机制讲起。

同步活动，让人们成为更好的合作者

"两脚立正，伸展全身！"广播体操口令员开始讲解动作。这是日本几十年来每天都在播放的一个三分钟的广播体操节目。每天早上 6 点半，节目就在欢快的钢琴声中开始。在固定的时间，数百万日本人聚集在办公楼、工厂、建筑工地、社区中心和公园里，开始进行他们从小就熟记于心的一系列锻炼。

"一，二，后退；伸展你的背部，然后是两臂和双腿！"学生、员工、一群群年轻的母亲和老人都步调一致地伸出手来，弯曲身体，扭动跳跃，"现在，向前弯曲，有节奏地跳跃！弯曲三次，然后双手放于臀部，向后弯曲。"手臂摆动，膝盖下沉，他们就像共用一副躯体一样运动，一直到节目结束，"让我们以深呼吸结束，慢慢吸气，慢慢呼气；五，六，再来一次！"

下至年轻的学生，上至索尼和丰田的高管，他们都参加了这项活动。对参加活动的人来说，这项活动带来的好处可能不仅在于强健体格和增强身体的协调性。**大量研究表明，行为同步，即协调我们包括身体动作在内的行动使其与其他人的行动一致，可以为认知同步奠定基础。**而认知同步指的是多人一起高效和有效地思考。

**思考
实验室**　在一项研究中，华盛顿大学的心理学家让两组 4 岁的孩子在实验室里的秋千上玩耍。然后，研究人员小心翼翼地将孩子们的摇摆节奏分别操纵为同步的，或是不同步的。结果表明，从秋千上下来后，那些在荡秋千时节奏同步的孩子更有可能在随后的任务中与对方合作。在同步玩电子游戏的 8 岁儿童中，研究人员也发现了类似的结果，即跟那些游戏中与同伴不同步的被试相比，同步玩游戏的儿童与同伴的相似性和亲密感更高。对成年人进行的研究也证明了这一点，即同步动作会使人们成为更好的合作伙伴。

为什么会出现这样的结果呢？从最基本的层面上讲，同步向他人发出了我们愿意合作以及有能力合作的信号。同步运动就像一封邀请他人一起完成一份有产出的工作的邀请函。除了这种信号传递功能，同步似乎还会使我们看待自己和他人的方式发生一系列的变化。意识到我们和其他人在同一时间以同样的方式运动，会增强我们作为群体一员的意识，并更少地关注作为个体的自己。

此外，因为其他人的动作和我们的相似，我们能够更容易地解释和预测他们的动作。研究表明，我们常常会思考他人在想什么。同步甚至能改变感知觉特性，使我们的视觉系统对运动的发生更加敏感。这些变化也使我们对与自己同步的人的外表、动作和说过的话都记得更牢。我们会更乐意向他们学习，与他们的交流会更加流畅，也能和他们一起更有效地追求共同目标。

在情感层面，同步会让我们和他人看起来有点儿像朋友和家人，即使我们和他们素未谋面。我们会对那些和自己同步的人更热情，也更愿意帮助他们，为他们做出牺牲。在同步性活动中，我们可能会感到自我与他人之间的界限变得模糊，但这不是因为感觉自己变渺小了，而是感觉自我被延伸了，自己充满了能量，就好像所有的群体资源现在都在我们手中一样。**对运动员和舞蹈家的研究甚至发现，步调一致的运动可以增强耐力，减少对身体疼痛的感知。**同步使我们陷入一种被一位研究人员称为"社会旋涡"的状态。在这种状态中，个人利益变得微不足道，而群体表现变得至关重要。当被社会旋涡所带动时，我们会觉得与他人合作非常顺畅，且几乎毫不费力。

　　同步广播体操在日本这个以集体精神和团队凝聚力闻名的国家流行起来，似乎得益于基于相关研究结果的决策和人性使然。不过，在任何一种文化和任何一个时代中，军队、教会和其他组织机构都曾使用同步运动把分散的个体联结成一个整体。正如神经学家沃尔特·弗里曼（Walter Freeman）所说，同步是一种高效地促进"群体形成的生物技术"。但为什么人们需要这种技术呢？

　　著名心理学家乔纳森·海特（Jonathan Haidt）[1]认为："人性中的90%像黑猩猩，10%像蜜蜂。"他指出，从总体上看，我们都是有竞争意识的、自私自利的动物，一心追求自己的目标，这是像黑猩猩的部分。但我们也可以像蜜蜂这种"超社会性"的生物一样，为了群体的利益而团结一致地思考和行动。海特认为，人类存在一种被他称为"蜂群开关"的心理触发器。当蜂群开关被打开时，思维的焦点就会从个人转向团队，即从"我"的模式转向"我们"的模式。打开这个开关是把个人的思想扩展到所属群体，从而一起思考如何把事情做好的关键。

　　同步运动是打开这个开关的一种方式。它确实引发了如已故的军事历史学家威廉·麦克尼尔（William McNeill）所说的"肌肉联结"。他认为，欧洲军队拥有的相对其他军事力量的长期压倒性优势，部分来源于紧密队形操练的心理效应。这种操练形式扎根于16世纪的荷兰，后来传播到其他欧洲国家。士兵会花好几个小时列队行进，他们协调一致的动作会创造一种精神上和情感上的联系，从而改善士兵在战场上的表现。

　　麦克尼尔这位杰出的军事学者依据自己的学识和个人经历，记录下了军事操练的变革性影响。他在年轻时应征入伍，被送往得克萨斯州接受基础训

---

[1] 海特是积极心理学先锋派领袖，曾获得坦普尔顿积极心理学奖。想了解其更多思想，可参考海特的《象与骑象人》，这本书将人的心理分成两半，一半像一头桀骜不驯的大象，另一半则是理性的骑象人。该书中文简体字版已由湛庐引进。——编者注

练。在那里，他和新兵同伴一起被命令练习齐步走。"一个小时又一个小时，按口令要求齐步前进，我们在烈日下汗流浃背，不时地数着节奏：一！二！三！四！"麦克尼尔回忆道。"很难想象还有比这更没用的练习了。"他继续挖苦道。但随着练习时长的增加，他发现自己进入了"一种共同的情绪高涨的状态"。

他写道："言语不足以描述在训练过程中长时间的同步运动所激发的情感，它在我的回忆中是一种蔓延的幸福感。更具体地说，它是一种奇怪的自我延伸感，一种由于参与集体仪式而引发的生命已无法容纳自我的膨胀感……很显然，某种出于本能的东西在起作用。我后来得出结论，这种东西比语言要古老得多，在人类历史上至关重要，因为它激起的情感构成了在任何群体中都可以无限扩展社会凝聚力的基础，使每个群体都能及时地团结起来，一起行动，有节奏地吟诵、歌唱或呐喊。"

麦克尼尔和他的伙伴们在"尘土飞扬、砾石丛生的得克萨斯州平原上"所发生的一切，无疑是协调一致的同步运动的产物。但可能还有一个因素发挥了作用，即共同的生理唤醒。他们的身体会对体力消耗、炎热的太阳和上级的大声命令产生共同的反应，从而促进群体思维的产生。

思考实验室 研究人员乔舒亚·杰克逊（Joshua Jackson）于 2018 年在《科学报告》杂志上发表了一个实验，巧妙地证明了共同的生理唤醒的重要性。杰克逊和其合作者通过"使用比传统心理学实验室更大的场地"，设置了"模拟实际的游行仪式"的情境。

他们选择了一个专业的体育场作为实验场地，并在体育场上方 25 米高的地方安装了一个高清摄像机。杰克逊等人首先在体育场聚集了 172 名被试，将他们分成几组，分别操纵他们的同步和唤醒体验：第一组被试和同伴列队行走以增强同步性，第二组被试以松散和不一致的步调行走，第三组被试绕着体育场快速行走以增强生理唤醒度，第四组被试则以悠闲的步伐行走。随后，杰克逊等人让每个小组以团队的形式，根据自己的意愿分散到操场上，合作完成一个联合任务，即收集分散在操场上的 500 个金属垫圈。

杰克逊等人通过分析安装在屋顶的摄像机记录的数据发现，当这些被试的动作同步一致，并共同经历生理唤醒时，他们会形成更具包容性的群体，彼此站得更近并更有效率地工作。

杰克逊等人表示，这个结果说明"在小群体中，行为的同步和共同的生理唤醒增加了社会凝聚力和合作行为"，这也在一定程度上帮助我们理解了"为什么在世界各地的仪式中，同步行为和生理唤醒常常是同时发生的"。

正如这项实验所证明的，体力消耗是产生生理唤醒的可靠方法，但它不是唯一的方法。一种高强度的情感体验也会达到类似的效果。**无论心跳加速是因为跑了几圈，还是因为听到了一个激动人心的故事，这种同步的生理唤醒都会让一群独立的个体团结起来**。在行为同步时，团队成员就像同一个人一样移动他们的胳膊和腿；而生理唤醒同步时，他们的心脏都在狂跳，皮肤都在出汗，也仿佛他们是一体的。行为和生理唤醒上的同步反过来会产生更强的认知同步。新兴的研究甚至指出了"神经同步"的存在。一项有趣的发现是，当一群人在一起思考时，他们大脑的活动模式会变得相似。尽管此时仍然可能把自己看作独立的个体，但大脑和身体却有许多方式来缩小我们和群体中其他个体的差别。

共同注意：投入时间越长，获得成就越多

大量的实验室研究以及现实生活中的各种仪式都表明，通过促进同步运动和生理唤醒，是有可能打开"蜂群开关"，激活群体思维的。关键在于创

造一种特定的群体体验，即人们紧挨在一起感受和行动，创造实时的接触。然而，当下的学校和公司却越来越多地采取相反的做法。在技术的帮助下，我们正在为学生和员工创造个性化的、异步的以及分裂的体验，比如个性化的学术课程软件"播放列表"、按自己节奏进行的在线培训模块等。然后我们又感到困惑：为什么我们的团队不能团结一致？为什么团队工作经常令人沮丧和失望？为什么群体思维不能扩展我们的智力？

为什么我们目前的做法会在错误的道路上走得如此之远？这种做法假定，无论获取方式如何，信息就是信息，不管我们怎么做，任务就是任务。**但新的科学研究表明，当作为一个紧密团结的群体的一部分而不是个体身份去思考时，我们的思维方式会有所不同，而且往往会表现得更好。**在注意力和动机方面，这种群体思维的优势尤其明显。当我们以集体身份而不是以个体身份进入这两种状态时，这两种状态的性质就会发生有意义的改变。

对注意力来说，当我们与他人同时关注同一物体或信息时，就会出现心理学家称为"共同注意"的现象。当意识到他人正在和我们关注同一个特定刺激时，大脑就会赋予这个刺激特殊的意义，把它标记为非常重要的东西，并用更多的大脑资源对其进行深入加工。用科学家的话来说，我们赋予了它们"认知优先权"。在这个信息泛滥的世界，我们可以利用共同注意来弄清楚应该关注什么，然后把认知资源分配到这些处于共同注意的焦点处的事物。这些过程大部分是自动发生的，它们可以使我们在与他人一起处理事情时学得更好，记得更牢。而且，我们更有可能根据其他人所关注的信息来采取行动。

人类在婴儿时期就已经开始参与共同注意了。9个月大的婴儿会朝成年人转向的方向看。婴儿会更长时间地盯着他们周围的成年人似乎在看的东西，他们更有可能认出之前与看护者共同注意的物体，而不是他们单独注意的物体。在这种微妙的、几乎是无意识的方式中，父母不断地教导他们的子女，什么是重要的，什么是值得注意的，什么是可以放心地忽略的。

　　到一岁的时候，婴儿就会看向大人眼睛注视的方向，即使大人的头没有转动。人类明显的眼白使得这种目光追随更容易做到，这也是人类区别于其他灵长类动物的主要特征之一。这种眼睛构造上的特殊性启发科学家提出了"合作眼假说"，即我们的眼睛是以支持社会合作互动为目的而进化的。科学作家克尔·坦（Ker Than）指出："我们的眼睛可以看见事物，也意味着它们可以被其他人看见。"

　　从一个共同的角度来体验世界的能力是人类进化的结果，这使个体与其他人可以完美地协调彼此的思想和行为。同时，共同注意以及增加更多共同注意的信息，会使团队成员针对问题构建的"心理模型"变得更相似，从而在解决问题时更顺利地合作。从某种意义上说，这让所有人类的成就成为可能，不管这一成就是共同把家具搬过一个狭窄的门，还是合作设计并发射一枚火箭到月球。而这一切都始于人类婴儿跟随他人视线。

　　尽管共同注意在看护者与儿童之间的互动中，与在成年人之间的互动中扮演的角色不同，但对成年人仍然很重要。与其说共同注意的功能是新手的专业指导书，不如说它是用于存储信息和维护印象的公共贮藏室。我们不得不持续监控同伴在关注什么，然后迫使自己也去关注这些东西，正如当大街上的每个人都抬头望天时，我们也会抬头。通过这种方式，我们对世界的认知思维模式就可以与周围的人保持同步。

　　通过共同注意建立的共同基础对团队合作解决问题而言尤为重要。

**思考
实验室**　　有研究考察了小组完成任务时的表现，比如一群学生共同给机器人编程，或者一群外科医生协作完成一场手术，结果显示，那些来自高效工作团队的成员会有意地让自己的视线和其他成员同步，即在同一时间注视同一区域。这种"共同注意的时间"越长，小组取得的成功就越多。

　　研究表明，这种增加共同注意时间的能力可以通过练习获得。一项研究考察了医生团队在模拟器上进行手术时的共同注意情况，结果发现有经验的外科医生的视线重叠率约为 70%，而实习医生的视线重叠率仅为 30%。但是，高效的合作者并不总是在同一时间关注同一个地方。相反，他们会在独自注意和共同注意之间来回切换。

　　如果群体成员的注意力所在不同，那么他们的动机也会不同。动机的一般概念基于的假设是：参与和坚持是个体的事情，是个体的意志。比如由宾夕法尼亚大学的心理学家达克沃思推广的"坚毅"。而这一假设忽略了一点，即当为所关心的群体做出努力时，我们坚持下去的意愿会增强。

　　如果对群体有一种真正的归属感，如果我们的个体身份与群体及其成功紧紧联系在一起，那么群体身份就可以成为一种强有力的动力来源。当满足这些条件时，群体身份就成了一种内在动机。也就是说，我们的行为会受到任务内部因素的驱动，这些因素包括为群体做出贡献时所获得的满足感等，而不再是金钱或声誉等外部奖励。心理学家有充分的证据表明，内在动机比外在动机更强大、更持久且更容易维持。它能让我们感到工作更愉快，并更有自信完成工作。

　　成为群体的"我们"而不是独立的"自我"的体验，往往会以适当的形式改变我们分配注意力和精力的方式。然而，在自私自利的社会中，有太多的东西与建立一种稳固的群体意识相抵触。对个人成就的重视和对群体凝聚的忽视意味着我们无法从共同注意和共同动机中获益。即使群体在名义上是存在的，但群体内部的凝聚力常常很微弱。心理学家发现，不同群体在所谓的"实体性"（或者用更吸引人的说法——"群体性"）方面存在很大差异。我们可以将用于培养个人才能的一部分时间和精力花费在组建真正的团体上，这将更有效。

为了培养群体性，我们需要认真考虑所要采取的方法。第一个方法是，需要一起思考的人应该同时一起学习。但如今的数码设备无处不在，即使在同一个教室里，也很难确保共同学习的发生。几年前，在肯塔基州路易斯维尔市的芬克里克传统高中教英语的高中老师保罗·巴恩韦尔（Paul Barnwell）发现，他的许多学生在上课时常常"身在曹营心在汉"。巴恩韦尔回忆说："他们在桌子底下玩手机，刷社交媒体上的信息。"

此外，巴恩韦尔还发现，当他终于引起学生的注意并引导他们完成小组作业时，学生会马上变得茫然无措，不知道该如何开展学术讨论。他们已经习惯了非同步文本交流的断断续续的节奏，以至于对实时的交流感到陌生，且缺乏实际经验。值得注意的是，这种非同步交流降低团队工作效率和有效性的情况，不仅在青少年中很常见，在成年的专业人士中也很常见。于是，巴恩韦尔用一个巧妙的方法改变了学生对技术的使用方式，他让学生用手机相互记录对方说的话，然后分析自己和同伴的对话模式。不久后，他的学生已经可以在班级里开展生动的对话了，而且思维和行为模式都更像一个群体了，也因此获得了只有群体才能产生的认知效益。

培养群体性的第二个方法是：需要一起思考的人应该同时一起训练。研究表明，相比于成员各自单独接受训练的团队，进行集体训练的团队会进行更有效的协作、有更低的犯错率和更好的任务表现。共同培训还可以减少"谷仓效应"，即减少来自不同部门的同事缺少沟通和合作的现象。然而在许多行业中，集体培训并非常态。例如，在医学领域，外科医生、护士、麻醉师和药剂师等不同专业的医护人员在护理患者时必须密切合作，但传统上，他们会在不同的部门甚至不同的机构接受培训。

一些医学院和医院目前正在试验跨学科的团队训练方法。明尼苏达大学找到了一个特别吸引人的做法：创建一个"密室逃脱"游戏。这个游戏以一个冒险游戏为模型，邀请了明尼苏达大学护理学、药剂学、物理治疗、社会工作及其他专业的学生进入一个模拟的病房，然后分发给他们一个虚构患者的案例研究。例如，"一个 55 岁的男性，有双相情感障碍和 2 型糖尿病的病史，因近期躁狂发作引发糖尿病酮症酸中毒来到急诊室治疗"。游戏规定在一小时内，学生必须一起努力，利用房间里的物品、信息和他们掌握的不同领域的专业知识，通过解答一系列谜题，为患者制订一个治疗计划。游戏结束后，学生可以反映在跨领域合作中遇到的挑战。

现在，"跨专业密室逃脱"已经成为明尼苏达大学健康科学课程表的一部分。宾夕法尼亚州的费城、纽约的布法罗、亚利桑那州的图森以及得克萨斯州的卢博克地区的医院和医学院也开展了类似的活动。

培养群体性的第三个方法是：需要一起思考的人应该有同步的感受。一些实验室研究，以及对经历过战场冲突和自然灾害的幸存者进行的研究表明，情感上或身体上共同经历过的痛苦可以作为一种"社会黏合剂"，将经历过这些痛苦的人联结在一起。但是，想要团结一个群体并不是必须经历这种痛苦。**诸多研究表明，只是简单地要求成员之间坦率地分享想法和感受，就能提高团队凝聚力和改善其任务表现。**

能量计划（The Energy Project）是一家总部位于纽约的培训和咨询公司，该公司每周三都会举行一次全公司范围的"团体会议"。在会议上，每位员工都会被问到一系列简单的问题，比如最开始的问题会是："你今天心情怎么样？"公司创始人兼首席执行官托尼·施瓦茨（Tony Schwartz）说："这个问题和我们一般每天都会问的'你好吗？'不同。""当员工们停下来反思，然后一个个地说出他们真实的感受时，更深入的对话就开始了。"他回忆说，员工们的回答有时透露着迷茫和痛苦，反映出一些个人危机或家庭悲剧。但是，即使答案很平常，那些关系亲密的员工也会彼此分享一些情感体验，然后在"你上周学到的最重要的东西是什么？""你这周的目标是什么？""你最感激的是什么？"等问题中更加深入地了解彼此。

培养群体性的第四个也是最后一个方法是：需要一起思考的人应该同时

参与仪式。出于这个目的，仪式可以是团队成员一起参加的任何有意义和有组织的活动，如果仪式包含同步的动作或共同的生理唤醒就更好了。明尼苏达州舍本县的克利尔维尤小学组织的活动就同时包含了这两个条件。该校各年级学生的每个学习日都是从"早晨一英里"活动开始的，课前他们通常需要在室外花 20 分钟完成快步走。同步的体力消耗意味着共同的生理唤醒。该校老师表示，哪怕是在明尼苏达州寒冷的冬天里，学生回到教室时都脸颊通红。此外，"早晨一英里"也是学生们的一种同步运动。研究表明，当人们一起走或跑时，他们会自动地、无意识地配合对方的身体动作。

即使是分享一顿饭这样的普通仪式，也会影响一个群体的共同思考能力。

思考
实验室　　马萨诸塞州巴布森学院的创业学助理教授拉克希米·巴拉钱德拉（Lakshmi Balachandra）要求 132 名工商管理硕士（MBA）学生扮演两家公司的高管，就一项复杂的合资协议进行谈判。在这个模拟谈判中，如果谈判双方能够清楚彼此的偏好，为了共同的利益进行最大化努力，而不是只考虑自己公司的利益，这次谈判就可能创造出最高的利润。巴拉钱德拉发现，那些一边吃饭一边谈判的被试，比如在餐馆吃饭，或者把食物带进会议室的，比那些不在吃饭时进行谈判的被试平均多获得 12% 的利润。

这一研究结果可以再次用同步来解释。巴拉钱德拉指出，当我们一起吃饭时，我们最后总是会不自觉地模仿对方的动作：把食物放到嘴里，咀嚼，吞咽。"这种无意识的相互模仿可能会让我们更加积极地看待对方和正在讨论的问题。"她写道。

另一项研究表明，如果被试以"家庭聚餐"的方式用餐，即吃同样的且用公共餐盘盛着的食物，共同用餐对合作的积极影响就会增强。如果菜单上有非常辣的主菜，这种积极影响可能也会增强，因为食用这些食物会使体温上升，增加排汗，提高血压，加快心率，并促进肾上腺素的释放，这些都是生理唤醒的标志。澳大利亚的一组研究人员表示，吃鸟眼辣椒这种很辣的辣椒的人之间会有更多的经济合作。

除了考虑行为同步和生理唤醒这两个因素，与他人一起享用食物本身就具有独特的意义：我们的生存依赖于这种基本的资源共享。康奈尔大学管理学助理教授凯文·尼芬（Kevin Kniffin）表示："与一起查看 Excel 电子表格相比，一起吃饭是一种更为亲密的行为。"他在《人类绩效》（Human Performance）杂志上发表的一项研究表明，一组一起吃饭的消防员比一组单独吃饭的消防员表现更好。

尼芬认为，我们对个人成就和个人奖励的关注，导致我们忽视了群体仪式对提高绩效的积极作用。他指出："成员一起吃饭的团队往往比其他团队表现得更好，但餐厅的作用常被公司低估。"那么那些将豪华自助餐厅作为员工福利的科技公司在这方面的表现如何呢？关键可能不是寿司是否新鲜或素食谷物是否美味，而是公司的员工是否坐在一起共享这些美食。

所有培养群体性的方法都根植于我们作为具象的、处于社会情境中的人的本性。这些方法之所以有效，是因为人们在一起行动、交流和工作时产生的紧密联系使他们的大脑和身体的节奏同步。这说明群体性的概念不同于一直很流行的"众包"或"蜂群思维"等概念。无论在理论上还是在实践中，这些概念都是囿于大脑的活动，即通过网络汇集个体抽象的思想。一般情况下，科技往往使我们彼此隔离，把我们封闭在自己独立的网络气泡中。但事实上，借助人类群体由来已久的资源来培养群体性的技术正在兴起。

例如，来自德国马克斯·普朗克研究所和其他地方的研究人员正在探索如何在群体中进行自动的"融洽探测"。安装在会议室或嵌入视频会议设备的传感器可以悄悄地监测小组成员的非言语行为，比如面部表情、手部动作以及注视方向等。这些数据会被实时分析，以衡量一个团队的合作情况。当融洽度低于一个临界水平时，这类设备会给出一些提示来提高团队的融洽度，比如系统可能会提醒团队的领导，"大家可以一起喝杯咖啡，休息一下"，或者通过消息弹窗提示他，让他更多地去模仿同事。在装有电线的"智能会议室"里，这类设备甚至可以选择调高室温，或者引入一些舒缓的白噪声。

另一个例子来自加州大学圣克鲁兹分校的计算媒体教授伊斯比斯特的研究。她说："我们打算设计一款能够增强社交互动和联系的手机游戏。"她的灵感来自一项研究，该研究显示了"身体上的'同步'如何让人们在情感上更加亲密，并建立信任"。而通过在群体成员身上佩戴传感器，不仅可以计算出他们的同步程度，还可以通过实时反馈让他们及时调整自己的动作，使之与同伴的动作更同步。

伊斯比斯特提到，她设计的游戏叫"Yamove!"。该游戏鼓励玩家不要盯着屏幕，而要盯着其他玩家。她解释道："玩家相互注视的次数越多，他们在协作中取得的成绩就越好，产生的积极社会效应也就越强。"把"Yamove!"当作破冰或团建活动可能会让有些人觉得尴尬或可笑。但这与我们通常在其他破冰活动中所感受到的尴尬不同，这种使人们参与高度同步活动的数字化技术真的可以促进群体性的产生。

撇开活动中的尴尬不谈，这里所探讨的是群体体验所产生的惊人的积极影响。军事历史学家麦克尼尔在和他的新兵同伴们一起参加基础训练时，进入了"一种情绪共同亢奋状态"。能量计划公司的创始人托尼·施瓦茨和他的员工发现，每周的团体会议是"有影响力的"和"自由的"，同时还具有"变革性"。在对参加密室脱逃活动的人进行调查时，他们都用到"吸引人的""有激励作用的""有趣的"等词语来形容这项活动。

委婉地说，这并不是大多数人对团队工作的看法。无论在教育还是其他专业领域，团队工作都广受厌恶和轻视。团队工作通常被认为是低效的、不公平的和令人讨厌的。有研究甚至给这种现象起了个名字——"群体恐惧症"（grouphate），将之定义为"人们因为不得不在团队中工作而产生的一种恐惧感"。群体思维和群体行动的理想状态是富有成效、令人振奋，甚至让人欣喜若狂的，而大多数人所经历的现实却令人沮丧。那么，什么可以解释理想和现实之间的差距呢？答案可能在于，当下对知识性工作的要求，与根深蒂固的关于这类工作的一系列想法严重不匹配。

有强大交互记忆的团队表现更好

1924 年 6 月 4 日，东孟加拉地区的一所大学里当时名不见经传的学者萨特延德拉·纳特·玻色（Satyendra Nath Bose），写了一封信给爱因斯坦，信的开头写道："尊敬的先生，我冒昧地把随附的文章寄给您，供您阅读并提出意见。我很想知道您是怎么想的。"他寄给爱因斯坦的那篇论文在写信前已经提交给了一个专业期刊，但没有被采纳。这封信的收信人"不仅是那个时代最著名的科学家，而且是这个星球上最著名的人物之一"，耶鲁大学物理学教授 A. 道格拉斯·斯通（A. Douglas Stone）如此说道。但玻色很轻松地向爱因斯坦伸出了求助之手，他在信中解释说："因为我们都是您的学生。"用斯通的话说，玻色提出的惊人的请求是"尊敬和不知天高地厚的结合"。

更令人惊讶的是，爱因斯坦竟然答应了他的请求。"我的德语不太好，翻译不了这篇论文。如果你认为这篇文章值得发表，我会非常感激你把它发表在《物理学杂志》（Zeitschrift für Physik）上。"爱因斯坦如此回复道，并提到了这本德国物理学界的著名期刊。在这篇文章中，爱因斯坦看到玻色解决了一个他自己没有解决的问题：如何从爱因斯坦在 1905 年提出光既是波又是粒子的理论中，推导出德国物理学家马克斯·普朗克（Max Planck）在 1900 年提出的辐射定律。

正如爱因斯坦在写给玻色的信中所说，这是"向前迈出的一大步"。而玻色完全是在好奇心的驱使下，自己迈出的这一步。但这件事对玻色来说似乎很简单，他后来对此解释道："我想知道如何用自己的方式克服困难。"1925年，玻色的论文发表在《物理学杂志》上，并附有爱因斯坦的评论。毫不夸张地说，这段科学史的进程几乎是由一个独自思考的人改变的。

90 年后，另一篇论文发表了，报告了对希格斯玻色子质量的最新精确测量，记录了自玻色做出重大贡献后，该领域研究的又一次进步。显而易见，玻色子是为了纪念玻色而命名的。它是一种遵循物理学中所谓的"玻色 - 爱因斯坦分布"规则的粒子，它们的质量是通过粒子加速器来测量的。而粒子加速器是一种将带电粒子推向极高速度的巨大机器。

让我们把目光投向这篇论文的作者，他们是乔治·阿德（Georges Aad）、布拉德·阿博特（Brad Abbott）、贾拉尔·阿卜达拉（Jalal Abdallah）、奥夫萨特·阿布迪诺夫（Ovsat Abdinov）、罗丝玛丽·阿本（Rosemarie Aben）、玛丽斯·阿博林斯（Maris Abolins）、奥萨玛·阿布扎伊德（Ossama AbouZeid）、哈丽娜·阿布罗莫维奇（Halina Abromowicz）和亨索·阿布鲁（Henso Abreu）等，共计 5 154 位。发表在《物理评论快报》（*Physical Review Letters*）杂志上的这篇文章，只是一个极端的例子，但它说明在每个行业和职业中都正在兴起的一种趋势，即为了完成现代世界要求的高度复杂的工作，人们必须集体思考。

这种变化在社会科学和自然科学领域是最容易出现和被衡量的，因为曾经在这些领域，人们常常是孤军奋战。如今，只有不到 10% 的科技期刊论文是由一人撰写的。一项调查研究表明，社会科学领域独立作者出版的图书和发表的期刊论文的数量正急剧下降。在经济学领域，由一人独自撰写的文章曾一度占主导地位。现在，它们只占该学科发表论文的 25% 左右。2014年的一项法律评论调查总结道，如今，"团队作者在法律知识的产出中占主导地位"。即使那些我们最熟悉的独立发明家，比如爱迪生或贝尔，也不再具有代表性。因为 2011 年的一份报告称，在过去的 40 年里，每份美国专利申请书中所列的人名数量一直在稳步增长。现在，近 70% 的申请书中都包含多位发明家的名字。

美国西北大学管理学教授布赖恩·尤兹（Brian Uzzi）也进行了类似的研究，他认为，上述发展不仅仅是一种学术热潮，"这种现象说明，知识创造的过程已经从根本上发生了改变。今天人类所做的几乎每一件事，就创造价值而言，都不再是由个人完成的，而是由团队完成的"。但是，我们对于智能思维是如何产生的观念仍没有改变。我们仍然相信，好的想法、新颖的见解以及巧妙的解决方案都是在一个人的头脑中产生的。我们是生存在粒子加速器和大型合作时代中的一群挥舞着铅笔的"玻色"。这种时代需求和基本观念的不匹配，是我们在团队工作中陷入挣扎的根源。

THE EXTENDED MIND
超越大脑的思考革命

是时候抛弃个人模式，用更适合我们实际生活的模式取而代之了。我们可以从探究群体思考与独立思考的差异开始，并建立新的支持群体思维的实践方式。研究表明，一旦付诸实践，一个群体就能比它的任何一个成员都更有效地思考，心理学家将这种现象称为"群体智能"。

群体思维与个体思维的差异显而易见，却总被忽视。

第一个区别在于，当独立思考时，所有的想法都会得到关注；而当作为团队的一员思考时，我们需要有意识地努力确保每个人都可以畅所欲言，并分享他们所知道的东西。但对群体动力学的研究表明，这种每个人畅所欲言的场景很少发生。相反，现实情况往往是少数人或一个人主导整个群体讨论。此外，小组成员经常会忘记分享他们拥有的独特的信息，而倾向于讨论每个人都已经知道的信息。因此，欠佳的沟通模式会导致团队工作效率低下，员工抱怨连连，却不会产生任何好处。

不过，这种结果并非不可避免。只要稍微改变团队的沟通方式，就可以产生群体思维。北卡罗来纳大学夏洛特分校的管理学教授史蒂文·罗格伯格（Steven Rogelberg）指出，团队成员"经常在会议中有所保留，等着听其他人和老板会说什么，因为他们害怕自己提出的意见被认为是难以理解的、脱离实际的或离题的"。他认为，让参会者把他们分享的信息写下来，而不是讲出来，"可以解决这个问题，为独特的知识和新颖的想法腾出空间"。参会者可以在索引卡上写下自己的想法，然后由小组组长大声读出来。或者他们先把自己的想法写在一张纸上并贴在房间的各个角落，然后每个人再写下对其他人的想法的评论，最后进行小组讨论。

另一个改变沟通方式的方法是，团队领导者在讨论之初表达开放的态度或保持沉默。卡斯·桑斯坦（Cass Sunstein）是哈佛大学法学院的教授，曾在奥巴马政府担任白宫信息和监管事务办公室主任。在担任这个角色时，桑斯坦学到了关于团队领导的宝贵经验：他发现，如果以"这是一个棘手的问题，你们对此都是怎么想的？"来开启一段讨论，相比于单纯陈述自己的观点，会使随后的讨论更广泛和开放。

桑斯坦认为，一旦领导者事先表明了他的偏好，他手下的大多数员工就会选择沉默，而不会提出异议来破坏当前"和谐"的局面。他还指出，女性、少数群体成员，以及地位较低、经验较少或教育程度较低的人都"更有可能保持沉默"。但是，如果要充分发挥群体思维的力量，群体就必须听到这些人的声音。桑斯坦提出了一个针对这种现象的解决方法，即让领导者保持沉默，因为采取"好奇和沉默"立场的管理者可以听到更多的反馈。

群体思维和个体思维的第二个区别在于，当作为群体成员进行思考时，我们需要把自己的思维过程展示给团队中的其他人。独立思考时，我们会做一些辅助记号，比如画线、在页边空白处做笔记、把文件从"未读"那一堆移到"已读"那一堆，而如果要让别人有效地利用这些记号，这些记号必须呈现得更加具体和清晰。哲学家克拉克发现，如今我们的思维活动开始逐渐依赖于外界事物,"思维已越来越不属于大脑"。更重要的是,如果我们想把自己的思想和他人的思想融合在一起,就必须把思想从头脑中解放出来,展现出来。

THE EXTENDED MIND
超越大脑的思考革命

　　言语交流是产生群体思维的关键,但不是那种随意零散的表达——那种表达正是基于个体思维的言语交流的典型表现。相反,研究人员建议我们在回应团队成员的发言时,应该首先对其表示认可,然后重复一遍发言内容,最后复述并细化该成员的想法。研究表明,这种交流模式可以使团队获得更完整、更全面的信息,重新了解大家最初分享的内容,促使成员更好地理解和记忆这些信息。它还能提高所分享信息的准确性,心理学家称这个过程为"错误修剪"。

　　尽管这种交流模式看起来很麻烦,但研究表明,强化该模式在一定程度上能提高专家团队的效率。例如,一项对飞行员的研究显示,经验丰富的飞行员会经常重复和阐述他们同伴说的话,而新手飞行员则不会这样做。结果表明,经验不足的飞行员对空中经历的记忆更稀疏且更不准确。

　　我们还可以通过共同创造如加里·奥尔森(Gary Olson)和朱迪思·奥尔森(Judith Olson)所说的"共享物品"来把自己的想法展示给他人。奥尔森夫妇都是加州大学欧文分校的信息学教授,他们花了30多年的时间研究人们如何思考和合作。

　　他们发现,促使群体认知达到最佳水平的一个主要因素是有效地使用这些共享物品,或者使用那些可以展示待完成任务的物品,这些物品一般来说都是大型的、复杂的、持久的和可修改的。在漫长的职业生涯中,奥尔森夫妇经常评估工作场所技术设备的有效性,比如视频会议软件和数字协作平台。但是，他们衡量这些工具的标准都是相似的，即一群人聚集在一个项目会议室里，墙上有足够的空间来钉住共享物品，可能呈现为列表、图表或草图的形式，而这也是他们认为的目前世界上最好的工作方式。

最重要的是，这些物品实际上是共享的。在一次设计会议上，他们观察到，所有的参会者都拿到了系统示意图的复印件。奥尔森夫妇在一篇学术文章中就此现象发表了评论："当他们进行讨论并达成一致时，他们会在自己的复印件上做笔记，并添加和删除一些内容。""我们在会议结束时注意到，不同的人做了不同的标记，这意味着他们对达成的设计有不同的理解。"他们总结说，如果不能找到一个共享物品，公司员工们"就不会'同舟共济'"。

除了可以被共享，使用大型且复杂的共享物品还有其他好处。奥尔森夫妇发现，首先，在进行介绍和说明时，经常对着大型仪器或设备做手势，有助于深化介绍者和观众的思考；其次，复杂的共享物品可以清晰地表达更多的群体思维，让所有人看到，而不是隐藏在个人的大脑中；最后，大型且复杂的共享物品具有持久性和可修改性，可以长久保存并及时更新信息和观点。

在观察另一个工作中的团队时，奥尔森夫妇注意到这个团队的共享物品"经常按照它们被生产出来的顺序排列。人们知道在哪里寻找某样东西，因为他们知道它是什么时候产生的，而且他们可以通过观察另一个人在看什么来判断他正在关注的东西"。就像无法看到同事大脑中的内容一样，我们无法看到其笔记本里的内容，而且"现在的这些计算机产品都有内容不可见的性质"。奥尔森夫妇的研究表明，用来展现信息和知识的最好的材料，其实就是一支简单的、可以在一张白纸上做标记的记号笔。

群体思维与个体思维的第三个区别在于，当我们运用个体思维时，可以充分利用自己的知识和技能，而当我们运用群体思维时，情况就不是这样了。但这是一件好事，因为群体思维的一大优势在于，它能将许多不同领域的专业知识汇集在一起，其最终包含的专业知识远远超过个体思维。我们不可能知道其他群体成员知道的一切，或许我们也不想知道，否则认知很快就会超负荷。然而，我们需要知道的是，哪个成员知道哪些东西，以便在需要时知道该向谁求助。这种知道去哪里寻找信息和知识的现象叫作"交互记忆"。

对交互记忆的研究可以说是始于丹尼尔·韦格纳（Daniel Wegner）[1] 和托妮·朱利亚诺（Toni Giuliano）结婚的那一天。新郎在后来回忆道："托妮和我在结婚后不久就发现我们各自承担了不同的记忆任务。我记得车和院子里的东西在哪里，她记得房子里的东西在哪里，即使我们并不精通某个领域的专业知识，也可以依靠对方成为该领域的'专家'。"

作为社会心理学家，韦格纳和朱利亚诺很快发现，他们的经历不仅是新婚生活中一个有趣的特征，也是一个很有前途的科学研究对象。一年后，这对夫妇和其同事葆拉·赫特尔（Paula Hertel）发表了一篇论文，介绍了韦格纳所说的一种"理解群体思维"的新方法。正如韦格纳所观察到的那样："没有人会记得所有的事。但是，在一对夫妻或一个小组中，每个人除了记得自己知道的一些事情，还可以通过了解哪个人知道我们自己不知道的事情而记住更多。通过这种方式，我们就成了交互记忆系统的一部分。"

在过去的几十年里，心理学家已经证实了韦格纳的说法，即一个强大的交互记忆系统可以有效地增加每个群体成员所拥有的信息量。这些小组的成员在努力深化专业知识的同时，仍然可以通过同事知道更广泛的信息。如此一来，他们的认知负荷将大大降低，只需要注意与自己有关的那部分信息即

---

[1] 韦格纳是哈佛大学心理学教授，社会心理学泰斗。他开创的"谷歌效应""白熊实验""交互记忆"等研究改变了许多人的学习和工作方式。他的绝笔之作《人心的本质》更是深刻揭示了我们究竟应该如何利用心智知觉来理解和预测人类心理和行为。该书中文简体字版已由湛庐引进、浙江教育出版社出版。——编者注

可，因为他们知道同伴也在做同样的事情。这些小组的成员可以顺利且有效地协调小组工作，把任务交给最适合执行这些任务的成员。**研究表明，有强大的交互记忆系统的团队会表现得更好。**

不管在多大的群体中，交互记忆系统都会自发地建构起来，就像韦格纳和朱利亚诺结婚后开始生活在一起时的情况一样。但我们并没有特意地培养这种系统，所以使其丧失了扩展群体智能的潜力。这种培养的目标应该是让团队成员了解其他成员知道什么，而不是掌握其他成员知道的专业知识。请注意，早期的群体思维是指一组成员在同一时间思考同样的想法。而交互记忆系统的价值则在于，成员在思考不同想法的同时仍能知道其他成员在思考什么。在与信息超负荷的斗争中，许多人求助于智能手机和电子邮件的提醒和过滤功能，它们可以帮助我们筛选出必须关注的信息。然而，研究表明，只要了解别人知道什么，并能在需要的时候调用他们的知识，这些人就可以成为我们面对海量信息时最敏锐和最具鉴别力的"过滤器"。

THE EXTENDED MIND
超越大脑的思考革命

每个人都有一套思维标记，帮助我们标记目前还没有掌握的信息。我们可能不记得报告中的每一个细节，但可以找到装报告的文件夹，不管它是实体的还是数字的。这些标记还指明了哪些人拥有我们不知道的信息，而构建稳固的交互记忆系统的目的，是使这些指引尽可能清晰和准确。人们在团队合作早期就应该制定这些标记。不仅要从一开始就确定谁负责做什么，还要确定谁负责知道什么。团队成员应该互相了解对方所具有的特殊才能和专业知识，并且团队内部应该制定一个明确的协议，合理地分配问题和任务。

研究表明，当每个成员都坚决维护自己知道的专业知识时，即每个主题都有其指定的"知识捍卫者"时，团队表现最好。进一步的研究表明，在小组中专门委任一人记录小组中每个人都知道什么，并时常更新该信息，是一个有用的方法。

群体思维和个体思维的第四个区别在于，在使用个体思维时，动用大脑资源来发展自己的兴趣是一件简单的事情；在使用群体思维时，则需要将成员们不同的兴趣引导到实现集体目标上。因此，激励机制必须有所设计，即团队成员不是追求自己的目标，而是受到一种"共同命运感"的激励：一个成员取得的成果会让所有人都觉得受益。心理学研究和一些历史事件表明，即使在最不稳定的情况下，这种激励机制也可以非常有效。

让每个成员都成为团队中的必需要素

1971 年，得克萨斯州奥斯汀的公立学校陷入了危机。当时，教育系统正在执行法院颁布的废除种族隔离的命令，白人学生、非裔美国学生和拉丁裔学生第一次在同一个教室上课。学校里充斥着冲突，甚至是肢体暴力。学校主管助理马修·斯纳普（Matthew Snapp）向他以前的学术导师、社会心理学家兼得克萨斯大学教授埃利奥特·阿伦森（Elliot Aronson）[1] 寻求帮助。

"首先要弄清楚那些教室里到底发生了什么。"阿伦森回忆道。上课时，他和他的研究生就坐在教室后面观看，而他们所观察到的现象无论在当时还是现在，都表现出一种典型的中学教育模式："老师站在教室前面，问一个问题，然后等学生回答。最常见的情况是，6 ～ 10 个学生在他们的座位上紧张地举起手，有些人甚至使劲地挥舞着，试图吸引老师的注意。而其他几个学生则静静地坐着，移开目光，似乎不想让别人看见他们。"

阿伦森指出，这些日常的经验让"学生学到了课堂之外的东西。因为

---

[1] 阿伦森是 20 世纪最杰出的心理学家之一，曾荣获美国心理协会全部三项大奖：杰出教学奖、杰出著作奖、杰出研究奖，而他小时候只是一个性格腼腆、资质平平、家境普通的男孩，他的传奇经历生动地记录在其自传《绝非偶然》一书中。该书中文简体字版已由湛庐引进。——编者注

媒介就是信息，他们也从这个过程中学习到了隐性知识"。他们学到的是
"向同伴咨询是没有回报的"。相反，回报仅仅在于"给出老师想要的正确
答案"。

即使在最好的时代，一心一意追求个人利益与合作也是不相容的，而在
当时那种不稳定的环境中，这无疑加剧了紧张局势且强化了偏见。阿伦森和
他的研究生试图在学生中培养一种更团结的精神，但他们知道，仅仅鼓励学
生一起合作并不是解决方案。相反，他们通过创造"一种需要相互合作才能
理解材料的情境"来改变学生的动机。他们将这个情境称为"拼图教室"。

**思考
实验室**　　阿伦森和他的研究生是这样做的：把学生分成 5～6 人一
组。当班级开始讨论新的主题，比如关于埃莉诺·罗斯福（Eleanor
Roosevelt）的生活时，小组中的每个学生都会被分配一部分材料，
这些材料包括罗斯福童年和青年时期的生活，或她作为第一夫人的
生活，以及她为民权和世界和平事业所做的工作。学生的任务是学
习自己的材料，然后重新回到小组中，各自向小组中的其他人描述
自己学到了什么。阿伦森解释说："每个学生都拥有一部分独特而
重要的信息，就像拼图一样，在任何人能了解整个画面之前，必须
把它们拼在一起。"

通过这样的教学方式，他成功地在现场创造了一个交互记忆系
统，将学生变成了所讨论主题的某一方面的专家。"在这种情况下，"
阿伦森补充说，"一个孩子要想成为一个好的学习者，唯一的方法
就是先成为一个好的倾听者和采访者。"拼图式结构"要求学生把
彼此当作资源来利用"。

这个新方法立马就见效了，那些一直以来竭力想让自己的才华得到认
可，或想让自己隐形的学生，现在专注于相互合作。阿伦森和他的研究生还
比较了拼图教学法和传统教学模式的效果，发现前者带来的学习效果更加持

久。学生在拼图教室中的学习速度更快，考试表现也更好，有更强的同理心且更尊重同学。在奥斯汀地区应用了拼图教室的学校里，种族紧张局势得到缓解，缺勤率有所下降，学生对学校的态度也更加积极。

为了尽可能多地收集客观证据，阿伦森让他的一个研究生负责定期爬到学校的屋顶上，在课间休息时拍下操场的照片。在一开始，这些照片展示出了一个令人沮丧的现实：学生们按种族、民族和性别划分成了不同的紧密群体。然而，随着拼图教室的持续运行，这些照片记录到了一个惊人的变化，即这些紧密群体开始松动和分散。学生间的交往越来越自由，他们玩的游戏也反映了这种新型教学方式带来的改变。从几层楼高的地方，观察者可以看到奥斯汀学生的变化，那就是学生们终于从自己的大脑中走出来了。

结　语

每个人都有能力重塑大脑

在距离阿伦森首次进入得克萨斯州奥斯汀市问题重重的教室大约 15 年后，他 25 岁的儿子乔舒亚·阿伦森（Joshua Aronson）也开始追随其父亲的职业道路。1986 年，这位年轻人来到普林斯顿大学攻读博士学位。但他很快就遇到了意想不到的障碍，导致他未能实现成为一名社会心理学家的目标。他发现，每当遇到他的研究生院导师——一位名叫爱德华·埃尔斯沃思·琼斯（Edward Ellsworth Jones）的杰出学者时，他就会紧张得不知所措。"我完全被他吓到了，"乔舒亚回忆道，"我会尽我所能地准备好再走进他的办公室，但毫无疑问，我一进门智商就会下降 10% ～ 15%。只要在他面前，我的智力仿佛就会被吸走。"

站在琼斯教授的办公室里，呆头呆脑，结结巴巴，这种耻辱深深地影响了乔舒亚，但也使他职业生涯快速起步。不到 10 年后，作为得克萨斯大学奥斯汀分校的一名初级教授，乔舒亚帮忙设计了一项研究，这项研究成为心理学史上最具影响力的研究之一，它被称为"一项现代经典实验"。

关于这项研究的论文首次描述了一种被他和他的合作者克劳德·斯蒂尔（Claude Steele）称为"刻板印象威胁"的现象，即一种暂时会降低实验对象的智力，使他们变得不那么聪明的状态。乔舒亚和斯蒂尔的实验表明，那些被定性为学术水平较低的群体的成员，比如选修数学和科学课程的女性学生，或者被大学录取的非裔美国学生和拉丁裔学生，如果他们的性别或种族能够明显地被他人感知，那么他们在智力测验中的得分就会较低。

从那以后，刻板印象威胁就成为心理学中的一个重要概念，它引导研究人员探究为什么 STEM 领域的女性比例偏低，以及为什么备受老师青睐的少数族裔高中毕业生在进入大学学习生涯后仍可能饱受挣扎之苦。乔舒亚说，这些研究根植于一个更普遍且适用于我们每个人的真理。他解释道，智力并不是"我们大脑中固定的一团东西"；相反，"它是一个交互的系统"，是在我们的大脑、身体、空间和人际关系之间的流动交互。聪明地思考的能力来自这些内部和外部元素的巧妙协调。

研究表明，面对刻板印象威胁这样的挑战时，思维延展可以帮助我们更有效地思考。 就像在第 1 章看到的，使用认知重评来重新解释身体信号，可以避免焦虑导致的认知水平下降的现象。在物理环境中添加归属感的线索，就像第 5 章中探讨的，可以产生一种心理上的轻松感，这有利于明智地思考。以及我们在第 7 章中了解到的，精心构建制度并提供专家反馈，可以使认知学徒获得克服自我怀疑所必需的信心。

现在是纽约大学心理学副教授的乔舒亚苦笑着说，当他遇到自己的导师时，他口吃的状态是一种"有条件的愚蠢"。在了解了我们对延展思维做了什么以及它们是如何工作的之后，我们就能为智力甚至是才华创造有利的条件。在本书中，我们一次只专注于促进思维延展的一种要素：身体内感受信号、动作和手势；自然环境、建筑环境以及思维空间；还有专家、同辈以及群体。但有证据表明，当我们组合使用它们，并能够在日常的思考中利用自己可触及的全部脑外资源时，思维延展的收效才会最大。

对延展思维的熟练使用长期以来被心理学、教育和管理方面的研究人员忽视，在很大程度上并没有得到学校和工作场所的认可和培养。但是，有效延展思维的一般原则现在已经清晰可见，就隐含在前几章讨论过的那些研究中。让我们来依次看看这三套原则，并通过它们来理解延展思维的具体做法。

启动思维延展计划

第一套原则列出了一些我们轻而易举就能养成的思维习惯，从这样一个方法开始：只要有可能，就应该释放信息，将其外化，即从大脑移到外部世界中。在本书中，我们已经遇到了许多释放信息的例子，并熟悉了它的多种好处。它让我们摆脱了把大量细节记在大脑中的负担，从而释放出更多的认知资源来完成要求更高的任务，比如解决问题和产生创意。它也可以带来超脱收益，使我们能用自己的感官去审视，并常常重新认识一个曾经只存在于想象中的形象或想法。

释放信息最直接的形式是把想法写在纸上。这听起来很简单，但在这个认为思考囿于大脑的观念占主流的世界里，这种做法经常被忽视。正如我们从达尔文的故事和他在英国皇家海军"贝格尔"号上保存的航海日志中了解到的那样，通过使用日志或田野笔记来持续释放信息的习惯可以提升新观察和综合新想法的能力。此外，正如我们在历史学家卡罗的例子中看到的，将信息转移到一个足够大的、能进行物理导航的空间中，比如墙壁大小的木板、超大的概念图或者多屏幕的工作站，可以让我们在其中运用自身的空间推理和空间记忆能力。

外化信息的形式则更为复杂，这可能需要精心设计一项任务，使任务的一部分被释放出去，另一部分则完全捕捉占据注意力。这是法学教授蒙特·史密斯采用的做法，他让学生把构建法律备忘录的任务转移到范文上，而把精力集中在理解和表达他们新获得的法律知识上。

此外，释放也不需要书面语言。有时候，释放可能会体现在身体上。例如，在做手势时，可以用手"抓住"一些本来必须保持在头脑中的想法。同样，在用手移动物体时，就把头脑当中的构思可视化，释放到了外部世界，这些构思具象化地呈现在眼前。想想这样的场景：一个室内设计师在尝试新的家具组合时操纵一个模型，或者一个玩拼字游戏的人重新排列托盘上的拼图来组成新的单词。

有时候，释放信息也可能是社交性的。我们已经知道，参与辩论如何让我们在辩论者之间分配支持和反对给定命题的任务；我们已经明白，构建出来的交互记忆系统是如何在同事中分配监测和记忆信息的任务。当我们为了队友的便利而将自己的思维过程"痕迹"外化时，释放信息就发生在人际环境中；在这种情况下，释放信息不是为了减轻自己的负担，而是为了促进与他人的合作。

接下来是第二个方法：要尽可能将信息转化为实体，将数据转化为真实的东西，然后继续与它互动，映射它，感受它，调整它，向别人展示它。人类的进化使我们可以很好地处理具体的事物，而不是去思考抽象的事物。

当给自己的大脑一些可以"抓住"的东西时，我们就延展了思维。例如，在手中放一个旋转的车轮用于展示物理学中的一个概念，或者将外语单词变成可以看到、感觉到并且可以向他人展示的手势。对于什么是优秀作品的这一模糊概念，我们可以通过实际的样例来展示，让评判标准变得清晰，正如前文提到的"奥斯汀的蝴蝶"；当我们密切关注、标记和跟踪身体的内部信号时，枯燥的智力思考就可以找到根基，变得具体。我们现在的时间都花在了处理无穷无尽的符号流上。而事实上，只需要稍加创新，就能将这些抽象符号转化为有形物体和感官体验，从而以新的方式思考它们。

第三个方法是，在从事脑力劳动时，应该设法改变自己的状态。我们已经多次探讨了将大脑类比为计算机的局限性，而在这里，我们遇到了它最明显的缺陷。当被输入一堆信息时，计算机每次都在以同样的方式处理它，无论是工作 5 分钟还是 5 小时，无论是在有日光灯的办公室还是在有阳光的窗户旁边，无论这台计算机旁边是否有其他计算机。这是计算机的工作方式，对人类却不适用。我们思考信息的方式极大地受到自己所处状态的影响。

因此，有效的思维延展需要我们仔细思考，如何引导自己进入最适合当前任务的状态。例如，在坐下来学习新东西之前，可以进行一场轻快的运动；要作为一个团队的成员与他人一起工作时，可以找机会与集体实现同步，并进行共同的生理唤醒活动，比如提议来点辣的食物；试图理解一个空间概念时，可以离开桌子，让手和身体动起来；需要激发创造力时，可以计划一次为期三天的荒野之旅；需要恢复注意力时，可以有意识地改变自己的状态，去附近的公园散散步；想要确保自己的想法合理时，可以找一个能和我们争论的人。**当把大脑当作对环境敏感的器官来对待，而不是像机器一样不假思索地操纵它时，我们就能更聪明地思考。**

第二套原则基于对大脑进化功能的理解，给我们提供了关于思维延展如何工作的更高层次视角。大脑已经足够擅长感知和移动身体、在物理空间中导航、与同类互动。在人类基本能力的基础上，人类文明已经建立了一个巨大的抽象大厦，使大脑需要处理抽象的符号、认知概念，但这些行为并不是进化的必然产物。尽管这些抽象概念让我们的能力呈指数级增长，但矛盾之处在于，进一步的能力发展可能依赖于逆向运行这个过程。为了在思维需求日益复杂的现代生活中取得成功，我们会发现自己需要将抽象概念转换回产生它们的物质、空间和社会形式，而这些仍然是让大脑感到最放松的形式。

我们可以从第四个方法开始理解这意味着什么，即应该尽可能重新具体化自己所思考的信息。对知识的追求让人们经常试图将思维与身体分离。延展思维的相关研究则提供了相反的建议，即应该设法把身体拉回思考的过程中。

一种可取的形式是去顺应内感受信号的指引，因为我们在关注数据驱动的决策时，经常会忽略内感受信号的建议。内感受信号可能通过身体活动，将那些已经变得抽象并且与物理世界中的起源相分离的学术概念重新具体化。它也可能以关注我们自己和他人之间的手势的形式出现，回到人类的第一语言，即一种在口语产生之前很久就存在的语言。正如我们从具身认知的研究中所看到的，在更深层次上，大脑仍然能够从身体行为的角度理解抽象概念，这一事实反映在我们日常使用的词语中，如"达到目标""落后于计划"；我们可以通过让身体重新参与思考来帮助大脑工作。

第五个方法强调了人类的另一种力量，即应该将思考的信息重新空间化。正如克拉克所说，我们继承了一个蹄子上的大脑，一种生来就能在环境中选择道路并找到回家的路的大脑。神经科学研究表明，我们的大脑能以思维地图的形式处理和存储信息，尤其是抽象信息。我们可以通过将信息放入具体的空间，来配合大脑发挥空间定位的天赋，例如，创建记忆宫殿或进行概念映射。

在教育研究领域，研究人员提出了"课程空间化"的概念。也就是说，通过让学生使用空间语言和手势、参与草图和地图绘制、学习解释和创建图表等途径，来利用和加强他们的空间能力。空间化课程在几何等学科中有明显的应用，但研究人员称，空间化模式的学习还可以帮助学生以更高级的方式思考包括化学、生物和历史在内的许多课程。空间推理不应局限于学校，工作场所也存在大量的机会，让我们从空间视角出发重新审视信息，重启我们的空间导航天赋。

第六个方法完善了我们的先天能力，即重新社会化我们所思考的信息。从前文可以了解到，我们头脑中持续不断的想法实际上是一种内在的对话。

同样，我们在学校和工作中遇到的许多书面形式的材料，从考试和评估，到个人简介和案例研究，再到论文和提案，都是面向一些想象中的听众或交流对象的基于纸面的社会交流。正如我们所看到的，将这种互动转变为实际的社会接触有很多好处。本书中的一些研究表明，当有其他人参与时，大脑处理相同信息的方式会与此前不同，而且往往更有效。无论是模仿他人，与他人辩论，与他人分享故事，与他人同步化并合作，教他人还是被他人教，都是如此。我们天生就是社会性生物，思维总能大大受益于将他人纳入自己的思考中。

延展思维的第三套原则需要回到更广阔的视野，它提出了一个相当深刻的问题：人类是什么样的生物？如果我们对极其特殊、古怪的人性没有细致入微的理解，就无法设计出有效的延展思维的方法。清醒认识到我们的偏好，可以引导我们创造新的思维方式，所以第七个方法是，应该尽可能通过认知循环来管理自己的思维活动。

正如克拉克所指出的，当计算机科学家开发人工智能系统时，他们不会设计这样的机器：计算一会儿，打印出结果，检查该结果，在页边空白处做些标记，在同事之间互传副本，然后再重新开始这个过程。这不是计算机的工作方式，而是我们的工作方式，正如克拉克喜欢说的那样，我们是天生的循环生物。人类生物智能的某些方面得益于内外认知模式的轮换，得益于大脑、身体和世界之间的信息传递。这意味着我们的思维不应该像计算机一样走一条仅适合于计算机的输入、输出、完成的线性路径，而应该走一条更曲折的路线。

我们可以通过自己的身体进行思考，即寻求内感受知觉的判断结果，注意手势所展示的内容，通过动作表现想法，以及留心剧烈运动期间或运动后所产生的灵感；我们可以在空间中传播自己的思想，将思维内容视为一个可以绘制、导航、测量和探索的对象；我们可以通过所认识的人的大脑来思考，从中获得个人无法产生的洞见。更恰当的表达是，我们可以通过在这三个领域中循环来获得思想。我们不应该让思想局限于头脑中，不应该在与脑外的世界接触时迟钝且毫无所获。

人类是循环的生物，也是对情境敏感的生物，会对所处的直接情境做出反应。因此，第八个方法是，应该尽可能创造认知一致的情境来管理思维。我们通常认为大脑拥有令人敬畏且几乎深不可测的力量，但又常常以专横的态度对待它，期望它像一个温顺的仆人一样听从我们的命令。我们告诉大脑：注意这一点，记住那一点；或是，现在全力以赴把工作做完。然而，我们经常发现大脑是个不可靠甚至有些无礼的侍从。它的注意力变化无常，记忆漏洞百出，不能持续付出努力。显然，问题在于我们试图对大脑发号施令。当我们不是去命令，而是去创造出能导向预期结果的情境时，大脑会表现得更好。

例如，与其将需要学习的信息口授给学生，不如让他向同龄人解释这些内容，他所做的手势也将让他对此理解得更深；与其给员工一本指导手册，不如创造一些场合，让同事彼此分享手册无法传达的、充满隐性知识的故事；与其指导团队合作，不如组织一次活动，像聚餐、集体远足、卡拉OK，在那里必然会出现同步运动和共同的生理唤醒。创造出可以延展思维的情境的艺术，是每个家长、老师和管理者都需要掌握的。

延展思维的最后一个方法又要回到人类本身，即自我参照式观察。人类是什么样的生物？人类是一有机会就会热切而积极地延展自我的生物。想想看，神经科学和认知心理学的研究表明，当开始使用一种工具时，我们的"身体图式"——对身体形状、大小和位置的感觉马上就会延展到这个工具上，就好像手中握着的工具真的成了手臂的延伸。思维的延展也会发生类似的情况。只要有机会延展，尤其是当延展方式可靠时，人类就会将它们融入思维。因此，第九个方法是，应该尽可能将延展思维融入日常环境中，以此来管理思维。

　　比如，在学习和工作场所出现的关于归属感和身份认同的线索，会增强我们的动机并改善表现。回想一下我们与一群同事长期构建形成的交互记忆系统，在这个系统中，团队成员分担了注意和记住信息的负担。再想象一下室内植物以及绿色的墙壁和屋顶，它们可以通过提供自然景观来帮助我们恢复注意力。这种延展一旦安全地嵌入，就可以完美地服务于我们的思维，支持和增强我们明智思考的能力。

　　值得注意的是，这一方法适合于稳定的情境。当办公室常用"轮用办公桌"或未指定的工作空间是常态时，成员很难维持持续的归属感和身份感；在人员流动率高或团队成员不断变化的工作环境中，很难建立交互记忆系统。在一个快速变化、推崇新奇与灵活性的社会中，维护和保存有价值的思维延展非常有必要。可能直至它们消失，我们才有可能知道思维的延展对智力有多大帮助。

打破"智力天生论"，塑造超强大脑

　　我们暂且将上述原则称为"延展思维课程"，目前没有任何学校教授也没有任何工作场所的培训提到过它。但是，学习如何延展思维应该是每个人必备的教育经历。人们目前所知道的延展其思维能力的途径，都是靠他们自己发现的。值得注意的是，现有的证据表明，不同个体在延展能力上确实存在差异。此外，研究人员发现，用传统 IQ 测验的变体即可对这种能力进行精确的测量。该变体指的是形式不变，但是故意去除各种思维能力的延展，即不允许测验者使用计算器或互联网等工具，也不允许他们移动身体、重新布置环境或与邻居交谈。

　　最有趣的是，这些研究的结果表明，测验者在测验中的思维延展能力与其在现实世界的表现一致。**实证证据表明，能更充分地延展思维能力的个体，也能更有效地解决日常生活中的问题。**

　　2019 年 2 月，哲学家克拉克和一群来自荷兰的心理学家在《自然与人类行为》(Nature Human Behaviour) 杂志上发表了一项研究。这些研究人员在文中指出，他们开始"定量评估人类智力中一个强大但相关研究很少的特征，即使用外部物体、道具和辅助工具解决复杂问题的能力"。他们从传统的智力测验，即瑞文高级推理测验开始进行研究。这项智力测验自 1938 年推出以来，已经在世界各地使用了数百万次。该测验会向用户呈现一系列几何图，每张图都缺少一部分。测验者要从给出的多张小图中，选出最适合大图的一项以正确完成每张拼图。这项测验也有纸笔版，但现在最常用的是电脑版。

　　在标准版瑞文高级推理测验中，测验者要在头脑中运行所需的操作，想象每个选项是否适合。测验规则不允许他们借助脑外资源延展思维能力；他们必须依靠自己脑内的推理过程。相比之下，在克拉克和他的同事设计的测验版本中，测验者能够在计算机屏幕上移动图片，并形成新的布局。为了评估新测验的有效性，研究人员从荷兰莱顿大学和伊拉斯姆斯大学招募了 495 名学生，采用随机处理的方法让其中一半学生接受标准版瑞文高级推理测验，另一半学生接受这一测验的延展思维版。在第二个测验中，研究人员监测了测验者在操纵屏幕布局时的积极程度。

　　他们很快就有了一个具有启发性的发现，即在充分利用了新的交互功能后，测验者往往能够识别出在移动小图片前识别不出的拼图。通过分析测验者在参加测验时所做的动作，可以发现这些动作就像活跃的扩展物，似乎通过连续的循环来进行思维过程，即外部动作改变了待解决问题的空间布局，脑内的思维会对此进行评估，二者不断循环。"我们的研究非常清楚地表明了测验者的互动次数与问题解决能力之间的关系，"伊拉斯姆斯大学心理学助理教授、论文主要作者布鲁诺·博卡内格拉（Bruno Bocanegra）如是说道，"我们看到测验者与小图片互动，反思新构建的布局，重新评估他们的策略，然后再次互动。这些循环让他们能够有效地解决问题。"

最终的结果表明，测验者越能用可移动的小图片去延展他们的思维，在解决复杂的图形难题方面就越容易成功。此外，研究人员发现，瑞文高级推理测验的延展思维版比"静态"的标准版瑞文高级推理测验更能预测学生在实验室外的智力表现，即学生在大学课程中所得的成绩。他们在文中指出，测验能评估学生思维的延展能力，"这可能是传统 IQ 测验无法测量到的智力的一个额外方面"。博卡内格拉说："人们正在运用大量未被重视的策略来解决问题，这些策略未被重视的部分原因是人们不善于描述自己的思维过程。尽管一直在使用，但这些策略通常还是没有被人们意识到。我们有兴趣研究，随着时间的推移，人们是否会发展出更复杂的策略。"

上述论文的发表只是一个开始，我们很容易想到，有很多地方还可以借鉴这一做法。想象一下这样的测验：评估个体借助内感受、动作和手势进行思考的能力；评估个体沐浴在自然环境下、有意设计的建筑环境中，运用空间来提高认知的能力；评估个体借助专家、同龄人和团队的力量进行思考的能力。这种评估是一种新的智力测验，可以测出新的智力。此处的"新"是指它在我们所处社会对智力的定义中是新的，而实际上，正如我们在本书中所看到的，人类自古以来就一直在延展自己的思维。

"人类既能利用物质环境，也能利用社会环境来解决问题，而且这种能力超乎我们的想象，"博卡内格拉说，"我们将智力视为某种内在的、天生的、个人的品质来衡量。这种看待事物的方式似乎非常荒唐。"当然，思维延展测验也可能会被误用，就像智力测验经常被误用为对人们进行排名、区分和选拔，而非帮助他们发展。但这种误用不一定是无法避免的。一旦我们能测得思维延展能力，如何利用它就取决于我们自己了。

我们可以先把它用到正在扰乱社会的问题上，比如普遍存在的社会不平等现象。许多人认为这种情况正在变得越来越不合理、不可容忍。但这一现状的辩护者一直认为，社会和经济的不平等仅反映了一种由自然决定的、个人与生俱来的天资和才能的不一样。从延展思维的角度来看，这个论点似乎不太可信。如果脑外资源的可用性对智力发展来说极其重要，那我们怎么能继续为如此不公平的资源分配现状辩护呢？

在一个著名的思维实验中，当代哲学家约翰·罗尔斯（John Rawls）设想，让被试设计一个理想的社会，被试自己也将生活于其中，但他们在设计时不知道自己将以何种身份存在。罗尔斯写道，在决定如何分配社会财富和机遇时，"没有人知道自己在社会中的位置，无论是阶级地位还是社会地位，也没有人知道自己天生具有的资产和能力、智力、力量等是多是少，是大是小"。

罗尔斯的设想虽然很有趣，但在现实生活中一直难以实现，因为我们是如此认同由来已久的能力（尤其是智力）天生论。不过，或许我们现在就可以利用延展思维观来撬动这种本能的认同。我相信，若能承认思维可以延展，我们都将拥有无限广阔的思维。

未来，属于终身学习者

我们正在亲历前所未有的变革——互联网改变了信息传递的方式，指数级技术快速发展并颠覆商业世界，人工智能正在侵占越来越多的人类领地。

面对这些变化，我们需要问自己：未来需要什么样的人才？

答案是，成为终身学习者。终身学习意味着永不停歇地追求全面的知识结构、强大的逻辑思考能力和敏锐的感知力。这是一种能够在不断变化中随时重建、更新认知体系的能力。阅读，无疑是帮助我们提高这种能力的最佳途径。

在充满不确定性的时代，答案并不总是简单地出现在书本之中。"读万卷书"不仅要亲自阅读、广泛阅读，也需要我们深入探索好书的内部世界，让知识不再局限于书本之中。

湛庐阅读 App: 与最聪明的人共同进化

我们现在推出全新的湛庐阅读 App，它将成为您在书本之外，践行终身学习的场所。

- 不用考虑"读什么"。这里汇集了湛庐所有纸质书、电子书、有声书和各种阅读服务。
- 可以学习"怎么读"。我们提供包括课程、精读班和讲书在内的全方位阅读解决方案。
- 谁来领读？您能最先了解到作者、译者、专家等大咖的前沿洞见，他们是高质量思想的源泉。
- 与谁共读？您将加入优秀的读者和终身学习者的行列，他们对阅读和学习具有持久的热情和源源不断的动力。

在湛庐阅读 App 首页，编辑为您精选了经典书目和优质音视频内容，每天早、中、晚更新，满足您不间断的阅读需求。

【特别专题】【主题书单】【人物特写】等原创专栏，提供专业、深度的解读和选书参考，回应社会议题，是您了解湛庐近千位重要作者思想的独家渠道。

在每本图书的详情页，您将通过深度导读栏目【专家视点】【深度访谈】和【书评】读懂、读透一本好书。

通过这个不设限的学习平台，您在任何时间、任何地点都能获得有价值的思想，并通过阅读实现终身学习。我们邀您共建一个与最聪明的人共同进化的社区，使其成为先进思想交汇的聚集地，这正是我们的使命和价值所在。

CHEERS

湛庐阅读 App
使用指南

读什么
· 纸质书
· 电子书
· 有声书

怎么读
· 课程
· 精读班
· 讲书
· 测一测
· 参考文献
· 图片资料

与谁共读
· 主题书单
· 特别专题
· 人物特写
· 日更专栏
· 编辑推荐

谁来领读
· 专家视点
· 深度访谈
· 书评
· 精彩视频

HERE COMES EVERYBODY

下载湛庐阅读 App
一站获取阅读服务

浙江省版权局图字：11-2023-215

本书中文简体字版经授权在中华人民共和国境内独家出版发行。未经出版者书面许可，不得以任何方式抄袭、复制或节录本书中的任何部分。

图书在版编目（CIP）数据

思考如何超越思考 /（美）安妮·墨菲·保罗著；
吴艳红等译 . — 杭州：浙江科学技术出版社，2023.11（2023.12重印）
　ISBN 978-7-5739-0717-2

　Ⅰ.①思… Ⅱ.①安… ②吴… Ⅲ.①思维方法
Ⅳ.① B80

　中国国家版本馆 CIP 数据核字（2023）第 133452 号

书　　名　思考如何超越思考
著　　者　[美]安妮·墨菲·保罗
译　　者　吴艳红等

出版发行　**浙江科学技术出版社**
　　　　　地址：杭州市体育场路 347 号　邮政编码：310006
　　　　　办公室电话：0571-85176593
　　　　　销售部电话：0571-85062597
　　　　　E-mail:zkpress@zkpress.com
印　　刷　天津中印联印务有限公司

开　　本　710mm×965mm　1/16　　　　印　张　20.5
字　　数　310 千字
版　　次　2023 年 11 月第 1 版　　　　　印　次　2023 年 12 月第 2 次印刷
书　　号　ISBN 978-7-5739-0717-2　　　定　价　119.90 元

责任编辑　余春亚　陈　岚　　　　**责任美编**　金　晖
责任校对　张　宁　　　　　　　　**责任印务**　田　文